重庆海关年鉴

2023

《重庆海关年鉴（2023）》编纂委员会　编

中国海关出版社有限公司
·北京·

图书在版编目（CIP）数据

重庆海关年鉴. 2023/《重庆海关年鉴（2023）》编纂委员会编. —北京：中国海关出版社有限公司，2024. 5

（中国海关史料丛书）

ISBN 978－7－5175－0794－9

Ⅰ. ①重…　Ⅱ. ①重…　Ⅲ. ①海关－重庆－2023－年鉴　Ⅳ. ①F752. 55－54

中国国家版本馆 CIP 数据核字（2024）第 091727 号

重庆海关年鉴（2023）

CHONGQING HAIGUAN NIANJIAN（2023）

作　　者：《重庆海关年鉴（2023）》编纂委员会
责任编辑：景小卫
责任印制：王怡莎
出版发行：中国海关出版社有限公司
社　　址：北京市朝阳区东四环南路甲 1 号　　邮政编码：100023
编 辑 部：01065194242－7527（电话）
发 行 部：01065194221/4238/4246/5127（电话）
社办书店：01065195616（电话）
https：//weidian. com/？userid＝319526934（网址）
印　　刷：北京中科印刷有限公司　　经　　销：新华书店
开　　本：889mm×1194mm　1/16
印　　张：18. 75　　字　　数：450 千字
版　　次：2024 年 5 月第 1 版
印　　次：2024 年 5 月第 1 次印刷
书　　号：ISBN 978－7－5175－0794－9
地图审图号：GS 京（2022）1441 号
定　　价：200. 00 元

《重庆海关年鉴（2023）》编纂委员会

主任委员	谢　斌
副主任委员	姜　奎　张黎明　孙　伟　王忠文　王宏翰 陈运武
编纂委员会委员	薛研梅　邹绪红　白　灿　邓继宽　汤　俊 江红旗　王洪武　龚　可　王　伟（监管处） 王杜杜　赵志瀚　潘学冬　王　伟（科技处） 张建国　王文捷　殷邦科　劳　逸　廖雅琴 陶玉翔　王小冬　张华荣　刘湘斌　吴　茜 周　惠　张　涛　张锦东　邹　伟　李　芳 姜　涛　吴　健　黄　卫　贺　磊　李海洲 黄远辉　王国民　郝玉通

《重庆海关年鉴（2023）》
编辑部

编辑说明

《重庆海关年鉴》是由重庆海关编辑出版的综合年鉴，是全面、客观、系统记载重庆海关发展历程的编年史书，是集综合性、史存性、实用性、资料性为一体的工具书，每年出版一卷，2022 年为第一卷。

一、《重庆海关年鉴（2023）》编纂原则

坚持以习近平新时代中国特色社会主义思想为指导，认真贯彻落实习近平总书记关于党史教育和修志用志等重要讲话和系列重要指示批示精神，充分发挥年鉴存史、育人、资政作用，坚持依法依规编纂，全面、客观、准确、真实记录重庆海关年度重要事项和发展变化，旨在传承重庆海关历史、沉淀重庆海关文化，为续修海关志、开展海关史研究奠定坚实基础，为建设社会主义现代化海关提供强大的精神动力和史实支撑。

二、《重庆海关年鉴（2023）》编纂特点

本卷年鉴采用分类编辑法，设类目、分目、条目 3 个层级，采取条块结合的记述方式。全书共有特载、专记、大事记、政治建设、业务建设、综合保障、隶属海关、直属事业单位、荣誉榜、海关统计资料 10 个类目，根据工作职能细分分目，以条目为基本记述单元。

三、《重庆海关年鉴（2023）》编纂内容

本卷年鉴载录重庆海关 2022 年度履行职能的基本情况，发生的重大事件及其背景、社会影响，海关事业改革发展的重要举措、新业绩、新成就等，包括内设部门和隶属海关单位、直属事业单位的发展情况。

四、《重庆海关年鉴（2023）》编纂有关技术性说明

（一）根据年鉴因承相袭的惯例，本年度反映上一年度内容，本卷年鉴记述时限为 2022 年 1 月 1 日至 12 月 31 日。

（二）《重庆海关年鉴（2023）》记述范围为重庆海关及内设部门、隶属海关单位、事业单位管辖事务。

（三）本卷年鉴中的数据来源于重庆海关各供稿部门单位，并经供稿单位领导审核。有必要指出的是，因统计口径等原因，采用时请予以注意。

（四）本卷年鉴中的单位名称以及标点符号等均按国家有关规定执行，计量单位采用国家法定计量单位和国际单位，技术术语、专业名词从规范要求。

图　例

符号	说明	符号	说明	符号	说明
	直属海关单位	◉廷布	外国首都		地级市界
	隶属海关		自治州行政中心 地区、盟行政公署驻地		县（区、市）界
	派出机构	◎东城区	县（区、市）政府		铁路
	海关特殊监管区域	○庞各庄镇	乡（镇）政府、街道办事处	S30	高速公路及编号
	口岸	北京首都国际机场	机场		国道
	铁路口岸	青水尖 1528	山峰　高程		省道
	水运口岸		国界		其他道路
	航空口岸		未定国界	咸	河流　湖泊
	公路口岸		地区界		沟渠
	境外口岸		军事分界线		桥梁　渡口
◎北京市	首都		省界		港口　码头
◉石家庄市	省政府		未定省界		长城
◎廊坊市	地级市政府		特别行政区界		珊瑚礁

注：本书中的关境图，不包括香港，澳门，台湾、澎湖、金门、马祖单独关税区。

比例尺 1：1 800 000　0　18　36　54　72 千米

序号	
1	重
2	重
3	重
4	两
5	两
6	西
7	渝
8	永
9	涪
10	万
11	黔

序号	
1	重
2	重
3	重
4	重
5	重
6	重
7	重

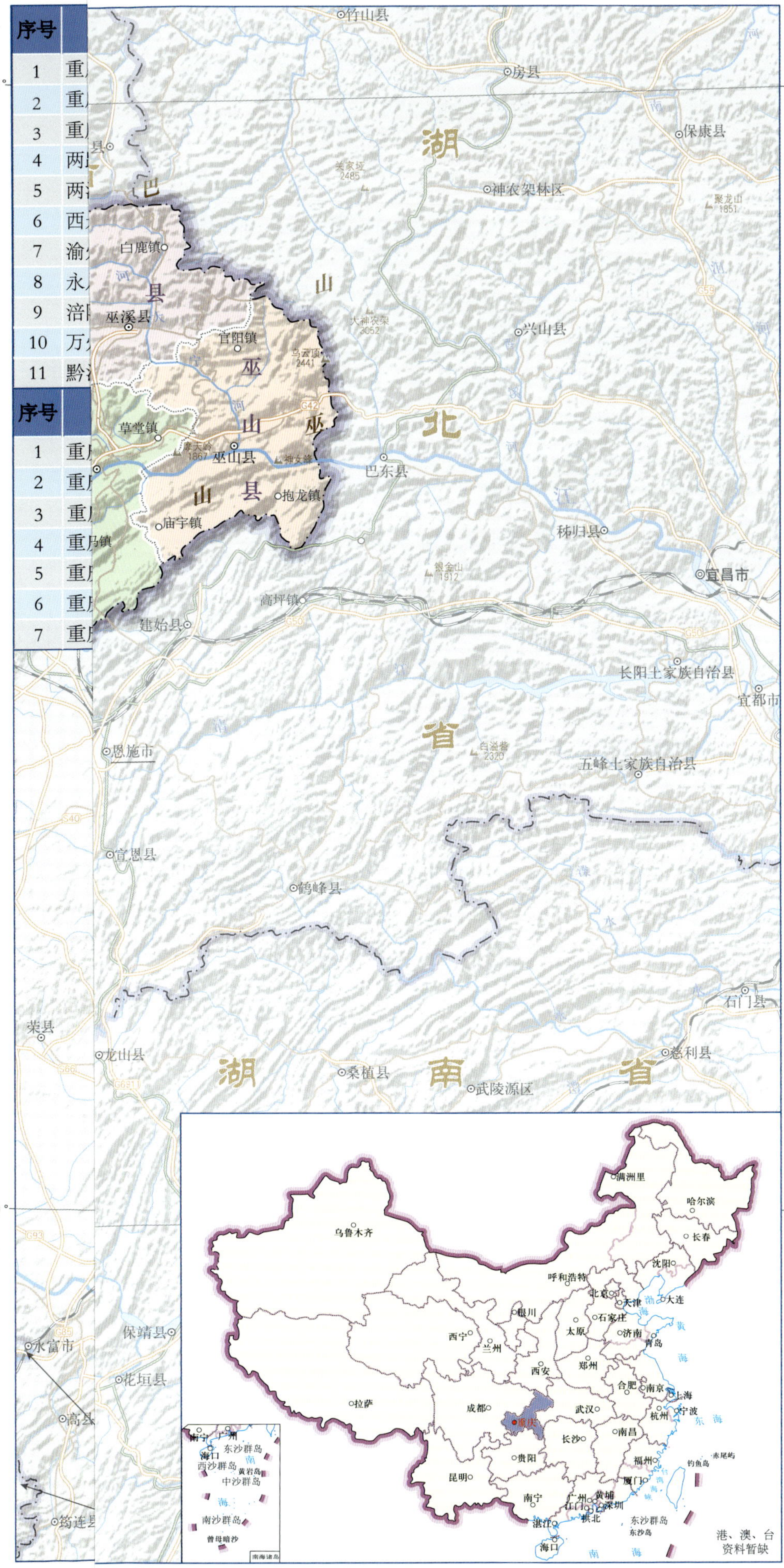

海关专题图片

^ 重庆海关办公楼（重庆市渝北区龙山一路1号）

领导活动

2022年1月26日，重庆海关关长谢斌（左四）、缉私局局长张黎明（右四）、政治部主任孙伟（左三）、副关长王忠文（右三）、副关长曹少雄（左二）、副关长王宏翰（右二）、副关长刘浩宇（左一）、党委纪检组组长陈运武（右一）参加2022年重庆海关工作会议、全面从严治党工作会议

^ 2022年1月31日，重庆海关关长谢斌（前排中）视频联线机场海关一线关员、开展节日慰问并送上新春祝福

^ 2022年4月11日，重庆海关关长谢斌（左）为新加坡航空公司（重庆）保税航材分拨中心揭牌

2022年4月8日，重庆海关关长谢斌（左二）到涪陵海关督导专项教育活动推动情况

2022年9月28日，重庆海关副关长姜奎（左二）到两江海关开展调研

2022年9月10日，重庆海关缉私局局长张黎明（左三）带队检查关区值班工作并慰问工作人员

> 2022年6月29日，重庆海关政治部主任孙伟（左）参加“七一”走访慰问老党员活动

> 2022年9月23日，重庆海关副关长王忠文出席重庆中益黄精面出口首发仪式

> 2022年4月7日，重庆海关副关长曹少雄（右二）到技术中心植检实验室调研

< 2022年7月21日，重庆海关副关长王宏翰（前排中）到机场海关调研口岸危险品综合治理工作

< 2022年7月6日，重庆海关副关长刘浩宇（右）参加永川综合保税区预验收工作

< 2022年5月26日，重庆海关党委纪检组组长陈运武（左三）到重庆港海关调研

铸忠诚

^ 2022年6月30日，重庆海关举行2022年“七一”表彰活动

^ 2022年6月30日，重庆海关2022年度“四强”支部代表接受授牌

^ 2022年7月29日，重庆海关开展“走好第一方阵 我为二十大作贡献”专题党课

^ 2022年8月1日，重庆海关开展党委理论学习中心组（扩大）学习暨党组织书记廉政警示教育活动

< 2022年9月14日，重庆海关召开机关党建工作推进会

> 2022年10月16日，重庆海关办公室在岗值守人员集体收看党的二十大开幕会实况直播

< 2022年3月2日，两江海关关员参加捍卫"两个确立"、做到"两个维护"强化政治机关建设专项教育活动

^ 2022年7月6日，重庆江北机场海关党总支、西永海关党总支、重庆港海关党总支开展联合专题党日活动

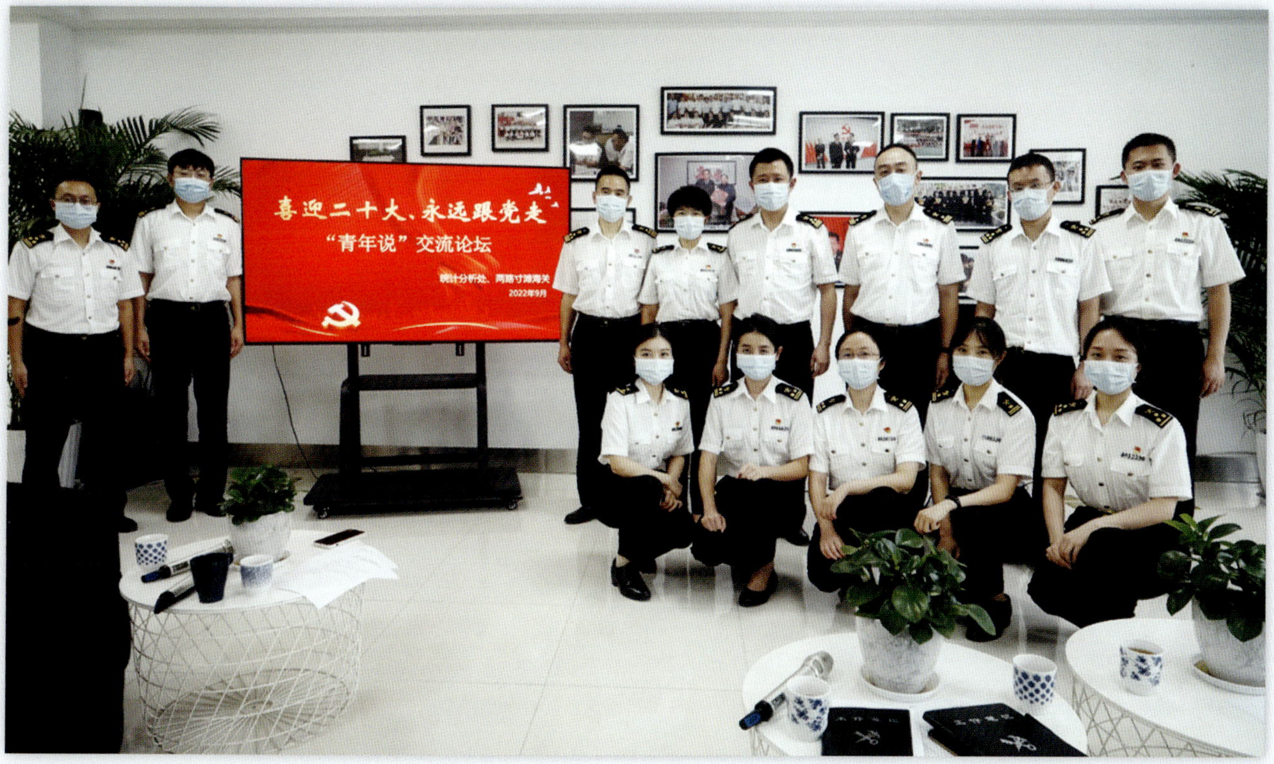

^ 2022年9月26日，两路寸滩海关与统计处开展“喜迎二十大 永远跟党走”青年交流论坛

^ 2022年7月1日，重庆江北机场海关旅检一线人员开展“我与党旗合个影”活动

^ 2022年9月29日，重庆海关青年理论学习小组参加重庆市直机关青年理论学习小组展演

担使命

^ 2022年1月13日，重庆海关完成江津综合保税区（二期）围网验收工作

^ 2022年2月15日，涪陵海关关员到北京冬奥会吉祥物“冰墩墩”出口盲盒产品生产企业开展现场监管

∧ 2022年8月24日，重庆国际旅行卫生保健中心保障重庆市中心城区全员核酸筛查

∧ 2022年6月22日，黔江海关关员现场监管渝东南地区首批进境粮食

> 2022年3月11日，重庆海关技术中心工作人员采用分子生物学手段开展外来有害生物快速检疫鉴定

< 2022年5月12日，西永海关关员现场验放大型设备入区，保障企业液晶显示器新产线投入运行

> 2022年6月30日，渝州海关监管中欧班列（成渝）第20000列纪念专列从重庆团结村中心站发出

2022年10月12日，渝州海关关员监管放行全国首趟陆海新通道中老铁路"铁路快通"专列（重庆—万象）

2022年5月25日，西永海关关员对生产供港罐头的出口备案食品企业开展核查

2022年8月9日，两路寸滩海关关员验核产品条码、溯源码等信息，强化跨境电商质量安全监管

守国门

^ 2022年4月20—24日，邮局海关连续在出口邮件中查获多件侵权商品

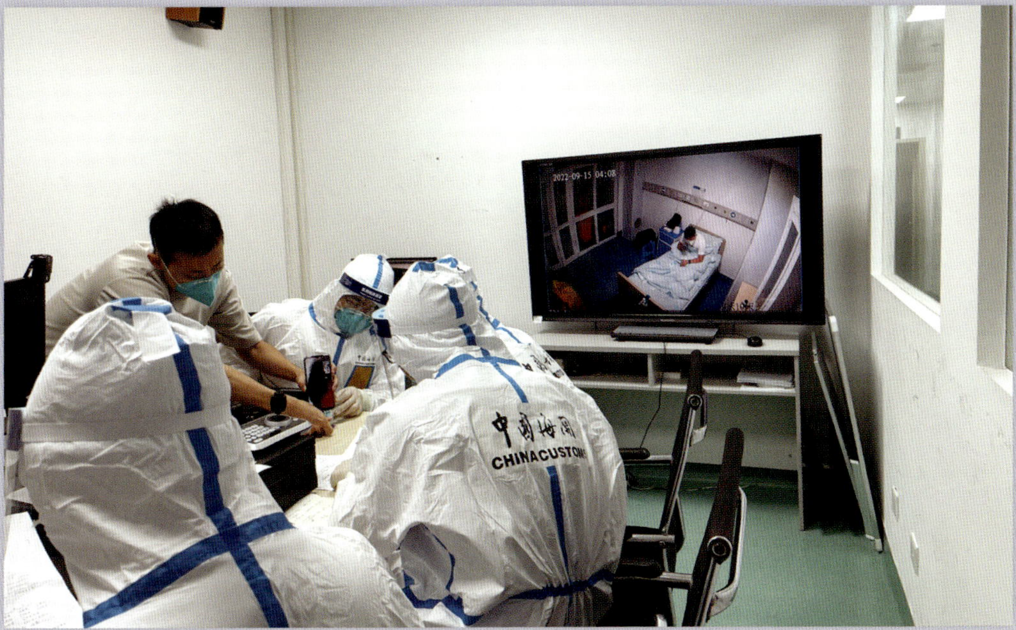

^ 2022年9月15日，机场海关关员对境内首例输入性猴痘病例进行流行病学调查

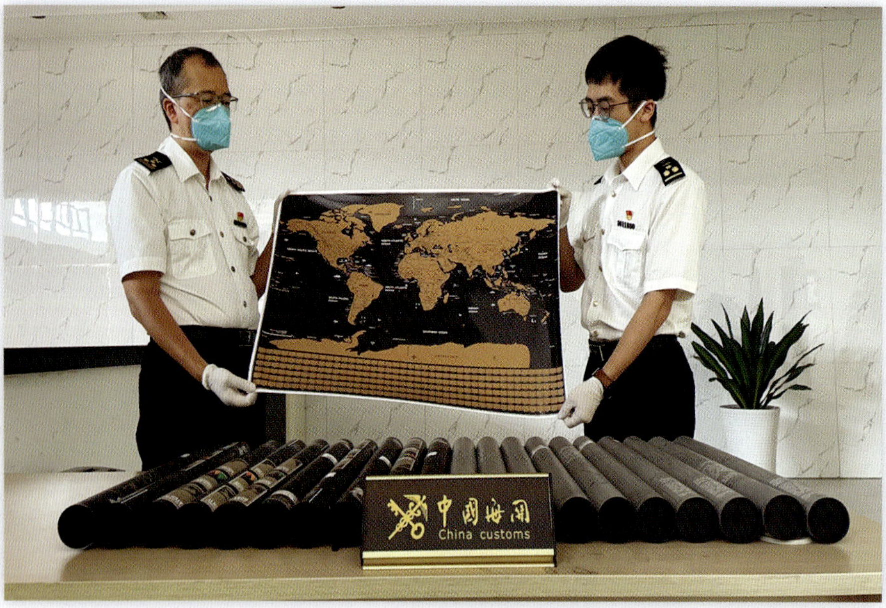

< 2022年9月5日，渝州海关查获“问题地图”制品20套

> 2022年5月11日，涪陵海关关员赴武陵山腹地对出口鲟鱼进行查验

< 2022年8月29日，重庆海关缉私局到辖区监管作业场所开展夏季夜间治安巡查宣防行动

2022年7月4日，永川海关关员高温下开展危化品安全检查

2022年10月26日，重庆海关技术中心科研人员开展外来入侵物种实验室鉴定工作

> 2022年8月9日，涪陵海关关员到辖区水稻出口企业开展杂草监测

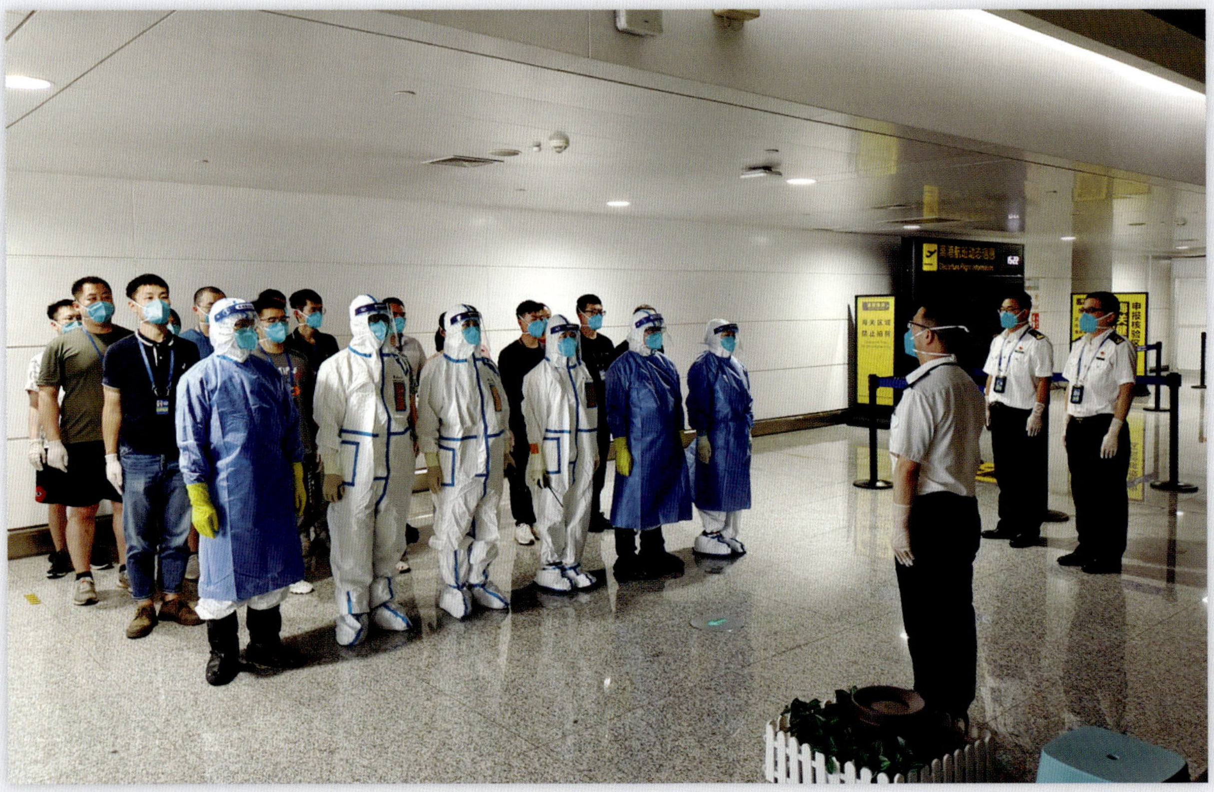

∧ 2022年9月13日，重庆江北机场海关进行疫情处置综合实操演练

促发展

^ 2022年7月8日，重庆海关与重庆市林业局签署合作备忘录

^ 2022年1月17日，重庆海关举行2021年全年重庆外贸进出口情况新闻发布会

2022年3月7日，涪陵海关关员监管出口榨菜原料青菜头

2022年4月18日，两路寸滩海关关员为企业办理RCEP（《区域全面经济伙伴关系协定》）原产地证书

2022年7月5日，万州海关关员对出口李子果园进行监测

2022年7月11日，重庆港海关关员在果园港散货堆场对进口铬矿开展现场查验

2022年8月26日，机场海关关员现场查验华夏航空租赁进口的空客A320客机

2022年9月13日，西永海关关员验放首批江津综保区平行进口摩托车入区

^ 2022年6月30日，重庆海关举办第一届“渝关好青年”评选活动

^ 2022年7月28日，重庆海关举行“渝关飞羽·盛夏雪芮”羽毛球文化交流活动

齐奋斗

^ 2022年7月19日，重庆海关“青春国门·渝关我家”——“家文化”系列活动首场篮球赛开赛

^ 2022年2月16日，重庆江北机场海关针对奥密克戎变异毒株开展针对性加强防护培训

^ 2022年6月30日，重庆海关举办第一届“渝关好青年”评选活动

^ 2022年7月28日，重庆海关举行“渝关飞羽 · 盛夏雪芮”羽毛球文化交流活动

^ 2022年6月22日，重庆海关2名关员在第九届重庆科普讲解大赛中获评“十佳科普使者”称号

^ 2022年7月7日，渝州海关关员克服酷暑高温保障中欧班列（成渝）出口货物顺利通关

2022年7月19日，重庆海关关员参加“青春国门·渝关我家”——“家文化”系列活动健身操比赛

2022年9月23日，重庆海关举行提拔或进一步使用干部宪法宣誓仪式

∧ 2022年，重庆海关技术中心在牛结节性皮肤病研究方面取得的相关发明专利和科技奖励证书

∧ 2022年11月8日，重庆海关承办2022年全国海关科普讲解比赛决赛

^ 2022年11月16日，重庆海关12360海关热线话务员在岗接听解答群众咨询

^ 2022年11月4日，两江海关开展"家文化 同心廉"迎国庆活动

目　录

第五篇　业务建设

第七篇　隶属海关

第八篇　直属事业单位

第九篇　荣誉榜

第十篇　海关统计资料

附　录

“中国海关史料丛书”编委会

第一篇

特载

重庆海关概况

重庆海关是长江上游第一关。1891 年重庆对外开埠并设关，抗战时期系民国政府海关总税务司署所在地。1950 年年初，政务院裁撤重庆关。1980 年 5 月，为适应改革开放的需要，国务院批准成立正处级的中华人民共和国重庆海关，关区范围包括四川全省，总面积 56 万多平方千米。1984 年 2 月，经总署批准下设成都分关。1984 年 6 月，重庆海关升格为正厅（局）级。1989 年 7 月，成都海关直属海关总署，重庆关区重作调整，辖四川省东南部 10 个地市共 23 万平方千米。1997 年 8 月 1 日，海关总署调整重庆关区范围为重庆市行政区划。2018 年 4 月，根据《国务院机构改革方案》关于“原国家质量监督检验检疫总局的出入境检验检疫管理职责和队伍划入海关总署”的决定，重庆出入境检验检疫局职责和队伍整体划入重庆海关。

重庆关区范围为重庆市行政区划，覆盖 38 个区县（自治县），面积 8.24 万平方千米。关区内设有重庆江北国际机场、重庆港（寸滩港区、果园港区）、重庆万州机场 3 个正式对外开放口岸和重庆铁路口岸 1 个临时开放口岸；设有重庆两路果园港综合保税区、西永综合保税区、江津综合保税区、涪陵综合保税区、万州综合保税区、永川综合保税区 6 个综合保税区。

重庆海关负责重庆市行政区划范围内海关工作运行管理，其主要职责是：

（一）负责重庆关区贯彻落实党中央、国务院关于海关工作的方针政策和决策部署，坚持和加强党对海关工作的集中统一领导，履行全面从严治党责任。

（二）负责重庆关区贯彻执行与海关管理相关的法律、法规、规章、规范性文件和相关技术规范，负责重庆关区征税、监管、缉私、出入境检验检疫、统计等工作。

（三）监控研判重庆关区各类执法风险、管理风险和廉政风险并组织防范和化解，负责重庆关区基层党组织建设、队伍建设和日常管理工作。

（四）完成海关总署交办的其他工作。

重庆海关下设 15 个正处级内设机构：办公室（党委办公室）、法规和综合业务处、自贸区和特殊区域发展处、关税处、卫生检疫处、动植物检疫处、进出口食品安全处、商品检验处、口岸监管处、统计分析处、企业管理和稽查处、财务处、科技处、督察内审处、人事教育处（党委组织部）。

另设立机关党委（思想政治工作办公室、

党委宣传部、党委巡察工作办公室）、监察室（党委纪检组）、离退休干部办公室 3 个正处级机构和缉私局。

重庆海关党委向隶属海关共派驻 6 个纪检组。

重庆海关下设 12 个正处级隶属海关单位：重庆江北机场海关、重庆港海关、重庆邮局海关、两路寸滩海关、两江海关、西永海关、渝州海关、永川海关、涪陵海关、万州海关、黔江海关、重庆海关风险防控分局。

重庆海关下设 5 个事业单位：重庆海关后勤管理中心、重庆海关技术中心、重庆国际旅行卫生保健中心（重庆海关口岸门诊部）、中国质量认证中心重庆海关评审中心、中国电子口岸数据中心重庆分中心。

缉私局下设 6 个正处级内设机构：办公室、政治处、法制处、侦查处、情报技术处、查私处；1 个副处级内设机构：刑事技术处（加挂"重庆海关缉私局司法鉴定中心"牌子）。下设 2 个正处级隶属缉私分局：重庆江北机场海关缉私分局、两路寸滩海关缉私分局。

在 2022 年重庆海关工作会议上的讲话（摘编）

重庆海关关长、党委书记　谢　斌

（2022 年 1 月 26 日）

本次会议的主要任务是：以习近平新时代中国特色社会主义思想为指导，全面贯彻党的十九大和十九届历次全会精神，深入落实全国海关工作会议、全国海关全面从严治党工作会议精神，认真落实重庆市“两会”精神，回顾去年工作，分析研判形势，安排部署今年任务。

一、2021 年工作回顾

2021 年是党和国家历史上具有里程碑意义的一年。我们坚决贯彻落实习近平总书记重要指示批示精神和党中央决策部署，按照海关总署党委和重庆市委市政府工作安排，以“十四五”开局为新起点，一以贯之深化“五关”建设，持续强基固本、提质增效，成效明显、成绩突出。

一是理论武装定向领航。坚持把学习贯彻习近平新时代中国特色社会主义思想作为首要任务，将党史学习教育作为贯通全年的重要政治任务，创新打造理论学习、红色教育、典型榜样、知行合一“4 个课堂”，接续开展“百年大党 · 风华正茂”党史专题展等。搭建关区“我为群众办实事”“亮清单、晒实事”比学展示平台，“关银一 KEY 通”川渝一体化模式创新举措入选总署我为群众办实事“百佳项目”。

二是坚决做到“两个维护”。严格落实“第一议题”制度，积极创建“让党中央放心、让人民群众满意的模范机关”，关区整建制获重庆市直“模范机关”命名，1 个隶属海关单位获评市直机关创建模范机关先进集体。总署审计整改完成率 100%，以实际行动体现对党忠诚的坚定立场。

三是疫情防控常抓不懈。慎终如始抓好常态化疫情防控，严格做好进口冷链食品管控，扎实推进重庆口岸“进口高风险非冷链集装箱货物”抽样检测和预防性消毒工作。圆满完成纪念中国—东盟建立对话关系 30 周年特别外长会等重大外事活动保障。

四是正面监管履职尽责。严格落实总体国家安全观，截获外来物种和鲜活动植物；截获输入性病媒生物；检验进出口商品。创新“断链刨根联动监管机制”，创新试点跨关区查验协作机制。认真推进关区安全生产专项整治三年行动，有效防范化解风险。

五是保持打私高压态势。扎实开展“国门

利剑2021”等专项行动，2021年走私普通货物案获批总署缉私局一级挂牌督办案件。在关区首次查获走私淫秽物品、易制毒化学品麻黄碱针剂和非贸渠道低报价格走私涉税商品案件，打击治理跨境赌博的查缉经验被总署作为典型在全国海关推广。

六是综合治税成效显著。2021年关区税则税政研究工作完成度、贡献度首次进入全国海关前十序列。推进属地纳税人管理，实施“一企一策”差别化管理服务。开展防控海航集团破产重整企业税收风险专项工作。2021年，关区累计完成税收入库创历史新高。

七是协同发展稳步推进。会同成都海关积极争取海关总署出台海关支持成渝地区双城经济圈建设12条重点措施，其中两项举措为总署在全国首次授权开展。与乌鲁木齐海关共同承接总署“关铁通”项目实施，有效压缩班列通关作业时长和企业运营成本。建立区域海关进口水果价格管理模式和中欧班列回程运输境内、境外段拆分方式共认机制。继续推广水运进口转关“离港确认”，提升“沪渝直达快线”在长江内支线班轮比例。

八是改革创新多点破题。推动企业集团加工贸易监管改革。开展“中欧班列+跨境电商B2B出口”监管政策试点。探索“保税+暂时进出境”业务模式，支持完成“高端奢侈品首次在西部地区保税进境展示交流活动”。牵头做好进境农产品预检工作模式改革。推动形成重庆—新加坡物流数据互联互通的“数字边境”，成为全国“三智”落地示范项目，并入选APEC互联互通案例。

九是持续促进贸易便利。深入落实“放管服”改革，推动“多报合一”“多证合一”“注销便利化”等落地实施。积极推进促进跨境贸易便利化专项行动，出台12条支持措施，进出口整体通关时间分别比2017年压缩73.85%、96.13%。在果园港引入全国首套快速检查系统，检查效率较传统设备提高20倍以上；部署智能安全锁等科技设备，监管效能提升60%；开展“提前申报+智能理货+抵港确认”，实现进口货物岸边直接分流。

十是服务开放再展作为。支持指导综合保税区建设，推动各综合保税区错位协同发展，积极落实优惠贸易协定等国家税收政策，立足助推重庆本地农产品扩大出口实际，支持21个产品实现首次出口，新增出口国家和地区32个。及时跟踪监测分析重庆外贸发展情况，全年向重庆市委市政府报送外贸分析报告20余篇次。

十一是科技保障平稳有序。与海科中心推动“1+X”合作实验室在重庆海关首站揭牌，“国家进出口商品质量安全评估中心（重庆）”成功落地。深入基层开展科技人员跟班作业活动。优化科研与实验室管理，获批7项署市级科研项目，获得省部级科技进步奖三等奖2项。

十二是选人用人导向鲜明。开展职务选拔、职级晋升12批次35人，优化调整处级领导班子22个；隶属海关党委全年完成职务选拔、职级晋升19批次共91人。新选拔执法一线科长9名，职级晋升、年度考核优秀等向执法一线科长全面倾斜。在税收征管等3个条线评选岗位能手10名，推荐高级职称9人；开展8类岗位资质培训考试。

十三是基层党建从严从实。继续推进基层党组织“强基提质工程”，全面铺开“支部建在科上”，推动4个基层党组织复核通过全国海关基层党建示范品牌和培育品牌，1个集体获评“重庆市先进基层党组织”。

十四是正风肃纪持之以恒。严格贯彻中央八项规定及其实施细则精神，认真落实“过紧日子”要求，全年接待费、公车运维费、办公经费、培训费分别减少。聚焦“关键少数”和“重点领域”，扎实推进“现场监管和外勤执法权力寻租”专项整治。细化制定加强对“一把手”和领导班子监督工作措施，持续纠治干部配偶、子女及其配偶违规从业行为；大力清理违规经商兼职等问题，常态通报违纪违规典型案例，守好防治酒驾醉驾底线，干部职工纪律规矩意识进一步巩固提高。

一年来，工青妇、离退休工作百尺竿头更进一步，信息宣传亮点纷呈，综合保障有力有效，海关学会政策理论研究硕果累累，企事业单位高质量发展取得可喜成绩。

同志们，过去这一年，是继往开来、砥砺奋进、担当有为的一年。我们深深感到，这些成绩的取得得益于习近平新时代中国特色社会主义思想给我们指明的前进方向，得益于习近平总书记对重庆作出的重要指示给我们提供的根本遵循，让我们心有所属“听党话、跟党走”、行有所至“履职尽责、为国把关”！这些成绩的取得得益于海关总署、市委市政府的悉心指导和大力支持，给予政策倾斜、激励想为敢为，让我们不忧不惧、阔步前行！这些成绩的取得得益于重庆海关党委班子的团结进取、身先士卒，攻坚克难、一往无前，持续打造了一个好生态、营造了一个好环境！这些成绩的取得得益于广大干部职工的顽强拼搏和艰辛付出，面对急难险重，敢于挺身而出、迎难而上，不负组织重托、不负群众期待！这些成绩的取得也得益于全体海关家属的默默付出和无私关爱，让我们干部职工的“5+2”“白+黑”少了羁绊牵挂、多了笃定致远。在此，我代表关党委，向全体干部职工及家属致以崇高的敬意！对关心支持海关事业发展的社会各界致以衷心的感谢！

二、准确把握当前形势，切实理清工作思路

在党中央带领全国各族人民实现第一个百年奋斗目标、全面建成小康社会、全面开启第二个百年奋斗目标的新征程之际，我们必须坚持以习近平新时代中国特色社会主义思想为指导，站在统筹中华民族伟大复兴战略全局和世界百年未有之大变局的高度，统筹国内和国际两个大局、发展和安全两件大事，深入研判、准确把握重庆海关工作面临的新形势新任务新要求，找准工作定位、厘清工作思路、明确工作方向。

一是“两个确立”重大政治成果对我们走好政治建关“第一方阵”提出了新的更高要求。习近平总书记一再强调，中央和国家机关“职责分工不同，但都不是单纯的业务机关”。海关首先是政治机关的定位，决定了我们必须把推动“两个确立”的政治成果转化为坚决做到“两个维护”的自觉行动，作为政治建关的根本和首要任务。各级领导干部特别是两级党委委员，要带头思考、带头对照、带头提高，锻造遇事先找政治规矩、凡事先想政治考量的定力，提升党员领导干部全局观念、系统思维、风险意识、斗争精神、履职本领，发挥好把方向、管大局、保落实的领导作用，确保关区各项工作始终沿着习近平总书记指引的方向前进，把

对党忠诚践行到本职工作中、体现到岗位建功上。

二是更趋复杂严峻和不确定的外部环境对我们牢牢守住国门安全提出了新的更高要求。党的十九届六中全会明确指出，进入新时代，我国面临更为严峻的国家安全形势，外部压力前所未有。全关上下必须从讲政治的高度充分认识落实总体国家安全观的极端重要性，坚持国家利益至上，始终牢记为国把关的职责使命，树牢“严格监管是本职、放松监管就是失职渎职”的鲜明意识，牢牢守好正面监管主战场、紧紧守住口岸环节风险底线，切实为畅通国内国际“双循环”提供坚实可靠的安全保障。

三是稳字当头、稳中求进的经济发展形势，对我们有效服务高水平开放提出了新的更高要求。中央经济工作会议强调，要坚持稳字当头、稳中求进的工作总基调。重庆市委也提出了要稳定经济大盘、稳住社会大局的基本要求。去年，重庆市外贸进出口总值突破8000亿元，延续了稳中向好发展态势，离不开重庆海关人的躬身入局、担当有为。全关上下要从服务国家对外开放战略的高度去支持重庆外向型经济发展，主动融入成渝地区双城经济圈建设，发挥重庆作为“一带一路”和长江经济带联接点所具有的承东启西、连接南北的区位优势，以海关工作服务全市建设，全力以赴支持优化口岸营商环境、助力重庆外向型经济实现质的稳步提升和量的合理增长，为推动形成陆海内外联动、东西双向互济的开放格局做出重庆海关贡献。

同志们，2022年是迎接党的二十大召开的重要之年，也是实施“十四五”海关发展规划的承上启下之年。面对新形势，踏上新征程，续写新篇章，关党委研究认为，今年重庆海关工作的总体要求是：以习近平新时代中国特色社会主义思想为指导，深入贯彻党的十九大和十九届历次全会精神，认真落实中央经济工作会议部署，弘扬伟大建党精神，深入学习领会“两个确立”的决定性意义，坚持党对重庆海关工作的绝对领导，增强“四个意识”、坚定“四个自信”、做到“两个维护”，坚持稳中求进工作总基调，立足新发展阶段，完整、准确、全面贯彻新发展理念，加快构建新发展格局，全面深化改革开放，坚持创新驱动，推动高质量发展，坚持以供给侧结构性改革为主线，继续落实“六稳”“六保”部署，统筹发展和安全，强化监管优化服务，统筹口岸疫情防控和促进外贸稳增长，马上就办、真抓实干，锲而不舍、一以贯之推进政治建关、改革强关、依法把关、科技兴关、从严治关，推动重庆社会主义现代化海关建设迈出新步伐，提升制度创新和治理能力建设水平，持之以恒正风肃纪、营造良好政治生态，服务打造高水平、制度型对外开放格局，以优异成绩迎接党的二十大胜利召开。

三、全力以赴做好2022年工作

（一）坚定不移推进政治建关，以更高站位走好“两个维护”第一方阵

深学细悟提升政治站位。始终把学懂弄通做实习近平新时代中国特色社会主义思想作为首要政治任务，引导干部职工时刻牢记“我是谁、为了谁、依靠谁”，切实把“两个确立”的政治成果转化为坚决做到“两个维护”的政治自觉。坚定坚决抓好工作落实。健全完善“第一议题”跟踪、督办、问效机制，确保落实“国之大者”行动迅速、措施有力、成效显著。

有力有效深化政治机关建设。深入开展捍卫“两个确立”、做到“两个维护”、强化政治机关建设专项教育活动。完成党委五年巡察任务，启动对已巡察单位“回头看”。

（二）慎终如始抓好疫情防控，以更强担当筑牢国门检疫防线

着力规范口岸作业。严格规范执行口岸疫情防控规定，坚持“多病共防”，加强鼠疫、黄热病等重大传染病监测检疫，防止疫情叠加。着力加强安全防护。落实关心关爱措施，持续强化疫情内部防控。着力强化支撑保障。推进信息化、科技化软硬件自主攻关，加强一体化、智能化设施装备推广应用，完善实验室设施设备配置。

（三）驰而不息提升监管效能，以更严举措践行总体国家安全观

严密风险整体防控。实施跨渠道、跨领域风险一体防控，提高普货渠道人工分析高质量查获占比。推动建设市级口岸安全风险联合防控机制。严实国门生物安全治理。开展“国门绿盾2022”行动，健全动植物疫情疫病监测预警机制。严守食品安全“四个最严”要求。持续实施进口食品“国门守护”行动，推进进出口食品安全监管智能化建设。严把进出口商品检验关。加强二手旧机电、再生材料等衍生固废风险评估，坚决禁止“洋垃圾”入境。严防税收征管风险。深化综合治税，强化税收情况监控分析，优化非贸税收征管模式，稳步完成全年税收目标。推进税收征管制度改革落地，推广汇总征税、预裁定等便利措施，提升税收征管质效。严格口岸正面监管。加强口岸监管环节反恐维稳，建立完善跨境电商进口走私“断链刨根”长效机制。健全口岸检查作业标准化规范，提升现场主动查发率。强化知识产权海关保护，提升非贸监管质效，完善监管证件核查手段，确保禁限管控万无一失。巩固安全生产专项整治成效。全力做好冬奥会、冬残奥会、进博会和亚运会等重大赛事活动通关保障。严抓企业管理和稽核查。深入构建以信用管理为基础的监管体系，加强信用管理与监管措施联动。推进核查分类改革，构建审核监督片区集约化模式，深入推进“多查合一”，提高查发率和办案水平。严打走私犯罪活动。深化反走私综合治理，扎实开展“国门利剑2022”等打私专项行动，坚决打击整治“水客”、毒品、涉枪涉爆、重点涉税商品等突出走私违法犯罪和涉检违法犯罪行为。提高缉私警察专业保障能力，提升大数据智能化打私水平。

（四）精准高效支持开放发展，以更优服务促进外贸量稳质升

高站位支持国家战略实施。做好RCEP贸易便利化措施衔接及升级优惠贸易协定的落地实施。探索成渝两关更宽领域的海关业务协作。推进西部陆海新通道“13+2”海关重点合作事项，深入践行“三智”理念，持续推进中新（重庆）、中波（重庆）关际合作。高水平打造对外开放平台。优化完善“保税+”监管模式，扩大综合保税区一般纳税资格和内销选择性征税试点企业惠及面。加大对各综合保税区调规、建设验收、项目入区的支持指导力度。高效率畅通国际物流通道。支持果园港新建指定监管场地申报验收。深化“铁路快通”模式应用，支持中欧班列持续丰富回程货物品类。优化陆海新通道优质农产品直通进口模式，保障中老班列稳定开行，支持跨境公路班车扩能扩线、渝满俄班列高效开行。探索创新多式联运、过境贸易监管新模式，支持通道间高效互联。高标准优化口岸营商环境。深化“放管服”改革，高效落实2022年促进跨境贸易便利化专项行动部署，推动“多证合一”“多报合一”“注销便利化”等政策推广实施。持续清理规范涉企收费项目，持续巩固压缩整体通关时间成效。高层次助力产业转型升级。开展支持重点产业保链稳链扩链行动，支持地方培育新兴跨境电商平台。支持渝东南、渝东北打造农特产业出口集群。构建以合同、企业、企业集团为单元的多层次加工贸易监管模式。落实税收优惠政策，支持西部（重庆）科学城等项目建设。发挥统计“数据+研究”优势，做优“渝关技贸之声”咨询服务品牌。

（五）与时俱进推进开拓创新，以更深改革提升海关治理能力水平

提高改革攻坚纵深度。纵深推进全业务领域一体化改革。推进属地查检作业改革。增强制度集成协同度。推进法治海关建设，围绕国家战略重大项目开展货物监管、企业管理等多领域制度协调创新。强化科技创新支撑度。开展智能审图技术攻坚。开展信息化系统清理归并。推进实验室改造和重点实验室能力建设，持续开展前瞻性技术研究。

（六）多措并举增强保障能力，以更高效率护航渝关稳中向好发展

保障机关高效运转。开展公文办理时效监控，完善应急值班常态化检查机制。加强政务信息编撰，组织好新闻宣传。提高财务管理水平。落实“过紧日子”要求，健全同城同待遇政策试点资金保障机制，健全绩效评价结果与预算安排挂钩机制。做好国企改革相关工作，优化基本办公和生活环境。完善督审工作机制。高标准严要求推进国家审计问题整改，开展审计重点整改项目跟踪检查，提高内部审计质效。

（七）一以贯之推进全面从严治党，以更硬作风树立渝关良好形象

夯实党建基础工作。深化实施“强基提质工程”，开展党建基础工作常态化检视。统筹发挥群团组织桥梁作用。深化内涵学军建设。开展纪律作风专项检查，常态化抓好酒驾醉驾等问题防范，锻造过硬准军事化纪律部队。提升干部队伍整体水平。分级分类建立年轻干部信息库，加大一线执法科长选配调配力度。组织重点岗位练兵和岗位能手评选。关心关爱干部职工。持续关爱激励防疫一线、边远隶属海关等干部担当作为。用心用情做好离退休干部工作，保障“两项待遇”有力落实。持续建设清廉海关。落细落实中央八项规定及其实施细则精神，一体推进不敢腐不能腐不想腐。健全完善党委落实全面从严治党责任检查考核机制，强化对“一把手”和领导班子的监督，加大个人有关事项申报核实力度。抓好“现场监管与外勤执法”权力寻租专项整治成果转化，推进打私反腐“一案双查”，持续巩固风清气正、干事创业的良好政治生态。

同志们，让我们更加紧密地团结在以习近平同志为核心的党中央周围，增强“四个意识”、坚定“四个自信”、做到“两个维护”，在总署党委的坚强领导下，紧握历史接力棒，以实际行动把上级各项决策部署落实落细落到位，为严守国门安全，服务重庆内陆开放高地建设作出新的更大贡献，以优异成绩迎接党的二十大胜利召开。

在2022年重庆海关全面从严治党工作会议上的讲话（摘编）

重庆海关党委书记、关长　谢　斌

（2022年1月26日）

这次会议的主要任务是：以习近平新时代中国特色社会主义思想为指导，深入学习贯彻十九届中央纪委六次全会精神，认真贯彻落实全国海关工作会议和全国海关全面从严治党工作会议部署要求，回顾总结一年来工作，分析研判形势，安排部署2022年全面从严治党重点任务。下面，我代表关党委，讲四个方面内容。

一、认真学习领会2022年全国海关全面从严治党工作会议精神

倪岳峰书记在2022年全国海关全面从严治党工作会议指出，习近平总书记在中国共产党第十九届中央纪律检查委员会第六次全体会议发表的重要讲话深刻总结了新时代党的自我革命的成功实践，深刻阐述全面从严治党取得的历史性开创性成就、产生的全方位深层次影响，对纵深推进全面从严治党、迎接党的二十大胜利召开作出战略部署。

2022年，全国海关一是要深入学习贯彻党的十九届六中全会精神，坚定捍卫“两个确立”、坚决做到“两个维护”。二是要压紧压实管党治党政治责任，充分发挥“一把手”和领导班子“头雁效应”。三是要保持反对和惩治腐败的强大力量常在，坚定不移把海关反腐败斗争推向纵深。四是要坚持党风党纪一起抓，坚决把纪律挺在前面。新征程要有新气象，作风建设要有新作为。五是要推动巡视巡察工作高质量开展，充分发挥利剑作用。六是要持续深化“制度+科技”运用，加强对权力运行制约和监督。要巩固拓展“制度+科技”理念，一体提升执法效能和风险防控能力。

二、2021年工作回顾

2021年，关区干部职工始终遵循党的十九大和十九届历次全会精神，在总署党委的正确领导下，以全面从严治党永远在路上的坚定和执着，始终坚持政治建关、以上率下改进作风、激浊扬清强化监督、利剑高悬反腐倡廉，全面从严治党不断从量的积累迈向质的突破，关区风清气正的良好政治生态持续巩固发展。

（一）突出首位意识，“两个维护”持续彰显

把贯彻落实习近平总书记重要指示批示精

神作为形势分析及工作督查例会“第一议题”；深入学习宣传党的十九届六中全会精神，党委会第一时间研究部署32项重点任务；坚决执行党中央、国务院“六稳”“六保”、筑牢口岸疫情防线、打击“洋垃圾”和象牙等濒危物种及其制品走私等重大决策部署，自觉增强“四个意识”、坚定“四个自信”、做到“两个维护”；扎实推进党史学习教育重大政治任务，把庆祝建党100周年“八个一”系列活动与重庆“红岩文化”对接延续。严明政治纪律和政治规矩，“破”“立”并举。关区整建制获评重庆市直机关“模范机关”称号，连续10年保持“全国文明单位”荣誉。

（二）突出关键少数，党管干部持续聚焦

严格落实全面从严治党一揽子制度规定，两级党委每半年与纪检监察部门专题研判全面从严治党、党风廉政和清廉海关建设形势。出台加强对“一把手”和领导班子监督的细化措施55条，“书面＋现场”方式“全覆盖”组织“一把手”述责述廉述党建。坚持“凡提四必”，严格“两项法规”认定，“四位一体”推动领导干部如实报告个人有关事项，关区选人用人工作总体评价和干部监督管理评价均高于全国海关平均水平。规范运用“四种形态”特别是“第一种形态”，把“问责、谈话提醒”等纳入目标管理绩效考核关键指标。

（三）突出正风肃纪，纪律规矩持续向好

制发深入治理违反中央八项规定精神突出问题、进一步推进清廉海关建设17条措施，紧盯节假日“关键节点”，不打招呼开展公务用车、餐饮浪费突击专项检查和明察暗访，监督、纠治“两手抓”成效明显。落实改进会风文风、坚决整治形式主义20条措施。念好“铸魂、强能、塑形、重规”的准军“八字诀”，“准军有准军的样子”初见成效。坚持严管与厚爱并重，制定干部考核考察“看党建”11项指标，细化保护关心爱护疫情防控一线人员38条措施，关区4个基层党支部连续两年蝉联全国海关基层党建示范品牌和培育品牌。

（四）突出风险防控，权力运行持续规范

认真落实总署《海关行政执法公示实施办法》以及行政执法检查事项“双随机、一公开”监管实施细则。深化“科技＋制度”运用，首次建立布控指令档案管理规则体系，加强智能审图信息化管理系统应用，推动“监控指挥子系统重点商品监测展示应用”建设等。全力以赴配合国家审计，“国家重大政策措施落实、关税和进出口环节税征管”等反馈问题全部整改完毕，总署及关级督察审计问题限时整改和立行立改率为100%。建立健全内控运行机制，创新推广“内控专员建在科上”，关区内控节点成效、新海廉应用绩效分别居同类海关第二、全国第十。

（五）突出惩防并举，反腐倡廉持续推进

深入开展“现场监管与外勤执法权力寻租”专项整治，对2012年以来问题线索大起底、大排查。深化“学讲谈看督评”的“六廉”教育体系，常态化开展“书记晒廉谈责”云展播，创建“廉驻寸心”“鹤鸣生威”等廉政品牌，“廉政＋N”教育形态鲜活鲜亮。贯彻落实总署党委关于加强巡视巡察上下联动的实施意见，分两轮对17个部门单位开展常规巡察及巡察“回头看”，5年“全覆盖”完成率达91%。建立“长久立”制度63项，关区“纵向覆盖各责任主体、横向覆盖各巡察环节”的监督体系基本确立。

三、深刻把握关区当前全面从严治党形势

同志们，全面从严治党只有进行时，没有完成时。结合形势分析和存在问题，我们今后一个时期，需要在“三定、两责、一提升”上持续用力和行稳致远。

一是抓好“三定”。要教育定向，力争每年创建1～2个“廉政品牌”，以“一关一策”“一科一品”的“小环境”去点亮“清廉渝关”的大生态。要整改定人，对涉及干部违纪线索、群众反映强烈问题要一查到底。要考核定位，以总署党委《加强对“一把手”和领导班子监督的实施意见》为引擎，真正发挥考核评价的“指挥棒”和“定音锤”功能。

二是抓好“两责”。要落实主体责任，两级党委要扭住《党组（党委）落实全面从严治党主体责任规定》这个“牛鼻子”，提升管党治党“看家本领”；要落实监督责任，以党内监督为主导，使监督和被监督成为自觉。

三是抓好“一提升”。要提升全面从严治党质量。以“建设让党中央放心、让人民满意的模范机关”为契机，聚焦解决基层党建突出问题、守住改革发展关键节点、瞄准“实战实训”练兵比武、紧盯权力寻租薄弱环节、保持“四风”惩治高压态势，推动关区全面从严治党高质量。

四、今年的主要任务目标

2022年，是深入实施“十四五”规划的关键之年，也是向第二个百年奋斗目标迈进的第一年，我们也将迎来党的二十大胜利召开。今年重庆海关全面从严治党工作的总体要求是：全面贯彻习近平新时代中国特色社会主义思想，深入学习党的十九大和十九届历次全会精神，以十九届中央纪委六次全会精神为主线，认真落实全国海关全面从严治党工作会议精神，坚持稳中求进总基调，按照“三定、两责、一提升”工作思路，深入推进政治建关、着力强化政治监督、坚定不移正风肃纪、全面提升治理效能，为社会主义现代化海关建设提供强大政治引领、组织保障，以优异成绩迎接党的二十大胜利召开。

一是明方向、高站位，走好政治建关“第一方阵”。要深刻领会“两个确立”重大内涵。扎实开展捍卫“两个确立”、做到“两个维护”、强化政治机关建设专项教育活动，通过两级党委理论中心组学习、支部“三会一课”、专题研讨等方式，把彻底的理论讲彻底，把鲜活的道理讲鲜活。要坚决贯彻落实习近平总书记重要指示批示精神。坚持“第一议题”制度，建立学习传达“不过夜”的研究落实机制，把“两个维护”的要求落实和体现到把关服务全过程。要发挥党管意识形态政治优势。牢牢盯住“党管意识形态”这个指挥棒。严守政治纪律和政治规矩，做到“五个必须”，防止“七个有之”，全天候、全过程把意识形态主体责任抓在手上、扛在肩上。

二是担责任、高标准，传导管党治党责任压力。一方面要明责。严格对标各级党组织全面从严治党“33＋14＋10”项责任清单，明责履责。另一方面要督责。结合总署加强对“一把手”和领导班子监督的实施意见，以监督加压、信任加力，推动“一班人”监督“一把手”，“一把手”带动“一班人”。再一方面要问责。对全面从严治党任务落实不到位、维护

党的政治纪律和政治规矩失责、贯彻执行中央八项规定精神不力的，坚决做到发现一起、问责一起，防止问责高高举起、轻轻放下。

三是树规矩、高起点，锻造准军事化纪律部队。要贯彻组织路线。要继续把“不拘一格用人才”体现在全面从严治党的实绩实效上，要突出政治标准，在干部考察中坚持政治标准反向测评机制。要严管厚爱干部。既“鼓励创新、宽容失误”，激发干部干事创业的精气神，又严厉查处诬告陷害、制造谣言等行为，为干事者撑腰鼓劲。要突出一线培养。要继续让党员干部到最吃劲岗位、重要岗位和急难险重任务中去锻炼成长，做到发现一批、储备一批、培养一批。重点抓好执法一线科长这个“关键岗位”，充分发挥他们带队伍、抓管理、防风险、作示范的作用。

四是正风气、高要求，推动作风建设走深走实。要重点整治形式主义、官僚主义。一方面紧盯“老问题”，确保管出习惯、抓出成效、成风化俗。另一方面关注“新表现”，坚决整治“指尖上的形式主义”，把为基层减负落到实处。要特别防止“四风”回潮反弹。加固中央八项规定精神堤坝，以久久为功的定力纠治“四风”。要忠实履行“人民海关为人民”。以国务院部署重庆为营商环境创新试点城市之一为契机，持续提升跨境贸易便利化水平，健全事前事中事后全链条全流程的监管机制，一体推进简政放权、放管结合和优化服务改革；巩固“现场监管与外勤执法权力寻租”专项整治成效，用好政务服务“好差评”系统，结合实际探索建立关企交往“正负面清单”，让企业群众获得感“成色更足”。

五是治根本、高落点，坚持“三不腐”一体推进。新形势下，我们要强化“不敢腐”的震慑。要用好打私反腐“一案双查”这个“杀手锏”，开展案件线索“大起底”、线索处置“大排查”、案件工作“大回访”，持续释放高压反腐、动辄则咎的强烈信号。要扎牢“不能腐”的笼子。持续深化“制度＋科技”运用，用好工程建设、实验室管理、政府采购等领域信息系统，紧盯意识形态、行政执法、动卫商食的重点领域和关键环节，从基本制度严起、从日常规范抓起。要提升“不想腐”的自觉。认真贯彻落实关于加强新时代廉洁文化建设的意见，助推各支部亮出“小而美”“小而严”的廉洁文化品牌；跟进完善基层廉洁文化长廊建设，让党员干部在清风养廉的环境中工作生活，助推关区政治生态海晏河清。

同志们，百年征程波澜壮阔，不忘初心砥砺奋进。2022年，站在新的历史起点，让我们更加紧密地团结在以习近平同志为核心的党中央周围，全面贯彻习近平新时代中国特色社会主义思想，以“千里之行始于足下”的清醒，以“刀刃向内壮士断腕”的勇气，以“永远在路上”的韧劲，坚持全面从严治党工作高质量发展，一刻不停推进党风廉政建设和反腐败工作，以优异成绩迎接党的二十大胜利召开！

在贯彻2022年全国海关年中工作会议精神专题会议暨半年工作会上的讲话（摘编）

重庆海关关长、党委书记　谢　斌

（2022年7月5日）

这次年中工作会议，是新一届总署党委第一次面向整个海关系统进行的全面工作部署，对我们紧紧聚焦“疫情要防住、经济要稳住、发展要安全”，再接再厉完成全年各项任务，明确了方向、理清了思路、提出了要求。今天我们的会议，既是贯彻落实总署会议精神的动员会，又是回顾梳理关区半年情况的总结会，还是谋划安排后续工作的部署会，这里我讲四点意见，主要强调“四个务必”。

一、务必不断强化“闻令即行”的政治自觉

这次海关系统年中会议，是在我们党成立101周年，即将迎接党的二十大胜利召开之际举行的，全关各部门单位要强化政治机关意识，深刻认识和把握总署这次年中工作会议的关键节点、重要意义和深远影响，闻令即行、真抓实干。

一是要迅速组织全覆盖地学习。尽快将会议内容传达到每一位干部职工，围绕总署“三个聚焦”“七个坚持”的要求，认清新形势、明确新任务、体现新作为。

二是要立即开展全方面的对照。结合俞建华署长提出的“着力强化政治机关建设”等十个着力的要求，对关区当前的重点任务再审视、再思考、再更新，确保与时俱进、步调一致、求真务实。

三是要坚决狠抓全领域的落实。“真抓实干”贵在实、重在干、成在效。要拿出“时不我待、分秒必争”的决心气魄和务实行动，盯一件干一件、干一件成一件，“各项工作整巴适”，积小胜为大胜，确保总署各项部署在关区落地见效。

二、务必始终坚定“大有可为”的信心决心

今年上半年，我们在总署党委的坚强领导下，关党委勠力同心、和衷共济，带领全关干部共同营造了“团结一致共奋进、众人拾柴火焰高”的良好局面，关区各领域、各战线、各方面的工作亮点纷呈、成绩鼓舞人心。

这半年来，特别让人感到振奋的是，我们牢记政治机关根本定位，深入学习贯彻习近平新时代中国特色社会主义思想，紧紧围绕中央决策和

总署关切，部署开展“稳外贸、保安全、防风险，下沉一级抓落实”专项行动，实现了抓纲带目，纲举目张，深化推动“两个专项”见行见效。统筹疫情防控和促进外贸保稳提质成效显著；促进重庆外贸突破4100亿元，同比增长12.8%。俞建华署长在听取重庆海关工作汇报时对我关工作予以充分肯定，先后多次在我关报告、专报上（化肥、危化品）作出批示。孙玉宁副署长调研重庆时高度评价我关“班子团结，队伍和谐稳定”“多项业务指标在中西部甚至全国排名前列”。

这半年来，特别让人感到自豪的是，我们始终不忘初心，坚持海关为民，想企业、群众之所想，急园区、政府之所急，第一时间研究细化6个方面24条“实打实、硬碰硬”的促进外贸保稳提质举措，出台促进跨境贸易便利化25条措施。我们在全国首创“以航空公司为单元”的保税航材监管模式；推动重庆成为全国首个通过中欧班列双向运邮城市；全国首次在跨境电商零售进口领域全面实现条码规范申报，创新举措获得总署备案；我们千方百计克服新冠疫情等不利影响，5月实现增长26%；我们推动中缅、中越国际班列成功在果园港首发，为“希望之地”插上腾飞的翅膀。市委书记、市长先后4次专门听取我关工作汇报并给予充分肯定；市政府也召开全市重点部门单位主要负责同志参加的专题座谈会，听取我关工作情况的汇报。

这半年来，特别让人觉得感动的是，我们毫不动摇坚持“外防输入、内防反弹”总策略和“动态清零”总方针。自1月以来，先后有关党委委员、干部职工投入到抗疫第一线，大家不惧艰难险阻，不顾个人安危、不计个人得失，战严寒、斗酷暑，舍小家、为大家，以无私无畏书写着对党和国家、对人民群众、对组织集体的忠诚和热爱；充分彰显了深厚的家国情怀，高度的集体观念，严格的纪律意识，共同守住了国门安全“零事故”、干部职工“零感染”的坚固防线。

这半年来，特别让人感到欣慰的是，我们关党委把干部队伍建设和财务支撑保障作为关区长远性、根本性、决定性的战略问题来思考谋划和推动落实。关党委把责任扛在肩上，各部门单位把工作抓在手上，逆水行舟、迎难而上、上下齐心，取得了焕然一新的显著成效。我们严格落实规范津补贴政策，全力争取地方财政支持。我们要依法依规依标准用好用足政策，绝不能闯红线、碰底线。我们坚持新时代党的组织路线，注重德才兼备、突出有为有位，小步快跑加快干部工作节奏。向重点岗位、偏远基层和执法一线倾斜，8名处级领导提拔或明确主持工作，3名执法一线科长提任为副处级领导干部；晋升职级182人，占关区总人数的22.1%；累计完成干部选拔、交流调整等24批次、222人次，为去年同期的2.4倍。尤其让人感到欣慰的是，所有职务职级提拔过程中正能量充沛，没有不和谐的杂音，这也充分凸显了全关干部职工的政治站位、大局意识和集体观念，干部队伍建设激励择优、凝心聚力的作用才得以有效发挥，关党委特别为大家自豪和骄傲。

这半年来，特别让人感到高兴的是，我们在深化党的建设、强化正面监管、打击走私犯罪、抓好改革创新、优化综合保障等各个方面都取得了长足进步、新的成效和可喜突破。今年1至6月，总署和市委市政府采用我关报送的政务信息186篇次，同比增长25%；中央电视台、新华社、《人民日报》等中央媒体报道我关工作32篇次，《中国国门时报》、海关发布、《中国海关》杂志等署级媒体采用233篇次，同比分别增长50%、20%；其中，中央电视台《新闻联播》在“沿着总书记足迹·重庆篇”中播放我关工作情况，《中国国门时报》头版头条刊发我关稳外贸成效。大家共同以实干担当书写了重庆海关“一枝独放不是春，百花齐放春满园”的欣欣向荣景象，在全国系统上下，重庆海关内外，擦亮了新名片，树立了新形象。“海关工作大有可为、重庆海关大有舞台”越发成为全关上下共同的职业认同，“有为才能有位、实干才有实效”越发成为全关上下共同的价值取向，“心往一处想、劲往一处使”越发成为全关上下共同的情感共鸣，“重庆海关是全体干部职工的重庆海关，建设重庆海关要靠全体干部职工”的求实、扎实、朴实，“真”字当头的“家文化”氛围进一步增强。

总的来说，这半年来，重庆海关的的确确做到了“于危机中育新机，于变局中开新局”，在这个具有重要意义的年份、关键节点，实现了全年工作的高质量起步、高起点开局。借此机会，我也向两级党委班子的身先士卒，向全体干部职工的同心同行，向海关家属的默默付出，致以崇高的敬意和衷心的感谢，大家辛苦了！

三、务必坚决保持“谦虚谨慎”的清醒头脑

当前，面临百年变局、世纪疫情，内外环境的复杂性、严峻性、不确定性上升的情形，我们要坚决保持清醒头脑，以学习宣传贯彻党的二十大精神为主线，全面对标对表总署党委“三个聚焦”“七个坚持”的要求，细化分解“十个着力”的任务，以主人翁的精神主动参与“六个如何”的破题、答题。下来以后要开展专项的梳理细化和督导落实。我这里结合当前存在的问题短板，重点提醒和强调四个方面。

一是要始终保持“如履薄冰”的忧患意识。今年即将迎来党的二十大胜利召开，防风险、保安全、促稳定的责任特别重大。俞署长在多个场合的讲话、多次文件的批示中都反复强调，海关各级领导干部要“瞪大眼睛”，就是要求我们必须有“如履薄冰、如临深渊”的忧患意识，以及“见微知著、一叶知秋”的敏锐性，深刻认识重大系统性风险是“一失万无”的“黑天鹅”和“灰犀牛”。要深刻认识海关承担的外防输入任务的艰巨性、复杂性，牢记党和人民嘱托，坚定必胜信心，发扬斗争精神，特别是在防控措施调整优化的关键节点上，做到思想不放松、压力不递减、工作不降准、责任不推卸，科学精准高效实施好口岸检疫，扎紧扎密“外防输入”的口岸防线。同步加强内部安全防护，对于违反规定造成感染、造成影响的，一律追究相关领导的领导责任、一律追究当事人的直接责任、一律追究监督人员的连带责任。与此同时，要看到当前我们防范化解风险的机制还不够完善，响应还不够及时，被动应对的“救火”多，主动研判的“预防”少。我们全关上下，尤其是各级领导干部一定要把防范化解重大风险放在心上，抓在手上，思考要有全面性、研判要有深入性、谋划要有预见性、结果要有预判性，决不能后知后觉、迷迷瞪瞪。尤其是安全生产的问题，当前社会面的重大安全事故时有发生，后果极其严重、教训极为深刻，我们切勿麻痹大意、习以为然，宁可十防九空，也不能失防万一，要对照总署党委“防范化解海关重大、系统性风险任务分工”，动早一点、想深一点、结合“稳外贸、保安全、防风险，下沉一级抓落实”专项工作，切实做好重大风

险的系统性梳理、体制性预防和应急性处置，坚决守好底线。

二是要始终强化“知责履责”的担当精神。有权必有责，有责必担当。这就要求我们一方面要“清醒知责”，有所为有所不为，理清职责边界，不能搞大包大揽，另一方面要“严格履职”，狠抓工作落实，决不能空喊口号，做到求实、扎实、朴实。我们讲干部选任小步快跑、合理合规提高干部待遇，都不能只是党委一头热，我们各级领导班子都要发挥好主观能动性，把党委的思路、要求和部署，宣传、承接、落实好，包括干部自身也要跑起来。晋升职务职级不是搞平衡、搞攀比，是突出实干实绩、选贤任能，把想干事、能干事、会共事、不出事的群众公认的干部选用好，这个导向始终很鲜明，希望大家正确认识。

三是要始终深化“团结协作”的大局意识。俞署长对于“响应、呼应、反应”的“三应”运行机制非常关注，对于我们来说就是要加强团结协作和工作联动。我前面讲到了重庆海关的“家文化”，重庆海关是全体干部职工的重庆海关，大家要切记，懂团结是大智慧，会团结是真本领。团结才能出成绩、团结才会出干部，深化协作、相互补台才能够好戏连台。具体到每一个干部职工，都要善于“提升两级想问题、下沉一级抓落实”，养成从整个关区的角度思考、谋划、推动工作的习惯。一线要加强对总关指令的执行落实，各个部门之间要加强相互的协作配合，机关各部门单位要及时对基层提出的问题进行反馈，坚决杜绝推诿扯皮、上推下卸和相互指责，宁可都主动向前一步形成重叠，也不能各自后退一步造成空白和缝隙，真正运用集体的智慧和力量破解工作中的各个难题。

四是要始终坚持“求真务实”的工作作风。关党委始终崇尚并引导全关上下坚持实事求是的精神、求真务实的态度和真抓实干的作风。我们各级党员领导干部要带头力戒形式主义，不做表面文章；带头树立重实干、重实绩、重实效的鲜明导向；带头做到谋划工作实、执行推动实、成果运用实；带头提升两级想问题、下沉一级抓落实；关党委将一如既往，并不断在政治、业务、管理、用人等方面强化求真务实的明确导向，让那些埋头苦干、踏实肯干、善思会干、真抓实干的干部源源不断地脱颖而出，让“求真务实”蔚然成风，在树正气、遏邪气、易俗气中巩固好来之不易的政治生态，工作更加落地见效。

四、务必发挥科长“承上启下”的关键作用

今天这个会议开到了基层单位的科长一级，科级单位是海关最基本的建制单位，是咱们海关战斗力的重要基础，也是依法行政的重要根基，更是执行落实的重要节点。而科长这个“兵头将尾”，是抓好贯彻落实的“带头人”，也是服务群众的“领头雁”，更是固本强基的“顶梁柱”，中央的各项决策部署，总署党委的各项工作安排，关党委的部署最终都要靠科长团结带领干部职工去贯彻和实施。我是从基层一步一步走过来的，特别清楚科长对于基层单位的重要性，可以这么说，咱们海关基层一线的各项把关服务工作，是否能够做到让党中央放心、让人民群众满意，很大程度上取决于科长的作风、能力和水平。希望你们在四个方面重点着力。

一是要政治坚定，一以贯之抓党建。坚持

党建引领，突出党的一切工作到支部的鲜明导向，推动党建和业务深度融合。讲政治是具体的，也是实践的，要真正把基层党组织的政治功能，体现在落实中央决策部署的态度、速度、能力和质量上。

二是要业务精通，一专多能强本领。强化学无止境、日进一步的行为习惯，保持居安思危、求新求变的创业激情，积少成多、聚沙成塔，努力将自己锻炼成为一专多能、胜任多岗位工作的复合型人才。

三是要担当奉献，一丝不苟抓落实。带头养成接受任务不讲条件、执行任务不找借口、完成任务不打折扣的思想自觉和行动自觉，把抓落实的着力点放在化解矛盾、破解难题上，干在实处、走在前列，防止工作部署在一片落实声中落空。

四是要严管厚爱，一身正气带队伍。既要压实主体责任，深入查找科室执法风险、管理漏洞、廉政隐患，对本科室的工作了如指掌、对风险点了然于心；又要在同志们面临困难时主动帮一下、碰到挫折时及时拉一把、遇到机会时主动扶上马，营造心齐气顺劲足的环境。

同志们，一分部署，九分落实。当前机遇挑战并存，今年时间已经过半，重庆海关事业的建设发展要靠每一位重庆海关人的共同努力，让我们继续坚定信心决心，保持头脑清醒，以高度负责、团结协作、认真严谨的主人翁精神，求真务实、真抓实干，高效统筹推进疫情防控和促进外贸保稳提质各项工作，以实干实绩实效迎接党的二十大胜利召开！

第二篇

专记

统筹口岸疫情防控和促进外贸稳增长工作

2022年，重庆海关坚决贯彻落实习近平总书记关于统筹口岸疫情防控和经济社会发展的重要指示批示精神，按照党中央关于“疫情要防住、经济要稳住、发展要安全”决策部署，坚持“外防输入、内防反弹”，坚持“人、物、环境”同防和“多病同防”，不断织密重庆口岸疫情防控网；坚决落实党中央“六稳”“六保”工作部署，扎实推进海关总署促进外贸保稳提质、助企纾困降成本系列措施，主动作为、多维施策，分批制定实施32条促进外贸稳增长细化举措，有效克服疫情灾情旱情等多重超预期因素影响，推动重庆外贸“基本盘”稳中求进，稳中向好，在促进经济社会发展和维护国家安全中发挥重要作用。重庆海关检疫查验进境航班2614架次，检疫入境人员6万余人次；开展进口冷链食品风险监测检测254批；检出境内首例输入性猴痘病例。2022年，重庆市外贸进出口总值7996.2亿元，比上年增长1.2%，延续了2018年以来的增长态势，创历史新高。

一、筑牢国门检疫防线

（一）口岸疫情防控

完善疫情防控培训全覆盖体系。创建重庆海关卫生检疫预备人员15天口岸全脱产跟班实战培训模式。组建“地方支援人员+封闭轮换人员（含副处级带班组长）+预备队员+关区相关人员”培训体系，既满足口岸常态化防控需求，又保障重庆海关充足应急力量。在落实海关总署安全防护各项规定基础上，建立“总关、隶属海关单位、作业班组”三级安全防护总监督员制度，成立“卫生检疫、冷链、非冷链”高风险条线安全防护监督工作组机制，健全安全防护常态化监督体系，压实各级安全防护监督责任，保障重庆海关口岸一线工作人员“零感染”“未破防”。创立“三级”监督指挥体系。固化形成以重庆海关监控指挥中心为中枢的“重点航班关领导监督指挥、常规航班总关指定处级领导监督指挥、所有航班现场带班处级领导监督指挥”三级体系，实现对入境航班处置工作全面监督指挥，确保风险隐患及时发现、所有指令直达到底、完成效果实时反馈。第一时间发布新冠疫情常态化防控相关工作方案，全面梳理和明确常态化防控工作，并根据疫情态势变化，及时动态更新各类技术指南、防控方案和管理制度，联合市卫健委下发常态化口岸疫情防控合作协议，夯实口岸疫情防控制度保障。

（二）口岸“多病同防”

持续开展疫情监测、风险预警和布控，编制境外传染病疫情信息月报12期，发布黄热病等其他传染病风险预警10余个。组织关区专家及业务骨干，开展口岸传染病疫情输入风险评估4次，研判口岸其他传染病输入风险，提出针对性措施16条。严格检疫查验。在开展新冠疫情防控的基础上，严格黄热病、埃博拉、不明原因肝炎等其他传染病口岸检疫排查，做好医学巡查、医学排查、流行病学调查、采样送检等工作，检出境内首例输入性猴痘病例，有效防止“疫情叠加”风险，筑牢口岸检疫防线。

（三）安全防护

建立安全防护培训机制，每期工作人员经实操考核合格后方可上岗。创建安全防护监督工作组制度，建立“岗前检查、工作巡查、全程监督”工作机制，监督检查发现问题及时通报整改。开展安全防护周检查40余次，开展季度联合督导检查4次。建立“发现问题、整改措施、完成情况”三清单，实行销账管理，确保各项问题整改落实到位。开展标本溢洒、防护服破损等职业暴露处置应急演练，通过模拟演练切实提升一线人员处置职业暴露等突发事件能力。

（四）疫情内部防控

从严做好封闭管理，防范交叉感染风险。落实运行制度机制，动态更新集中封闭管理工作文件。不共用酒店，坚持独立封闭管理酒店。将关员和保障人员均纳入海关管理，实行同标准、同采样、同检测、同监督“四同”管理。实行健康准入制度，全覆盖健康监测，进组前核验48小时内核酸阴性报告，流调和排查14天健康情况。在重庆本土疫情严峻的情况下，工作人员提前进组岗前培训，杜绝“带病进组”。进组后将单口咽拭子调整为双口咽拭子，并在重要节点调整为单鼻咽＋单口咽拭子。除现场外，将封闭管理酒店监控视频接入二级监控指挥中心，全天候检查，防范外出、聚餐、聚集等高风险行为。用心用情落实关心关爱措施，重庆海关党委带头走进口岸封管区。开展“帮送小孩上下学”“结对帮扶”等志愿服务。实行封闭管理“3组轮换”，确保每名一线人员参加封闭管理后有14天时间回归家庭生活。

（五）进口高风险非冷链集装箱货物疫情防控

加强货物检测和消毒监督，严防进口高风险非冷链集装箱货物疫情传入风险。高效推动关区进口高风险非冷链集装箱货物核酸检测和预防性消毒监督工作。建立指挥机构，统一部署，靠前指挥，形成上下联动、内外协同、前后贯通的工作机制，严格按照海关总署布控指令科学规范开展口岸环节抽样检测和预防性消毒监督工作。紧扣疫情防控政策变化，制订进口高风险非冷链集装箱货物口岸环节新冠病毒检测和预防性消毒实施方案等一系列工作方案，确保重庆海关各项工作始终与上级部署要求一致。组建三级应急响应队伍，在一线科室、隶属海关、直属海关层面按照“3＋2＋5”原则成立三级应急响应队伍，有效应对现场采样和预防性消毒监督业务量激增情况。组织卫检处、食品处等部门单位对现场作业人员开展专项培训和现场考核，从严挑选业务骨干组建隶属海关“小教员”专家队伍，提升现场自我培训能力。组织开展进口高风险非冷链集装箱货物口岸环节新冠病毒检测消毒及阳性应急处置实战演练，切实提升和规范监管一线阳性应急处置能力。开展阳性处置。检出阳性后，重庆海关第一时间对涉及的货物和人员进行管控和风险排查，及时规范开展信息上报、阳性复核和信息通报等工作，严格按照海关总署意见对阳性货物规范消毒，并经现场检测合格后作放行处理。在重庆海关航空、铁路口岸推动使用隧道式全自动消杀设备，对货物外包装进行360°无死角喷淋消毒，确保消毒工作安全高效开展。建立“五个固定”工作法，即固定监测关员、装卸人员、运输路线、工作设备、作业区域5个疫情防控要素，有效控制范围，减少疫情传播风险。与重庆市口岸物流部门签署合作协议，创新疫情防控闭环管理模式，加强信息交换、监管协作。向重庆市口岸物流办实时提供重庆海关进口货物信息，为属地环节工作提供基础数据；加强检出阳性货物后信息交换和工作配合，有效配合属地环节后续协查，共同防控重庆口岸进口货物疫情。

（六）进口冷链食品疫情防控

科学规范开展风险监测和预防消毒监督，织密织牢进口冷链食品疫情防控网。完善内部防控机制，提升科学管理水平。严格落实风险监测与预防性消毒监督相关要求，严格执行海关总署规定和布控指令，科学规范实施采样及预防性消毒处理监督工作。严格口岸源头管控，按照海关总署公布的准入名单、紧急预防性措施和《海关总署关于进一步优化完善进口冷链食品口岸疫情防控措施的公告》要求，在报关单审核、现场检查等环节重点核验货物及相关单证的关键信息，做好工作衔接，严防暂停及撤销注册资格境外生产企业产品入境；压紧压实企业主体责任，通过发放告知书、座谈、企业微信平台宣传等方式明确进口商责任义务及具体工作，推动进口商对境外出口、生产企业进行自主审核。创新实行进口冷链食品核酸采样及预防性消毒作业“五个固定”作业模式，即固定人员管理、固定作业程序、固定防护标准、固定作业区域、固定防护监督，科学规范采样，避免交叉污染，实现疫情风险可控。在预防性消毒环节投用“冷链隧道式全方位自动消杀设备”，有效节省工人体力，减少频繁接触货物，降低感染病毒风险，确保消毒工作安全高效开展。夯实应急响应机制，提升应急处置水平。建立健全以“应急梯队、应急制度、应急演练”为重点的三位一体应急响应体系，组建由70余人组成的一线预备应急梯队，对梯队人员实行全覆盖集中培训考核。围绕严防新冠病毒污染商品输入和新冠疫情突发事件处置，制修订两级预案，开展应急演练。

二、促进外贸稳增长

重庆海关认真贯彻落实党中央、国务院决策部署，按照总署工作要求，聚焦市场主体需求，精准发力促进外贸稳增长。2022年，重庆市外贸进出口总值7996.2亿元，同比增长1.2%。其中，出口5094.6亿元，同比增长0.4%；进口2901.7亿元，同比增长2.6%。在西部地区12个省（直辖市、自治区）中，重庆外贸进出口总值继续保持第2位，占同期西部地区外贸总值的21.1%。

（一）着力开放平台体系建设

助力完善重庆开放平台功能布局，新建成万州、永川2个综合保税区，推动两路果园港综合保税区进境水果和粮食海关指定监管场地通过规划调整验收，支持涪陵龙头港设立进境粮食中转码头，支持重庆港拓展万州、涪陵和江津三个港区，指导万州机场、江津小南垭车站、长寿化工码头、万州新田港、涪陵龙头港、江津珞璜港等车站、空港、码头新建海关监管作业场所，支持各综合保税区引进符合政策要求项目，对重大入区项目实施“一站式”落户办理和物资快速通关保障。助推重庆建成“1个自贸试验区+6个综合保税区+4个保税物流中心+7个两仓”为主体的开放平台体系，在中西部地区处于领先地位。

（二）持续提升通道运行效能

在全国率先实现铁路“快速通关”模式在中欧、中老、中越班列应用，便利企业就近办理舱单分票、归并等手续，单柜节约成本约290元，单列缩减口岸停留时间24小时以上。加强与口岸海关协作配合，推动开行西部陆海新通道铁海联运出口整车班列和中老铁路出口摩托车班列，实现“重庆造”汽摩产品直达东盟国家；支持中欧班列（重庆）首次运输新能源汽车；率先在全国实现利用铁路专用车厢开展整车跨境运输业务，提升运载能力约2.5倍。优化物流监管模式，在果园港实行“船边直提”“抵港直装”，有效提高水路物流效率。优化农食产品通关模式，探索开展属地查检远程视频查验，实现货到即查、合格即放，外勤作业时效提升近70%，确保通关“零延时”。

（三）保障产业链供应链稳定畅通

立足综合保税区是重庆外贸主要支撑实际，对综合保税区芯、屏、器、核等主要原材料实施“口岸快处快放+卡口即到即验”，货物提离时效提升30%～50%；对区内仓库实施“统分结合”，提升供应链周转保障能力，解决180亿元原材料备货堆存问题。在全国海关率先实施“综合保税区设备零配件便捷监管模式”，解决企业成套设备零配件维修维护难题，稳定企业产线产能。针对核注清单申报采用“一次申请+后续通办”，支持企业灵活变更出口口岸200余次，平均压减单证修撤时间60小时。在航空口岸实施“分批理货+舱单分票”监管模式，推动进港货站日均提离货物件数从1200件上升至5000件，及时缓解空运口岸受华东疫情影响爆仓问题。探索开展汽车研发测试用废旧关键零部件进口试点，助力提升汽车企业自主研发能力和国际竞争力。

（四）大力支持培育新业态新模式

在全国首创“以航空公司为单元”保税航材监管新模式，推动新航（重庆）航材分拨中心正式揭牌运营，在上海、深圳、成都3地设立分拨点，实现保税航材“中心+分拨点”跨关区灵活调拨存放，破解企业运营难题，助力中新（重庆）航空物流产业示范区建设。联合商务、药监、科技等重庆市市级部门建立生物医药研发用物品进口“白名单”制度，实行“一批一证、多次出区”监管方式，支持生物医药产业创新发展。推行跨境电商“双码（溯源二维码和条形码）溯源”，推动企业实施跨境电商商品“全程溯源、出区快放、智能跟踪”的追溯体系，实现对52个国家和地区12000余种商品跨境电商“双码”全覆盖。支持发展“中欧班列+海外仓+集货仓”跨境电商业务模式，推动跨境电商B2B出口与中欧班列、国际航空、江海联运相结合。促进高端消费品、文化艺术品等保税展示交易新业态扩容增量，支持保税维修、保税研发设计、保税融资租赁等“保税+”跨境贸易发展。支持重庆申报市场采购贸易方式试点，助力市场采购落地重庆。

撰稿人

刘声迪　龙杨杨　袁　杰　刘离苗

优化口岸营商环境促进跨境贸易便利化

2022年，重庆海关认真落实国务院关于开展营商环境创新试点工作要求，按照海关总署促进跨境贸易便利化专项工作部署，紧盯市场主体和社会关切，克服口岸疫情不利影响，坚持把优化口岸营商环境作为稳外贸促发展重要抓手，围绕通关便利、提效降费、利企便民等方面推出25条具体措施，联合重庆市人民政府口岸和物流办公室印发《重庆市贯彻落实国务院营商环境创新试点和海关总署2022年促进跨境贸易便利化专项行动工作措施》，一体推进试点工作与专项行动，不断促进跨境贸易便利化，助力口岸营商环境持续优化。

一、提高监管通关效能

（一）优化通关监管模式

持续推进“提前申报”“两步申报”两项改革措施的叠加应用，关区企业应用率分别达65%、30%左右。在各隶属海关推行“日清日结”工作机制，跟踪处置通关异常情况，对具备条件的报关单当日放行。将进口转关“离港确认”模式推广应用到重庆海关所有水运口岸，完成南京、宁波进境口岸与重庆结对全覆盖，释放“长江黄金水道”发展动能，推动口岸国际物流“串联”变“并联”。支持西部陆海新通道国际铁路联运班列发展，推出铁路口岸“提前申报、自动运抵”改革举措，牵头通道沿线15地海关探索区域海关风险防控、税收征管、企业信用管理等全业务领域一体化试点，深化口岸属地跨关区执法联动合作。

（二）强化科技赋能

在果园港引入国内首套双加速器H986集装箱检查系统，实现车辆通过效率和图像识别精度双提升。部署关区智能审图信息化平台，将机场、港口、铁路、邮局等监管作业场所的监管设备判图数据汇聚形成图像大数据池并上传至总署分析，提升了图像识别算法精度。推进“中新（重庆）”关际合作，深化平台运用场景，实现两地货物物流全流程状态实时追踪和智能查询、集装箱物流动态信息实时交互，双方交换集装箱动态信息34.5万批，帮助企业实现对货物运输和通关流程的可预期、可掌控。开展中欧班列（重庆）“关铁通”合作试点，推动中哈边境2个铁路口岸项目试运行，将中欧“安智贸”试点运用到铁路运输方式中，支持“渝满俄”班列优服扩能。推动优化港口作业流程，实行“提前申报+智能理货+自动核销”，进出口货物实现边卸货、边理货、边分拨、边转运，压缩口岸作业时间近30%。

（三）提升跨境贸易通关服务便捷性

应对严峻复杂疫情防控形势，发布关区

“保运转”业务办理咨询电话，保持12360海关热线等渠道畅通并100%开展跟踪回访。在风险可控前提下，依托“线上前台”采取“容缺办”“容后办”等业务办理方式，推动个人邮包“线上申报、网上缴税”快速清关，最大限度减少疫情对口岸通关的影响，关区进出口整体通关时间处于合理区间，未出现明显波动。成立中欧班列、西部陆海新通道保畅专班，协调解决药品进口、鲟鱼出口等通关疑难，有力保障通道平稳运行。简化“免到场”查验申请方式，实现242万件“双十一”电商包裹当日申报、当日验放。

二、降低制度性交易成本

（一）减单证、提效能

对符合条件的出境新冠疫苗24小时内完成检疫审批、24小时内完成通关验放，确保新冠疫苗出境“零延时”。对因疫情原因变更出口口岸的，采取“一次申请、后续通办”简化核注清单变更手续，保证货物便捷出区。创新“关银一KEY通”川渝一体化模式，便利企业就近办、多点办、一站办。按照海关总署统一部署，落实进口铬矿等低风险矿产品“先放后检”，依企业申请实施重量鉴定；简化进口涂料检验随附单证；免除企业办理进境水果检疫许可证、出境新鲜水果（冷冻水果）果园及包装厂证明材料；取消企业办理退运货物免税第三方检测要求；推进进口关税配额通关无纸化改革。

（二）减跑动、促便利

深化行政审批“放管服”改革，常态推行“不见面审批”等便利化措施，推行审批、核销全程电子化，大幅缩减审批办理时间，限时办结率100%、好评率100%。推广应用“互联网+主动披露”“互联网+视频考核”“互联网+稽核查”等远程作业模式。提供“7×24小时”预约通关服务，上线口岸查验预约系统，完善布控指令加大机检查验及直放比例，减少货物搬倒和等待时间。实施执法作业联动模式，开展属地查检与稽核查信息共享、作业叠加试点，减少实地作业67批次，实现执法资源利用和监管效能双提升。全面推广原产地“自助打印+智能审核”审签模式，原产地证书自助打印率超过90%。

（三）减压力、增效益

联合地方财政、税务部门细化启运港退税政策落地措施，签发启运港退税报关单3.9万票，涉及2000余家企业261亿元出口货物。设置综合保税区防疫保障通道，实行进出卡口车辆及人员提前报备、线上核验，全力保障综合保税区内企业闭环生产。落实国家进口税收优惠政策，指导新型显示器件重点企业用好用足进口设备分期纳税政策，缓缴增值税2亿余元；深化应用汇总征税、自报自缴等便利化措施，提供“一保多用”、关税保证保险、企业集团财务公司担保等多元税收担保方式，助力企业降低运营成本。

三、靠前服务助企纾困解难

（一）推动企业问题清零

构建涉企问题事前咨询“受理研判反馈”、事中推进“监控协调处置”、事后分析“汇总宣贯完善”闭环管理机制。扩大企业协调员服务范围由AEO企业至“专精特新、产业链供应链龙头”等重点企业；组建新媒体微客服团队在线受理、答复企业咨询；在现场科室设立问题收集联系点，密切关注企业痛点、难点问题；

建立关区联合研判机制，编发涉企问题汇总清单，推动企业问题清零。

（二）加强涉企政策措施宣传

在“重庆海关发布”微信公众号增设“促进跨境贸易便利化”专栏，从政策简介、适用范围、办理流程、注意事项等方面解读专项行动各项措施，发布宣传稿件10篇，阅读量超10万人次。通过各级媒体广泛宣传RCEP项下享惠、启运港退税政策落地、支持农产品出口、服务跨境电商新业态等涉企政策，在中央电视台、《人民日报》等媒体发布稿件约210篇次。选派业务骨干参加重庆市涉外政策宣讲会，向日本驻重庆总领事馆、老挝国家工商会重庆代表处等10余家外国驻渝领事机构、商协会以及爱思开海力士等20余家外商投资企业宣讲专项行动各项措施，引导企业合理运用便利化措施，享受政策红利。

（三）助企增强竞争实力

落实海关程序和贸易便利化制度，配合重庆市商务委搭建“重庆市RCEP综合服务平台”，出台12条具体举措，推动RCEP高质量实施，助推企业增强竞争实力。深化企业信用培育，推出高级认证企业5大类22条便利化措施，推动地方对参与认证企业给予政策支持，培育AEO高级认证企业数量达86家，居西南地区首位。围绕重点国家重点商品开展准入要求和标准研究，对外解读技贸措施研究与应对15篇，积极向WTO/SPS例会提交特别贸易关注，推动鲜活鲟鱼等产品出口。指导企业完善质量管理体系，积极推荐对外注册登记，鼓励农产品海外注册商标，参加HACCP、GAP、ISO等认证，助推脆李、忠橙等重庆特色农产品首次出口东盟。

（四）保障物资安全供应

建立生鲜货物、危险化学品、防疫物资和企业复工复产急需原材料、零部件快速通关保障机制，设置专门查验受理窗口，实现即到即查。推动综合保税区内芯屏等主要原料以及笔电、智能穿戴设备等主要出口产品快速流转，支持企业合理使用区内仓储资源扩大备料存货。持续推广“两段准入”信息化监管，支持玉米、大豆等进口粮食“附条件提离”，加快口岸验放。高效保障中欧班列超6300吨进口菜籽油、西部陆海新通道货值670万元进口药品、中老铁路首列25箱冷链进口水果顺利通关运抵重庆，有力确保本地民生物资供应。

撰稿人

施汉琼　王清刚

践行“三智”理念深化海关国际合作

2022年，重庆海关深入贯彻落实习近平总书记关于开展“智慧海关、智能边境、智享联通”（简称“三智”）合作试点重要指示精神，坚决落实海关总署“多双边合作海关必促进”要求，立足自身优势积极践行“三智”理念，持续深化海关国际合作，形成具有中国海关特色和中新（重庆）特色的“三智”成果。

一、深化中新（重庆）关际合作实践

紧抓新加坡作为东盟国家重要门户和“海上丝绸之路”重要枢纽的地理经济优势以及与我国往来密切的人文优势，将新加坡列为开展双边合作的首选对象，坚持和合与共、公平对等、务实高效的理念，深化与新加坡关税局的关际合作，求同存异，稳妥处置双方关切，凝聚共同推进双边合作的共识与最大合力，持续深化与新加坡关税局间关际合作，建立领导层面交流机制，畅通现场会面、视频会议等多形式交流会晤。打造执行层面“7×24小时”沟通机制，推进相关工作事项多轮磋商，形成突发问题通报协调解决机制，坚持第一时间沟通会商，共同构建起“决策、执行、协调”三个层级全天候沟通体系。夯实中新双边合作基础，与新加坡关税局签署第二个关际合作年度工作计划，合作范围拓展到风险管理、通关便利化、企业服务等7个领域，助推双方口岸风险防控和进出口贸易安全水平的提升，以关际合作带动重庆与新加坡乃至中国与新加坡的双边关系发展，促进我国广大西部地区与东盟国家“面对面”互联互通。

二、推进“数字边境信息互联项目”建设

发挥重庆作为西部陆海新通道重要节点和枢纽的战略地位和区位优势，分析中新（重庆）战略性互联互通示范项目“有形+无形”与中新两国前两个“有形”项目的特点差异，针对政府、企业、民众等多方需求，聚焦提升贸易安全和便利化水平，组织对新加坡外贸情况、产业结构等开展调研，持续推进“数字边境信息互联项目”建设。

深化系统集成与创新实践，构建“人物并管”的“智慧海关”监管体系，在实现重庆与新加坡两地口岸间货物物流状态可实时追踪、智能查询的基础上，会同重庆市政府口岸和物流办公室，打通多式联运物流换装数据交换堵点，使企业可查询集装箱信息从单一的海运状态扩展至铁路、海运等多式联运全平台运输状态，切实帮助企业对货物通关、运输环节可预期、可掌控。截至2022年年底，双方交换40万

批集装箱动态信息，使企业进出口贸易通关各环节流程更优、效率更高、成本更低，为重庆广大进出口企业尤其是中小企业提供更符合国际先进贸易规则的监管服务，降低全球贸易链的接入门槛，增强进出口企业的获得感。

推动新加坡航空在重庆的保税航材分拨中心建设。在全国首创“以航空公司为单元”的保税航材监管新模式，利用航材唯一性序列号、企业在新加坡樟宜机场海关报关数据等资料，集中监管企业分散在中国各地的保税航材，使保税航材从过去需在各地分散多次办理通关手续变为“一次核准、一次备案、一次申报、一次比对”，实现企业保税航材可跨监管区域调拨、存放。企业办理通关手续时间从过去的 3 周缩短至 2 天，压缩 90% 以上，有效降低企业运营成本。

推动重庆三峡库区特色农产品出口新加坡。将“三智”理念融入企业帮扶工作中，与新加坡边境监管部门加强联通协作，就柑橘、菊花、脆李等库区农产品出中入新所需的技术标准进行信息共享，整合重庆市有关部门、新加坡监管部门、外方采购商等多方力量，协助企业建立从种植、病虫害监测到加工、产品溯源等全过程符合新加坡标准的技术规范体系，帮助重庆相关区县先后建成 88 个农产品出口基地，实现忠县柑橘、潼南柠檬、巫山脆李、涪陵榨菜、石柱黄精面等 12 种特色农产品“三零”（零预警、零退货、零索赔）出口新加坡 155 批，货值 1094.2 万元，有力推动重庆农产品出口国际竞争力更强、辐射带动作用更明显、规模集聚效应更突出。

2022 年，“数字边境信息互联项目”作为代表中国海关的唯一项目入选全球发展倡议项目库首批项目，并被授予联合国亚太贸易安全与便利化论坛颁发的 2022 年度贸易便利化创新奖，通过对项目的深入实施和不断拓展，有力助推了西部陆海新通道建设，取得了丰硕成果。

三、推进主场外交外事活动

争取海关总署支持指导，成功牵头组织承办党的二十大之后中国海关举办的首场多边国际会议以及海关总署 2022 年最大的外事会议活动——亚欧会议（ASEM）“智慧海关、智能边境、智享联通”国际研讨会以及中荷海关年度署级会晤暨中荷海关能力建设 30 周年庆祝，邀请海关总署王令浚副署长和重庆市董建国副市长出席会议并致辞，世界贸易组织副总干事、世界海关组织（WCO）秘书长、ASEM 成员海关及相关政府部门高级别官员在线上致辞，30 个亚欧会议成员海关代表，19 个国际组织、商界伙伴和观察员代表，外交部、国家发展改革委、商务部代表，以及 37 个直属海关单位负责人等共计 160 余人参会，会议向全球推介了中国海关“三智”倡议，通过了主席小结，取得圆满成功。

撰稿人

王　卿　陆　明

口岸危险品综合治理

2022年，重庆海关深入贯彻落实习近平总书记关于安全生产工作的系列重要指示批示精神，落实海关总署有关会议部署和署领导指示要求，深入开展口岸危险品综合治理，扎实推进百日专项行动。全年进口危险货物口岸提离时长较之前压缩70%以上，查获危险品伪瞒报案件28起、货值1634.46万元。专项行动期间，重庆海关5条典型经验做法获海关总署通报采编，19篇信息获海关总署简报采纳。在重庆市安委会年度考核中，重庆海关工作被评定为先进等次。

一、深入开展“口岸危险品综合治理”百日专项行动

（一）科学组织统筹

重庆海关召开“口岸危险品综合治理”百日专项行动动员部署会议，按照海关总署关于确保口岸安全、稳定、通畅的有关要求，以坚定捍卫“两个确立”、坚决做到“两个维护”的政治自觉全力推动专项行动走深走实。成立由重庆海关主要负责人任组长的专项行动领导小组，“一把手”亲自抓、负总责，坚持问题导向、目标导向，明确任务分工、责任清单，细化工作方案，层层压紧压实责任。

（二）深化协同配合

建立专项行动联络员制度，指导企业提前做好危险品申报准备，实现通关“零延时”。监管、商检、稽查、风控等部门单位间加强协调联动，不断完善高风险企业和影子商品库，增强布控指令精准度。建立危险品典型案例查发交流机制，分享单证风险分析、现场临机研判等经验。成立进出口危化品检验监管业务指导工作组，涵盖商品检验、口岸监管、一线执法、实验室检测等领域专家，实施“联合研判+远程指挥”，强化专家指导和现场作业联动。建立属地查检与稽核查等后续监管环节联动机制，构建“三个第一时间”工作模式，推动涉危案件快办快结。针对海关特殊监管区域和保税监管场所建立“危险品存储”“安全隐患问题”双台账，做到“底数清、情况明”。

（三）突出科技赋能

开发安全生产隐患排查单兵模块，录入标准化安全排查内容指引56条，将涉危隐患清单、作业指导书和应急预案集成于单兵设备，组织对辖区危险品及其包装企业、监管作业安全隐患等拉网式排查，确保隐患排查整改“进系统、标准化、留痕迹、可追溯”。依托“单一窗口”在果园港上线“进出口危险品监测预警系统”，通过交叉比对通关、查验、物流等信息，实行监管信息跨部门共享和各监管环节高效衔接，提升全流程监管严密度。强化“集中

审像”和“智能审图”应用，加大 H986 非侵入机检查验比例，坚持“存疑必查”，组织 H986 查发典型案例标图和图像学习，提升智能审图算法运用效能和人工审图能力。

（四）应对极端天气

针对 2022 年重庆夏季高温持续时间长等极端天气，创新监管作业“八条措施”和风险防范处置指南，聚焦货物、场所、人员安全等关键风险点，做好风险防范工作，保障各项监管作业安全、有序、高效开展。指导综合保税区管委会、监管作业场所经营人对部分高温集装箱进行喷水降温，在靠山地块设置防火隔离带，严防火情发生；加大场地巡查和催报催提力度，开通危险品夜间“绿色通道”，引导企业抓住夜间 0 时至 5 时低温时段加快出库通关作业；在业务现场设置集中查验作业点、临时休息室，加装水雾喷淋降温设施，改善监管作业环境；拓展“智慧查验”App 分区查验功能，实现查验车辆分区、分类查验和车辆入场时间的精准推送，有效缩短高温天气户外作业等待时间。

（五）加强督导检查

重庆海关关领导深入一线，赴监管作业现场、实验室等重点区域开展“四不两直”督导检查，督促落实安全监管责任。严格落实监管作业安全生产隐患五级排查制度，开展安全生产大检查，对辖区危险品及其包装企业、监管作业安全隐患等拉网式排查，动态更新问题隐患和制度措施“两个清单”。持续对百日专项行动的落实落地情况进行两周一次的跟踪督办，将专项行动落实情况纳入重庆海关目标管理绩效考核，针对进出口危险品口岸查验、属地查检领域持续开展全面自查督查抽查。

二、扎实推进口岸危险品综合治理

（一）防范化解危险品口岸聚集风险

设立危险品通关专门窗口，指定专人指导企业办理通关手续；对危险品报关单申报情况开展监控，关注报关单处置进度，发现问题及时上报处置。紧盯“不报”滞点，引导企业采取提前申报方式办理危险品通关手续，缩短危险品抵港未申报时长；紧盯“不放”滞点，组织专家及时解决检验监管过程中的复杂疑难问题；紧盯“不提”滞点，催促提醒放行后未及时提离的货物，引导仓储企业实施阶梯计收存储费用、与地方有关部门联合催提。

（二）严查危险品伪瞒报违法行为

完善危险品伪瞒报高风险企业和影子商品库，开展风险联合研判，提高风险布控精准度和实效性，强化人工布控针对性，提高现场主动查发能力。加大 H986 非侵入机检查验比例，强化“集中审像”和“智能审图”应用，持续开展 H986 查发案例标图作业，提升智能审图算法运用效能和人工审图能力。强化人员培训和岗位资质管理，不断提升执法专业水平。加大属地查验和稽核查联动执法力度，严格按布控指令要求规范开展危险品属地查检作业，强化属地查检部门查发能力建设，加强与风控部门的联合研判，强化事中查发与后续稽核查的联动。

（三）加强综合保税区、保税监管场所防控

建立执法监督检查长效工作机制，强化综合保税区、保税监管场所、区外加工贸易监管。加强跨部门监管协作，定期摸底排查处置安全风险隐患，及时将区域场所危险品信息通报各综合保税区管委会、保税监管场所经营企业以

及辖区地方政府安全生产主管部门等，实现“职能—现场—地方”三方协同管理。督促地方政府严格落实安全生产责任，强化企业安全生产主体责任意识，推动企业主要负责人严格履行第一责任人责任。

（四）强化涉案财物仓库日常管理

加大涉案财物仓库安全排查、清理力度，建立常态化巡查机制，增加人工巡库频次，重点检查危险品入库、清库情况，在盘库过程中对危险品实物筛查，及时妥善处理不符合保管条件的在库危险品，按规定及时分类变卖、移交、退运处置。加大处罚力度，强化警示教育，对涉危险品案件依法依规从快从重作出处罚，处罚结果通报主管部门，及时调整涉案企业信用等级。

（五）提升实验室技术和安全管理能力

结合危险品监管及危险品企业检测需求，扩展检测能力范围，加强与兄弟海关危险品实验室的技术交流，提升执法技术支撑能力。优化检测流程，开设危险品检测“绿色通道”，设置专人对接危险化学品检测，加强检测时长预警，确保第一时间开展危险品检测、出证。健全实验室检测质量管理体系，加强样品存放、危险废弃物处置管理，根据业务量合理采购试剂耗材；建立安全台账，及时发现、整改、消除安全隐患，保持实验室安全稳定运行。

（六）健全关地协作联防联控机制

深化与重庆市应急、公安、交通运输、生态环境、民航监管等部门的监管协作，完善沟通联系机制，明确日常联合监管举措，巩固健全信息通报、货物处置、立案调查、联合惩戒等工作机制。全面梳理与地方政府合作的经验做法，优化关地协作机制，打通口岸危险品齐抓共管、协同共治的“最后一公里”。

（七）强化督导检查、情况通报

针对海关监管区危险品进出、存储，危险品伪瞒报易发多发特点，持续做好督导检查工作，动态掌握现场状况、突发情况和异常态势，及时组织研判处置，坚决遏制“百日专项行动”前的问题隐患反弹回潮。加强与海关总署相关司局工作对接，加强信息报送，积极收集整理经验做法和典型查获案例，为做好常态化危险品综合治理工作积极建言献策。

撰稿人

许理想

“海关重点项目和财物管理以权谋私”专项整治

重庆海关按照海关总署党委和驻署纪检监察组统一部署安排，以政策支持力度大、资金密集、资源集中的重点项目和财物管理的重要环节为切入点，聚焦工程建设、信息化建设、实验室建设、装备购建、疫情防控保障等重点项目和财物管理以权谋私问题6个方面，于2022年2月至7月组织扎实开展“海关重点项目和财物管理以权谋私”专项整治工作。

一、提高政治站位，压实“两个责任”，扎实稳妥推进工作

（一）全面落实主体责任，加强组织领导

重庆海关第一时间主持召开党委会，专题组织对驻署纪检监察组工作部署深入学习；结合重庆海关实际，研究制订实施方案，具体安排深入推进专项整治工作。成立由4名关党委委员任组长的6个工作小组，及时组织召开全关再动员、再部署大会，推动对日常协调、宣传教育、问题排查、监督检查工作全覆盖，确保专项整治工作各阶段分工明确、责任清晰。党委书记担任专项整治工作领导小组组长，对专项整治工作专门部署7次；和其他关党委委员深入职能部门与基层一线实地督导55次，推动相关部门单位各司其职、迅速行动。7名关党委委员以身作则带头参与，率先完成个人违规事项申报、逐一谈话、答题测试等工作，积极营造浓厚的专项整治氛围。

（二）统筹协调全程监督，推动责任落实

重庆海关把专项整治工作作为全年重要政治任务，坚持统筹调度、跟踪问效。先后组织召开综合组及专班会、问题风险研判会等会议13次，听取问题线索及廉政风险排查情况汇报20次，实地督导12个重点部门单位。对非署管干部的个人违规事项申报表逐一审核，发现填报不规范、不完整、漏报等方面问题，督促22人重新修改填报；对个人剖析材料开展“再审核”，发现15个部门单位的40份个人剖析材料存在内容格式不规范等问题，要求重新修改审核后上报；对专项整治期间发现的工程建设中存在的苗头性、倾向性问题，积极运用“第一

▲2022年2月16日，重庆海关参加“海关重点项目和财物管理以权谋私”专项整治工作动员部署视频会议

种形态”。统筹6个党委派驻纪检组发挥“派”的权威和“驻”的优势，聚焦项目梳理、风险排查、学习教育等工作全程监督，推动“两个责任”在基层同步落实。

（三）各工作小组高效联动，凝聚工作合力

6个工作小组先后组织相关部门单位召开专题工作推进会18次，听取工作汇报、审核重点项目清单及分项总结报告，统筹安排、一同推进专项整治工作、业务工作。抽调纪检、巡察、政工等部门24名同志组成谈话组，分类制定谈话参考提纲，与347名干部职工及退休干部开展逐一谈话；强化“自查从宽、被查从严”政策引导，组织339人申报个人违规事项，组织264名与本次专项整治相关的同志撰写个人剖析材料；查阅有关资料和财务账目1万余份，调取有关干部人事档案材料31份，制发相关工作通知14个，督促相关部门单位全面自查、摸清底账，主动梳理重点项目清单，积极排查重点项目与财物管理领域问题风险，有效将专项整治责任压力传导到“最后一公里”。

二、严格政治标准，坚持“问题导向”，深入排查问题风险

（一）广泛开展学习教育

制发关区开展学习教育工作通知，在全关范围内深入推进政治教育、纪法教育、警示教育，组织学习驻署纪检监察组通报的10起典型案例。下发“规定＋自选”考试题库600余道，组织干部职工“随手学、随时测”1100余次；依托“钉钉平台＋纸本答题”开展答题测试，8名关党委委员和337名干部职工“全员合格”。

（二）认真梳理项目清单

全面调取2012年以来所有项目明细底账，调动重庆海关35个部门单位全员行动，对超过1万余笔相关财务账目逐笔梳理，对单笔金额超过5万元以上支出全部排查登记，查找是否存在化整为零、拆分项目的问题风险，确保排查工作底数清、账目明。针对时间久远、档案缺失、界限模糊的项目，按“谁立项、谁排查、有疑问、专班定”的标准确定145个重点项目，其中工程建设项目31个、信息化建设项目7个、实验室建设项目70个、装备购建项目12个、疫情防控保障项目25个。

（三）深入排查风险隐患

抽调专家骨干组成工作专班，按照人员知识结构、专业特长以及回避原则，紧扣5类重点项目成立5个专班小组，采取“线上建模型＋线下查档案”，解决核查“时间紧”的问题；借助微信群开展“专题辅导＋日常交流”，解决疫情期间“集中难”的问题；通过“集成作战＋分头攻坚”，解决专业能力“不平衡”的问题，通过“收集档案资料—反馈问题风险—深入排查分析”方式，组织对145个重点项目开展4轮排查。运用《重点项目清单使用指南》及《重点项目清单分析指引》自主分析，查发相关风险点；及时制发核查提醒单进一步核查重点项目，通过“说明情况＋印证资料＋实地检查”，并召开专班集中研判会，最终确定高风险项目、相关廉政风险和重点关注人员。

三、突出从严执纪，紧盯“问题线索”，聚焦风险深度核查

（一）积极拓展线索来源

搭建全方位举报“平台”，在重庆海关各级办公场所、业务现场设立举报箱46个，对外张贴举报公示海报105张，发放调查问卷1072份。

重点排查36名领导干部亲属从业情况、171名离岗离职人员的就业情况；通过分析逐一谈话记录、工作专班排查意见、供应商备选库名单等资料，选出8类共19家企业采取“线上问卷+线下走访”开展调研，广泛宣传专项整治工作重点与受理信访举报方式，拓宽线索来源渠道。

▲2022年3月2日，党委派驻纪检组监督检查专项整治举报箱

（二）起全起深问题线索

成立线索起底“数据组”与“核查组”，“数据组”全面起底2012年至2022年2月重庆海关和原重庆出入境检验检疫局收到的所有问题线索，逐一对照线索反映的具体问题与处置情况，筛查出需进一步排查的问题线索；“核查组”以最新办案标准进行全面核查，重点关注领导审签是否完备、证据材料是否合规、处置方式是否合理等三个方面内容，排查出问题线索存在核查资料缺失等情况，通过补充谈话、调取资料、书面说明等措施进一步核查情况、补证材料。

（三）依纪依规快查快办

围绕专项整治期间收到的有关问题线索，坚决落实快查快办工作要求，积极走访重庆市纪委监委以及重庆市直机关纪检监察工委、有关区县纪委监委等地方纪检机构宣传专项整治工作，推动“组地关”深入协作配合，对相关问题线索予以了结。

四、注重协同发力，做好“后半篇文章”，扎实推进问题整改

（一）对照问题抓整改

重庆海关全面认领总署督导检查反馈的问题，结合全面自查阶段发现的问题，第一时间研究整改方案和责任清单，制定整改措施、明确整改时限，压紧压实整改责任；打造条块结合、上下贯通、协调紧密的整改工作格局，加强督导检查，推动各部门单位积极协作配合，对所涉及整改事项逐一认领分解，逐一挂账销号，确保整改高质高效、问题见底清零。

（二）对照风险建机制

各部门单位在集中整改阶段通过个别人员谈话、系统收集信息、全面分析比对等方式，开展廉政风险“再排查”，制度机制漏洞“再封堵”，聚焦解决普遍性问题、突出风险隐患，推动建立健全制度机制20余个，切实从源头上防范非执法领域以权谋私风险。

（三）对照案例强警示

集中整改期间，持续深入开展政治教育、纪法教育和警示教育，通过多种形式组织学习中央纪委国家监委及驻署纪检监察组编发的典型案例，集中观看《国门卫士岂容违纪破法之二——党的十九大以来海关系统部分违纪违法典型案例剖析》警示教育片，做好年节假日廉政提醒等，切实发挥海关系统内案件教育警醒、惩治震慑作用，引导教育广大党员干部不越底线、不碰红线，不断巩固提升专项整治成果。

撰稿人

龚明娜　张文豪

第三篇

大事记

2022 年重庆海关大事记

1 月

1 日 关长山巍参加国务院联防联控机制第十督查组来重庆开展 2022 年元旦春节期间疫情防控工作综合督查见面会。

5 日 关长山巍到中国邮政集团有限公司重庆市分公司与总经理周新峰就加强关邮合作、推动审计问题整改等工作进行座谈交流。

关长山巍、副关长王忠文到财政部重庆监管局与局长濮剑鹏就技术中心搬迁等工作进行座谈交流。

11 日 关长山巍到玖龙纸业（重庆）有限公司开展“我为群众办实事”实践活动。

12 日 副关长王忠文在渝州海关与中国木材保护工业协会会长刘能文一行座谈。

14 日 缉私局局长张黎明参加 2021 年度重庆市级部门党组（党委）书记抓基层党建述职评议会议暨 2022 年市直机关党的工作会议；参加重庆市打击治理跨境赌博工作联席会议。

17 日 副关长王宏翰参加重庆市外贸进出口情况新闻发布会。

副关长刘浩宇参加全国安全生产电视电话会议。

20 日 海关总署副署长胡伟参加重庆海关党委班子见面会和重庆海关关长任职仪式。免去山巍同志重庆海关关长、党委书记职务。谢斌同志担任重庆海关关长、党委书记。免去赖伟忠同志重庆海关党委委员、党委纪检组组长职务。陈运武同志担任重庆海关党委委员、党委纪检组组长。

副关长刘浩宇参加 2022 年促进跨境贸易便利化专项行动部署会议。

24 日 关领导参加 2022 年全国海关工作会议和全国海关全面从严治党工作会议。

关长谢斌参加海关总署领导班子和领导干部年度考核暨海关总署党委干部选拔任用工作“一报告两评议”。

副关长王忠文、曹少雄参加海关总署进一步做好寄递渠道新冠疫情个人防护工作专题视频会议。

25 日 纪检组组长陈运武参加 2022 年全国海关纪检监察工作会议。

26 日 重庆海关召开 2022 年工作会议、全面从严治党工作会议。

关领导参加重庆海关领导班子和署管干部年度考核暨干部选拔任用工作“一报告两评议”。

29 日 果园港进境肉类指定监管场地通过海关总署验收。

2月

8日 重庆海关关长谢斌、缉私局局长张黎明参加2022年全国海关缉私工作会议暨全国打私办主任会议。

关长谢斌、副关长刘浩宇到两路寸滩保税港区与集团董事长颜伟、总经理王端平就深化双方合作、推动两路寸滩综合保税区高质量发展等工作进行座谈交流。

9日 关长谢斌、副关长刘浩宇到铁路口岸与沙坪坝区区长肖庆华就深化双方合作、推动中欧班列（重庆）高质量发展等工作进行交流。

11日 关长谢斌、政治部主任孙伟到审计署驻重庆特派办与特派员崔振龙就加强合作进行座谈交流。

15日 副关长刘浩宇与重庆市政府口岸物流办副主任王荆就促进跨境贸易便利化等工作进行座谈交流，与中新项目管理局副局长孙熙勇就中新项目深化发展等工作进行座谈交流。

16日 关长谢斌，政治部主任孙伟，副关长王忠文、王宏翰，纪检组组长陈运武参加全国海关"海关重点项目和财物管理以权谋私"专项整治工作动员部署视频会议。

副关长王忠文与重庆市农业农村委员会副主任袁德胜就重庆口岸加拿大一枝黄花联防联控工作进行座谈交流。

17日 重庆海关联合重庆市市场监管局开展打击冻肉走私市场清查整治行动。

23日 副关长王宏翰参加2022年全国海关政策研究和统计工作会议、2022年全国海关商品检验工作会议。

25日 政治部主任孙伟参加2022年全国海关政治部主任会议。

3月

1日 重庆海关关长谢斌、纪检组组长陈运武到万州区与重庆市委常委、万州区委书记莫恭明，万州区委副书记、区政府区长聂红焰，区委常委吴晓明，副区长刘小泉就万州综合保税区建设运行、对外开放、平台建设等工作进行座谈交流。

2日 副关长刘浩宇参加2022年全国海关进出口食品安全工作会议暨海关总署进出口食品安全工作领导小组全体会议。

3日 关长谢斌、纪检组组长陈运武到永川区与永川区委书记张智奎，区委副书记、区政府区长常晓勇，副区长徐秀霞就永川综合保税区建设、开放型经济发展等工作进行座谈交流。

7日 海关总署全球贸易监测分析中心区域中心落户重庆。

8日 关长谢斌、政治部主任孙伟与两江新区管委会主任罗蔺、副主任秦淑斌就两江新区外向型经济发展等工作进行座谈交流。

9日 副关长王忠文参加海关总署跨境电商西部协作区首次联席会。

副关长刘浩宇与两路寸滩保税港区集团党委副书记、总经理王端平，副总经理黄曲、陈维禄就共同促进综合保税区高质量发展等工作进行座谈交流。

10日 纪检组组长陈运武到重庆市直机关纪检监察工委与纪检监察工委书记汪建就党风廉政建设和反腐败工作进行座谈交流。

11日 关领导参加全国海关疫情防控工作专题视频会议和重庆海关疫情防控工作专题视频会议。

副关长王忠文与巴南区副区长代建红就巴

南区外向型经济发展等工作进行座谈交流。

14日　缉私局局长张黎明参加全国缉私部门专项工作推进会。

16日　副关长刘浩宇参加海关总署部分海关风险管理业务座谈会。

17日　关长谢斌、副关长曹少雄参加2022年全国海关卫生检疫工作会议。

24日　关长谢斌、政治部主任孙伟、副关长王忠文参加全国海关持续推进审计问题整改工作视频会议和重庆海关持续推进审计问题整改工作视频会议。

29日　关长谢斌、副关长王忠文参加全国海关安全生产工作电视电话会议。

31日　缉私局局长张黎明参加重庆市打击走私综合治理领导小组会议暨重庆市打击走私综合治理工作例会。

4月

1日　重庆海关缉私局局长张黎明参加重庆市深入推进全民反诈专项行动工作会议。

政治部主任孙伟参加海关总署政治部2022年机关党建工作会。

2日　缉私局局长张黎明参加2022年度重庆市打击治理跨境赌博工作全体会议。

7日　副关长曹少雄与重庆市林业局熊忠武二级巡视员就技术中心植检实验室生物安全防控、外来入侵生物普查、野生动物疫情疫病监测、人才培养、实验室建设、工作拓展等工作进行座谈交流。

8日　关长谢斌、副关长王宏翰到涪陵区与涪陵区委书记王志杰，涪陵区委副书记、区政府区长刘忠，副区长靖开媛就深化合作、口岸建设、外贸提质升级等工作进行座谈交流。

11日　关长谢斌、副关长刘浩宇参加中新互联互通项目联合实施委员会第七次会议。其间，关长谢斌与重庆市中新示范项目管理局局长曾菁华为新加坡航空（重庆）保税航材分拨中心揭牌。

13日　副关长刘浩宇参加全国海关风险防控专项行动推进会。

14日　副关长王忠文参加2022年全国海关口岸监管工作会议。

15日　关长谢斌、副关长王忠文参加海关总署安全生产工作领导小组会议暨全国海关安全生产电视电话会议。

18日　重庆海关关长谢斌陪同中共中央政治局委员、重庆市委书记陈敏尔调研重庆市开放型经济发展情况。

19日　关长谢斌、副关长王宏翰到黔江区与黔江区委书记徐江、区政府常务副区长封波就开放平台、开放通道建设和开放主体培育等工作进行座谈交流。

20日　关长谢斌、副关长王宏翰到秀山县开展乡村振兴工作，看望慰问驻村第一书记。其间，与秀山县政府县长马文森、副县长马世平就用好支持政策、拓展开放广度和深度等工作进行座谈交流。

22日　关长谢斌，副关长王忠文、刘浩宇与来访的江津区委书记李应兰就深化合作、监管作业场所建设、开放型经济发展等进行座谈交流。

25日　关领导参加署管干部学习贯彻党的十九届六中全会精神集中培训。

25—26日　关长谢斌参加全国海关厅局级“一把手”集中学习。

28日　重庆海关立案侦办1起走私淫秽物品案获批为海关总署缉私局二级挂牌督办案件。

5月

6日 重庆海关副关长王忠文到秀山县开展乡村振兴项目调研。

7日 关长谢斌参加重庆市直机关党代会。

副关长刘浩宇与永川区副区长徐秀霞一行就永川综合保税区建设发展相关事宜进行座谈交流。

11日 缉私局局长张黎明参加全国六部门联合打击骗取增值税留抵退税工作推进会。

副关长王宏翰与沙坪坝区副区长户邑一行就进一步深化合作共建，共同支持沙坪坝区开放型经济发展、支持重庆国际物流枢纽园区建设进行座谈交流。

17日 关长谢斌，缉私局局长张黎明，副关长王忠文、刘浩宇与重庆市国安局局长张浩、副局长罗青一行座谈交流。

关长谢斌、副关长刘浩宇到江津区与江津区委书记李应兰、区长唐大军就产业链本地化、优化营商环境、综合保税区新业态发展等工作进行座谈交流。

纪检组组长陈运武与黔江区纪委书记、监委主任任逸舟就深化“组地关”协作配合机制、开展“海关重点项目和财物管理以权谋私”专项整治等工作进行座谈交流。

19日 副关长王忠文参加成渝地区双城经济圈货运班列（重庆江津—成都青白江）首发暨小南垭海关监管作业场所建设项目启动活动。

20日 副关长刘浩宇参加全国海关综合治税工作电视电话会议和重庆市口岸和物流业发展“十四五”规划解读新闻发布会。

23日 关长谢斌、政治部主任孙伟到审计署驻重庆特派办与特派员崔振龙、副特派员王斌就加强沟通联系进行座谈交流。

25—31日 关长谢斌参加重庆市第六次党代会。

26日 副关长曹少雄参加全国海关科技工作会议。

纪检组组长陈运武到重庆市纪委监委与第三监督检查室主任周勇就建立“组地关”协作配合机制进行座谈交流。

27日 副关长王忠文与石柱县副县长冉义智就促进外贸保稳提质等工作进行座谈交流。

万州综合保税区（一期）通过海关总署、国家发展改革委、商务部等部委组成的联合验收组正式验收。

31日 副关长曹少雄参加海关总署网络安全保障工作电视电话会议。

6月

1日 重庆海关关领导参加国家审计进点会。

缉私局局长张黎明参加全国海关缉私部门维护政治安全、社会稳定重点工作部署会。

6日 关长谢斌、副关长刘浩宇到江北区与江北区区委书记滕宏伟，区委副书记、区长陶世祥就支持江北区外向型经济发展等工作进行座谈交流。

7日 关长谢斌到沙坪坝区与沙坪坝区区委副书记、区长肖庆华就支持沙坪坝区外向型经济发展等工作进行座谈交流。

10日 缉私局局长张黎明参加全国公安机关打击整治枪爆违法犯罪专项行动视频部署会议。

14—16日 海关总署副署长孙玉宁在重庆调研促进外贸保稳提质等工作，参加部分海关特殊监管区域优化监管服务座谈会、重庆关区企业座谈会、稽查改革工作座谈会，到涪陵海关和企业调研。其间，会见重庆市副市长陆克华。关长谢斌，政治部主任孙伟，副关长曹少雄、王宏翰、刘浩宇分别参加孙玉宁副署长在重庆的调研活动。

17日 关长谢斌参加中新（重庆）多式联运示范基地运营启动仪式。

重庆万州综合保税区（一期）基础和监管设施验收合格，正式封关运行。

22日 纪检组组长陈运武参加与重庆市直机关纪检监察工委等部门的党建共建活动。

重庆海关获评“第九届重庆科普讲解大赛优秀组织奖”，2名个人获“第九届重庆科普讲解大赛二等奖”并获“第九届重庆十佳科普使者”称号。

23日 副关长刘浩宇参加重庆海关与两路寸滩保税港区管委会共促综合保税区高质量发展工作专班第一次例会。双方围绕专班工作项目制管理事项、共促综合保税区高质量发展等议题交换意见。

23—24日 副关长王宏翰到酉阳县、石柱县调研地方开放型经济发展形势及乡村振兴工作情况。其间，分别与酉阳县常务副县长吴彪、石柱县副县长陈建进行座谈交流。

27日 缉私局局长张黎明参加重庆市禁毒工作电视电话会议。

28日 副关长刘浩宇参加涉企违规收费专项整治行动全国电视电话会议、2022年促进跨境贸易便利化专项行动总结会。

29日 关长谢斌，副关长曹少雄、王宏翰参加全国海关疫情防控工作专题视频会议。

7月

1—2日 重庆海关关领导参加2022年全国海关年中工作会议。

5日 重庆海关召开贯彻2022年全国海关年中工作会议精神专题会议、关党委（扩大）会议暨2022年上半年全面从严治党、党风廉政建设形势分析、清廉海关建设电视电话会议。通报关区上半年相关工作情况，分析研判形势，安排部署下半年工作。

6日 关长谢斌、政治部主任孙伟，副关长王忠文、纪检组组长陈运武参加“海关重点项目和财物管理以权谋私”专项整治视频督导检查见面沟通会。

关长谢斌、副关长刘浩宇与重庆市中新示范项目管理局局长曾菁华，副局长孙熙勇、唐卫东就深化双方合作、推进中新（重庆）多式联运示范基地建设等工作进行座谈交流。

永川综合保税区通过重庆海关、重庆市商务委等7部门组成的联合预验收组预验收。

8日 重庆海关与重庆市林业局签署《共同推进林草生态保护和守护国门生物安全合作备忘录》。关长谢斌、副关长曹少雄和市林业局局长沈晓钟、二级巡视员熊忠武出席签署仪式，副关长曹少雄与熊忠武二级巡视员签署合作备忘录。

12日 关长谢斌、副关长刘浩宇到荣昌区与区委书记高洪波，区委副书记、代理区长万荣就加快推进对外开放平台建设、助推特色农产品出口等事宜进行座谈交流。

重庆海关立案侦办1起走私毒品入境案，抓获犯罪嫌疑人6名，查获疑似走私冰毒片剂（麻古）23526.3克。

18日 关长谢斌、政治部主任孙伟、副关长刘浩宇与丰都县县委书记张国忠一行就对外开放平台建设、打造进口肉类分拨中心等事宜进行座谈交流。

20日 关长谢斌参加重庆市迎接党的二十大安全稳定工作会议。

关长谢斌、副关长王宏翰、副关长刘浩宇参加海关总署“口岸危险品综合治理”百日专项行动部署动员会。

21日 重庆海关立案侦办关区首起洗钱案。

21—22日 海关总署总检验师孙文康在重庆出席第四届中国西部国际投资贸易洽谈会（以下简称“第四届西洽会”）开幕式暨2022陆海新通道国际合作论坛、国际贸易“单一窗口”西部陆海新通道平台启动上线仪式。其间，到重庆铁路口岸调研。关长谢斌，副关长王忠文、刘浩宇参加调研活动。

22日 副关长刘浩宇参加第四届西洽会开幕式暨2022陆海新通道国际合作论坛和西部陆海新通道省际联席会议第二次会议。

25—27日 缉私局局长张黎明到大连参加2022年全国海关缉私部门年中工作会议暨全国打私办主任会议。

26日 政治部主任孙伟参加2022年全国海关离退休干部工作会议。

28日 副关长刘浩宇到丰都县与县委副书记、县长唐守渊就开放平台建设、促进外贸发展等事宜进行座谈交流。

29日 副关长王忠文参加海关总署保障进出口食品安全和贸易顺畅专题会。

8月

2日 重庆海关关长谢斌、副关长刘浩宇到两路果园港综合保税区与重庆保税港区集团董事长颜伟、总经理王端平就跨境电商提质增量、培育发展外贸新业态新模式、助力重庆国际消费中心城市建设等工作进行座谈交流。

重庆海关办结涉检案件职能调整后关区首起检验检疫案件。

11日 “重庆海关查获24套错绘漏绘问题地图”等话题登上微博热搜，累计阅读量破“1600万+”。《人民日报》、共青团中央、《科技日报》、《环球时报》等媒体对此进行广泛报道。

17日 副关长王宏翰参加全国海关12360热线专题工作会议；到市口岸物流办与主任巴川江、副主任王荆就推进署市合作备忘录等工作进行座谈交流。

18日 关长谢斌，政治部主任孙伟，副关长王忠文、王宏翰到审计署重庆特派办沟通交流工作。

副关长王忠文参加全国海关固体废物风险防控案例视频研讨会。

副关长王宏翰到重庆港海关调研“口岸危险品综合治理”百日专项行动推进情况。

22日 关领导参加全国海关加强新时代廉洁文化建设暨警示教育大会。

23日 关长谢斌，副关长王宏翰、刘浩宇拜访市委常委、两江新区党工委书记张鸿星，就口岸建设、平台建设、海关监管制度创新、深化RCEP区域合作、优化外贸结构、发展外贸新业态等工作进行座谈交流。

29日 政治部主任孙伟参加2022年海关新录用公务员初任培训动员部署会。

30日 重庆海关在全国首创的“以航空公司为单元”保税航材监管模式和“中新（重庆）数字边境互联互通项目”获得亚太地区贸易便

利化论坛 2022 年度贸易便利创新奖项。

31 日 关长谢斌、副关长刘浩宇与重庆市商务委主任章勇武、副主任许新成就支持重庆外向型经济保稳提质、促进新业态发展、建立定期交流机制及数据共享等工作进行座谈交流。

政治部主任孙伟参加海关总署“人民满意的公务员”宣讲报告电视电话会。

9 月

2 日 重庆海关缉私局局长张黎明参加全国扫黑除恶第四次常态化推进会。

8 日 副关长刘浩宇与云阳县县长李茂涛就开放平台建设、优化营商环境、促进外向型经济发展等工作进行座谈交流。

9 日 副关长王忠文、刘浩宇参加全国海关疫情防控工作专题视频会议并召开关区疫情防控工作部署会议，传达学习全国以及海关总署、重庆市疫情防控工作会议精神，对关区进一步做好疫情防控工作进行部署。

14 日 重庆海关检出首例入境猴痘病毒核酸阳性旅客。

16 日 重庆市高级人民法院对陈希诉重庆邮局海关、重庆海关行政检查及行政复议案二审宣判，判决驳回陈希的上诉，维持重庆市第一中级人民法院的判决。

19 日 重庆海关立案调查全国首例猴痘感染者涉嫌逃避入境检疫行为。

20 日 重庆海关选送的中新“数字边境信息互联”项目作为全国海关唯一典型案例入选联合国全球发展倡议项目库。

22 日 重庆海关与重庆市巴南区人民政府签署《重庆海关　巴南区人民政府共同促进巴南开放型经济发展合作备忘录》。关长谢斌、副关长刘浩宇和巴南区区委书记何友生、副区长代建红出席签署仪式，副关长刘浩宇与巴南区副区长代建红签署合作备忘录。

23 日 关领导参加海关系统“防风险、保稳定、迎二十大”专题电视电话会议。

28 日 重庆海关与国家金库重庆市分库签署《中华人民共和国重庆海关　国家金库重庆市分库关于采用电子方式进行对账工作备忘录》并完成重庆市财税库电子对账系统对接工作。

29 日 副关长王宏翰参加全国海关稽核查工作视频会议。

西永综合保税区跨境电商监管中心正式通过海关验收审批，成为重庆首个在综合保税区内设立的跨境电商出口海关监管作业场所。

30 日 纪检组组长陈运武参加海关系统纪检监察干部监督工作会议。

10 月

9—11 日 重庆海关副关长姜奎到永川海关辖区就永川综合保税区建设、农食产品出口等开展调研。其间，与永川区副区长王寒峰，潼南区区长李成群就外向型经济发展及需求、打算进行座谈交流。

10 日 重庆海关完成江津区小南垭物流中心海关监管作业场所验收工作。

11 日 副关长刘浩宇参加海关总署对重庆果园港进境粮食指定监管场地验收工作会。

12 日 关长谢斌参加重庆市疫情防控工作电视电话会议。

13 日 关领导参加海关系统全力以赴做好党的二十大召开期间安全生产相关工作电视电话会议。

24 日 关领导参加全国海关学习宣传贯彻

党的二十大精神视频会议。

25—27日 副关长姜奎到黔江海关及辖区就促进外贸保稳提质和乡村振兴工作开展调研，其间，与黔江区常务副区长封波、副区长曾祥远，酉阳县副县长陈爱党，秀山县副县长陈宏波就共同促进地方外向型经济发展进行工作交流。

28日 重庆海关监管首列自德国发车抵达重庆铁路口岸的搭载国际邮包的中欧班列（重庆）回程班列。

31日—11月5日 关长谢斌参加海关总署党委理论学习中心组（扩大）学习暨司局级主要负责同志培训班。

11月

3日 重庆海关关长谢斌、副关长王忠文参加海关总署“口岸危险品综合治理”百日专项行动总结暨常态化工作部署电视电话会议。

重庆海关向WTO/SPS委员会第84次会议报送的“对出口至越南的西伯利亚鲟鱼的特别贸易关注”等2项议题通过海关总署、商务部审核。

7日 中荷海关署级年度会晤暨中荷海关合作30周年庆祝活动在重庆举行。海关总署副署长王令浚出席并与荷兰海关局局长塞尔文就关际合作、智能监管、能力建设等议题进行交流，云签署《中荷海关关于加强供应链安全便利和互联互通合作的工作安排》，并见证签署《中国海关管理干部学院与荷兰王国海关局国际司合作协议》。关长谢斌、副关长王宏翰参加相关活动。

重庆海关监管的西永综合保税区首批跨境电商出口货物中欧班列（重庆）专列发往欧洲。

7—8日 亚欧会议“智慧海关、智能边境、智享联通”国际研讨会在重庆举行，海关总署副署长王令浚出席并致辞。关长谢斌，副关长王宏翰、刘浩宇参加会议。

8日 2022年全国海关科普讲解比赛决赛在重庆海关举办。海关总署副署长王令浚出席并讲话，关长谢斌，副关长王忠文、王宏翰出席。重庆海关石芮伶获评2022年度“全国海关十佳科普讲解员”称号。

8—10日 海关总署副署长王令浚在重庆海关调研。在黔江海关向一线关警员宣讲党的二十大精神，实地了解黄精等特色农产品出口产业发展情况；到重庆邮局海关调研禁限物品查缉、智能审图运用等工作推进情况。关长谢斌、缉私局局长张黎明、副关长王宏翰参加有关活动。

10日—12月29日 根据重庆市委办公厅通知要求，重庆海关进入“保运转”集中封闭办公应急状态。

11日 关长谢斌参加全国新冠疫情防控工作电视电话会议和重庆市新冠疫情防控工作电视电话会议。

纪检组组长陈运武参加全国海关纪检机构学习宣传贯彻党的二十大精神专题辅导视频会议。

重庆海关在西部地区率先开展的区外加工贸易工单式核销改革正式落地。

12日 关长谢斌，副关长王忠文、王宏翰、刘浩宇参加全国海关疫情防控工作视频会议。

17日 重庆海关首次在进境邮件中截获“异宠”哈氏弓背蚁。

25日 纪检组组长陈运武参加执纪审查第二协作区视频会议。

29日 副关长王忠文参加进口危险化学品检验模式改革试点工作说明会。

12月

8日　重庆海关关长谢斌参加重庆市领导干部会议。

副关长王忠文参加全国新冠疫情防控工作电视电话会议。

9日　重庆海关验放大足市场采购贸易首单货物，标志着重庆关区市场采购贸易政策试点落地。

17日　重庆海关石芮伶作为海关总署代表队选手之一参加第九届全国科普讲解大赛，获评三等奖。

20日　重庆海关监管的首趟采用转关模式运作的商品车铁路运输专用车（JSQ型车）中欧班列（重庆）顺利发运。

28日　中共中央政治局委员、重庆市委书记袁家军在重庆市西部陆海新通道建设工作座谈会上专题听取重庆海关工作汇报。

关长谢斌，副关长王忠文、王宏翰参加全国海关新冠疫情防控工作专题视频会议。

29日　副关长王宏翰参加重庆市委经济工作会议。

30日　关长谢斌、政治部主任孙伟参加全国海关全面加强审计问题整改工作专题视频会议。

国务院关税税则委员会发布2023年关税调整方案，重庆海关独立报送的“为花椒新增本国子目”等3项税政调研建议被采纳，采纳数量创历史新高。

第四篇

政治建设

党建工作

【概况】2022年，重庆海关坚持把学习贯彻习近平新时代中国特色社会主义思想作为首要政治任务，突出讲政治、抓支部、促融合、强队伍同向发力，制订“1方案1推进表16项工作要点”，压茬推进学习宣传贯彻党的二十大精神，统筹推进“学查改”专项工作和捍卫“两个确立”、做到“两个维护”、强化政治机关建设专项教育活动（以下简称“两个专项”），推动“三色”问题清单（“急难愁盼”问题红色预警、共性问题黄色关注、一般问题蓝色标示）由海关总署作为典型案例宣传推广。制发工作方案推动党史学习教育常态化长效化。开展“青春国门·渝关我家”系列文化活动，浓厚“家文化”氛围。落实基层党建“双提升”行动，常态组织“帮书记、帮支部、帮党员”的“三帮”活动，推进“四强”党支部评选和动态调整，开展“警示教育月暨‘五个一’清廉家风”主题宣传教育系列活动，推荐3个集体获评首批一星级“全国青年文明号”、1个集体获评“全国海关系统先进集体”、1个职工家庭获评“全国五好家庭”。

【宣传思想文化】2022年，重庆海关组织党委理论中心组集中学习14次，其中党的二十大精神相关学习5次。制订学习宣传贯彻党的二十大精神工作方案，分类打造党员干部“学习二十大、奋进新征程”常态化学习、团员青年“‘青’听二十大”、离退休干部“学讲话、感党恩、谈感言”系列活动和闭环管理人员“红色漂流角”等热学热议品牌，搭建“党的旗帜·我们的路”专栏发布学习资料39期，刊发《重庆海关深入学习宣传贯彻党的二十大精神专刊》6期，推动《重庆海关立足“三个全面”学习宣传贯彻党的二十大精神走向新高度》《抓好学用结合推进高水平对外开放》等经验做法、相关理论研讨文章等被海关总署《中国国门时报》等载体刊发推广50余次。

统筹推进“两个专项”，组建6个督导专班“集中节点、集中工作”全过程督导，打造“大学习、大检视、大整改、大宣教”平台，搭建党的十九届六中全会精神、“两个专项”等“四合一”学习教育宣传阵地，打造“我的岗位”“最后一公里”等比学展示平台，推动“急难愁盼”红色预警、共性问题黄色关注、一般问题蓝色标示“三色”问题清单由海关总署作为典型案例推广。党委制订推动党史学习教育常态化长效化的实施方案，细化6方面30项重点工作清单推动党史学习教育常态化长效化。定期研究意识形态工作，常态化开展强化政治纪律政治规矩、打赢意识形态攻坚战系列工作。践行“求实、扎实、朴实”的海关文化，开展“跃动的青春”健美操比赛、“渝关飞羽 盛夏雪芮”羽毛球交流活动等“青春国门·渝关我家”系列文化活动，持续浓厚“团结和谐、你中有我、我中有你”的家文化氛围。

▲2022年7月21日，重庆海关举行“青春国门·渝关我家”“家”文化系列活动开幕式

【基层组织建设】2022年，重庆海关落实基层党建“双提升”行动要求，统筹推进“书记项目”课题攻坚、基层党建难点解析、“三个我来讲”（党建工作我来讲、政治要求我来讲、支部建设我来讲）、“党建精品课程”等各项工作，向海关总署推荐相关材料13篇，采用刊发6篇，1个“书记项目”由《重庆精神文明建设》2022年第20期（总第1327期）刊载。落实加强企事业单位党的建设工作相关要求，完成3个事业单位党委设立，新成立1个事业单位党支部和1个企业党支部，指导相关企业将党建工作要求写入公司章程。常态化开展“三帮”活动，落实重庆海关党委委员支部联系点制度，坚持必提必问必看必谈党建工作和听取意见建议的“四必一听”工作机制，“蹲点帮建”解决党员干部“急难愁盼”事项200余件。推动4个全国海关基层党建品牌复核保留，成功申报新增1个全国海关基层党建培育品牌。开展“四强”党支部评选和动态调整，新命名25个党支部为重庆海关“四强”党支部。开展年度“两优一先”评选，表彰140名优秀共产党员、45名优秀党务工作者、26个先进基层党组织。开展支部品牌创建申报，推动重庆海关实现“一支部一品牌、一品牌一特色”。

【党风廉政建设】2022年，重庆海关落实党风廉政建设责任制，持续压紧压实全面从严治党“33＋14＋10”项主体责任。关党委委员带头开展“一把手”和领导班子成员重点事项监督自查报告，全覆盖组织“一把手”述责述廉述党建。推动个人有关事项申报范围扩大至科级领导干部，组织违规投资企业及在企业兼（任）职、“裸官”等日常管理和自查工作。制定加强新时代海关廉洁文化建设责任清单，推进“警示教育月暨‘五个一’清廉家风”主题宣传教育系列活动，开辟“小政‘廉’夜话”专栏，推动《文化传承、廉接你我》等8个廉政创意作品在海关总署斩获奖项。定期开展落实中央八项规定精神及其实施细则情况综合检查，配套公务接待、公车使用等12项细化措施。坚持日常作风视频督查“每月一查”，落实“好差评”政务服务周提醒、月盘点，推进海关准军事化纪律部队建设和预防纠治酒驾醉驾督察15项正负清单落地生效。

聚焦提高一体推进“三不腐”能力和水平，制定做实以案促改推进清廉海关建设责任清单，建立“一案一总结”“一案一剖析”工作机制。

【群团工作】 2022 年，重庆海关充分发挥共青团、工会、妇委会等群团组织桥梁纽带作用，把握重要节点组织“喜迎二十大、永远跟党走、奋进新征程”主题教育实践活动、“六查六问”专项行动、首届重庆海关“渝关好青年”评选活动等；用好酉阳县南腰界革命根据地等重庆本地红色资源开展“追寻红色记忆”等活动；发挥“青年学习标兵”和“青年理论学习示范小组”榜样作用，深化“青藤”“江团”“青帆”等青年学习品牌，以点带面营造“青年大学习”氛围。推荐 3 个集体获评首批一星级“全国青年文明号”，4 个集体获评“重庆市青年文明号”，1 个集体获评“全国海关系统先进集体”，1 个职工家庭获评“全国五好家庭”“重庆市文明家庭”，1 名个人获评“重庆市巾帼建功标兵”，1 个集体获评“重庆市三八红旗集体”。

▲2022 年 10 月 25 日，重庆海关参评海关总署“清风国门”廉洁文化创意作品征集活动获奖作品

【乡村振兴工作】 2022 年，重庆海关坚持党建引领、“干”字为要，发挥优势助力乡村振兴。针对出口准入新规，用足成渝双城经济圈政策优势，与成都海关联动认证考核、一体化指标监测，同步提升出口产品质量。抓住秀山县在川河盖规划中药种植产业示范基地发展机遇，线上“院坝会”传经送宝，帮扶山银花特色产业病虫害防治；坚持“授人以渔”，投入 50 余万元，帮助建成川河村 15 亩高山延季蔬菜大棚基地，完成消费帮扶 30 万元。坚持群众困难“到我为止”，组织“云助手”，提供动物疫病防控培训、农产品质量检测服务、健康义诊和新冠病毒核酸检测服务；协助改善对口帮扶乡镇学校教学设备，开展家庭困难学生支援，捐赠各类物资约 12.13 万元。2022 年年底，重庆海关被重庆市商务委帮扶集团评为“乡村振兴帮扶工作先进集体”、驻村书记被评为“乡村振兴帮扶工作先进个人”。

撰稿人

蔡　明　王　韧　李厚松

巡视巡察

【概况】2022年，重庆海关党委全面贯彻巡视工作方针，坚决担起巡视整改和巡察工作主体责任。全面落实巡视整改集中清查，确保海关总署常规巡视、巡视“回头看”整改任务均清零见底；扎实开展海关总署巡视发现共性问题自查自改，一体推进不敢腐、不能腐、不想腐。坚守巡察政治定位，落实巡视巡察上下联动要求，聚焦职能责任，紧扣“两个维护”根本任务，强化政治监督，对3个部门开展常规巡察，圆满完成巡察五年“全覆盖”任务。巡视巡察工作考核排名居全国海关前列。

【巡视工作】2022年，重庆海关党委全面落实“以巡促改、以巡促建、以巡促治”要求，开展巡视整改集中清查工作，制订重庆海关巡视巡察整改集中清查工作方案，根据重庆海关党委委员分工，对巡视整改任务分工进行调整，落实落细巡视整改责任；具体集中清查工作由巡察办牵头实施，督审处、人教处、政工办、监察室参与协调配合、审核反馈、检查评估等工作，各部门单位履行职责范围内的巡视巡察整改集中清查和整改工作；细化2方面9项工作重点，对照巡视反馈意见和领导小组巡视反馈会议工作要求，逐项自查2018年常规巡视81项整改任务、2020年巡视“回头看”84项整改任务落实情况，以及党的十九大以来关级巡察问题的整改落实情况，确保巡视巡察整改任务100%清零。

重庆海关党委坚持巡视整改“四个融入”（融入日常工作、融入深化改革、融入全面从严治党、融入班子队伍建设），健全工作机制，传导责任压力，深度落实机构改革、全方位提速重庆新海关建设，弥补工作短板、凝聚队伍士气、深化管党治党，推动政治生态日渐清朗、队伍面貌向上向善、改革发展稳中求进等方面取得较好成效。结合巡视整改集中清查，扎实开展海关总署党委巡视发现共性问题自查自改，对照46项共性问题，自查发现问题3个，具体表现5个，制定整改措施15项，均按期完成整改。深化巡视巡察上下联动要求，连续四年参与海关总署党委巡视监督要点编撰工作，对海关总署党委巡视直属事业单位监督要点修订，在原有106个“是否”基础上，新增32个，对其中部分“是否”内容进行完善，作为海关总署党委巡视直属事业单位的“工具书”供巡视组参考使用。派员参与海关总署巡视办2023—2027年巡视规划起草等集中工作，完成巡视工作流程梳理，完善巡视整改评估办法，协同起草推进巡视高质量发展意见，选派2名处级干部参加总署党委2022年第一轮巡视。

【巡察工作】2022年，重庆海关党委压紧巡察工作主体责任，党委书记组织召开党委会，专题听取巡察工作综合情况汇报、研究年度巡察工作计划；召开巡察工作领导小组会议，研究部署巡察工作，审议巡察工作报告，落实党委书记“点人点事点问题”要求，对重点问题提出明确处置意见。政治部主任开展实地巡察集中督导，党委委员参加分管部门巡察整改专题民主生活会。坚守政治巡察定位，围绕“三个聚焦”，加强对“一把手”和领导班子监督，结合“学查改”专项工作，坚定捍卫“两个确立”、坚决做到“两个维护”、强化政治机关建设专项教育活动，以及“海关重点项目和财物管理以权谋私”专项整治工作，紧扣海关职能责任，修订完善巡察工作监督要点，优化巡察工作流程。年内对法规和综合业务处、财务处、督察内审处3个部门开展常规巡察，个别谈话47人次，查阅资料1683份，问卷调查265份，发现问题25个，提出整改建议13个，圆满完成巡察“全覆盖”任务。加强对巡察组的指导督导，巡察办6次参加巡察组组内会议，对巡察组方案制订、内部分工、巡察重点、问题研判等提出指导意见，推进巡察工作规范化开展。开展巡察整改集中督导，整合人事教育处、机关党委（政工办）、监察室、巡察办、巡察组骨干力量，组建巡察整改集中督导组，对法规和综合业务处、财务处、督察内审处3个被巡察单位开展为期2个月的巡察整改定点督导，提出意见建议7条，推动被巡察单位76项整改任务落实。强化巡察机构与纪检监察、人事政工、督察审计等部门贯通协同，凝聚监督合力，从巡察前情况通报、巡察中政策支持、巡察后问题通报、整改监督等全链条开展协作配合，做到同向发力、同题共答。巡察办落实“海关重点项目和财物管理以权谋私”专项整治任务分工，梳理2012年以来巡视巡察发现的重点项目和财务管理有关问题，排查问题53个，其中署级巡视21个，关级巡察32个，形成《重庆海关关于2012年以来巡视巡察重点问题梳理情况的专题分析报告》，同步向重庆海关专项整治工作领导小组提出重点关注意见建议。

【五年评估】2022年，重庆海关对五年巡察规划开展情况进行评估，综合运用实地走访、问卷调查、书面调研等形式，对重庆海关15个部门单位开展书面调研，问卷调查巡察对象、曾参与巡察工作的人员191人次，重点围绕巡察组工作改进、巡察办作用发挥、下个五年规划开展等方面收集意见建议100余条。调研显示，关区巡察工作呈现政治定位更加精准、体制机制更加健全、协调配合更加完善，能够有效发挥巡察政治监督作用。客观评价巡察办、被巡察单位、巡察组工作成效和存在问题，量化分析五年巡察发现问题情况，精确掌握关区巡察工作总体情况，形成2018—2022年巡察工作情况评估的报告。制定《党的十九大以来重庆海关党委巡察发现的共性问题清单》，为巡察工作提供指引，推动被巡察单位未巡先改；形成《关于重庆海关党委巡察工作规划（2023—2027年）的建议》，为科学谋划下一个五年巡察规划奠定基础。

【巡察队伍】2022年，重庆海关修订完善党委巡察干部队伍管理考核办法，明确巡察干部资格条件、巡察组组建流程、巡察工作人员工作要求、纪律要求以及考核评价等内容，完善关区巡察队伍长远发展，打造政治过硬、业务精通巡察干部队伍的长效制度机制。完成巡察干部队伍库动态调整，新增入库 29 人、移出 8 人，实现在库人员 96 人。组织巡察干部深入学习习近平新时代中国特色社会主义思想，不断增强巡察干部队伍的政治判断力、政治领悟力、政治执行力。全力助推乡村振兴，做好驻村第一书记日常管理，指定专人负责联络保障，最大限度保障驻村工作顺利开展。

▲2022 年 6 月 23 日，重庆海关组织集中研究巡察工作

撰稿人

陶玉翔　王志刚

纪检监察

【概况】2022年，重庆海关坚定履行专责监督和协助职责，践行“求实、扎实、朴实”的海关文化，在正风肃纪、防范风险、涵养生态上用心用情用力。落实政治要求，健全工作体制机制，实现政治监督“脱虚向实”；履行政治责任，扎实推进“海关重点项目和财物管理以权谋私”专项整治工作，治理重点领域“由表及里”；坚守政治担当，严格执纪严肃问责，防范风险隐患“从小衍大”；提升政治能力，深化纪检监察改革，推动改革效能“化形为神”，以实际行动坚定捍卫“两个确立”、坚决做到“两个维护”，为重庆海关改革发展稳定提供坚强政治保障和纪律保障。

【政治监督】2022年，重庆海关坚决贯彻落实党中央重大决策部署，深化“全方位、有重点、常态化、重实效”的立体监督体系架构，督促各部门单位统筹推进“两个专项”，落实“第一议题”制度，推动广大党员干部进一步树牢政治机关意识。强化对口岸疫情防控、促进外贸保稳提质、安全生产、全面禁止“洋垃圾”进境、打击象牙等濒危动植物及其制品走私、全面从严治党等重点工作的政治监督，制发2022年重庆海关纪检工作要点，实地监督检查17次，视频监督检查75次，推动解决责任落实不平衡、整改措施不彻底、建章立制不及时等问题，健全及时跟进、快速响应、督促督办、跟踪问效等一系列机制，推进政治监督系统化、具体化、精准化、常态化。

【专项监督】2022年，重庆海关围绕工程建设、信息化建设、实验室建设、装备购建、疫情防控保障等重点项目和财物管理领域，组织推进“海关重点项目和财物管理以权谋私”专项整治工作，组织召开问题风险研判等会议13次，听取问题线索及廉政风险排查情况汇报20次，组织人员赴12个重点单位部门实地督导。对145个重点项目组织开展4轮排查，制发15份核查提醒单。扎实做好“海关重点项目和财物管理以权谋私”专项整治“后半篇文章”，推动整改任务按时保质完成，建立健全制度机制20余项。并按照海关总署安排，组织督导检查组对乌鲁木齐海关开展专项整治督导检查。

【日常监督】2022年，重庆海关紧盯关键岗位和关键环节，开展日常监督。加强对“一把手”和领导班子的监督，开展廉政谈话59人次，审核审批廉政意见回复147批次，提出暂缓或否定性意见2人次。驰而不息纠“四风”树新风，重点加强对“五一”、国庆、春节等重点节假日的监督，及时制发做好正风肃纪的通知，督促做好疫情防控、安全生产，坚决杜绝酒驾，组织观看警示教育片，用身边事警示身边人，夯实加固中央八项规定精神堤坝，持续弘扬新风正气。指导重庆海关党委派驻纪检组落实定期月报、季报，重要情况、突发问题即时报告机制，开展跟班作业167次，谈心谈话420余人次，监督发现问题138个，制发监督建议书21份。

【执纪审查】2022年，重庆海关加强对问题线索的集中管理、分类处置、定期清理，依规依纪依法处置问题线索。系统梳理党的十八大以来的信访举报、问题线索和违纪违法案件，排查风险隐患16个，制定防范措施21条，全面摸清风险底数、把准政治生态“脉络”。坚持风腐一体纠治、标本兼治，既严查“四风”及其背后腐败问题，又对腐败案件中暴露出来的违反中央八项规定精神等作风问题深挖细查，严肃查处干部违规经商办企业问题。重庆海关党委纪检组及重庆海关各党委派驻纪检组实地走访重庆市及各区县纪委监委11次，在处置问题线索、审理案件、收集证据等方面深入开展协助配合，持续巩固实践“组地关”机制成果。刚性落实查办案件“以上为主”等制度。

【问责工作】2022年，重庆海关坚持“依规依纪、实事求是”“失责必问、问责必严”“严管和厚爱相结合、激励与约束并重”等原则，开展问责工作，督促重庆海关各级党组织和党员领导干部履行主体责任、监督责任和领导责任。切实加强对“一把手”和领导班子的监督，推动“一把手”和领导班子成员把主体责任担起来、把监督责任扛起来，既监督各方也自觉接受各方监督。重庆海关党委纪检组和重庆海关各党委派驻纪检组在新冠疫情防控、促进外贸保稳提质、危险化学品监管、安全生产等方面强化追责问责，切实发挥监督保障执行、促进完善发展作用。

【以案促改】2022年，重庆海关开展以案促改工作，形成重庆海关党委统一领导、案发单位直接整改、职能部门分工协作、纪检监察机构监督推动的领导体制和工作机制，扎实推进以案促省、以案促查、以案促治、以案促建重点任务。做好违纪违法典型案例警示教育，聚焦党的十八大以来重庆海关查处“四风”问题典型表现，转发

▲2022年4月14日，重庆海关党委派驻纪检组监督查验现场疫情防控安全防护和规范执法情况

警示案例45起。做好查办案件后半篇文章，建立健全“一案一总结”“一案一剖析”工作机制，在全关区通报违反中央八项规定精神典型案例，切实发挥“身边事”教育“身边人”的警示功效，做实以案促改促建促治。

撰稿人

龚明娜 张文豪

队伍管理

【概况】2022 年，重庆海关坚持践行新时代党的组织路线，坚持不懈把严管厚爱贯穿到队伍建设全过程，坚持“一把尺、一张单、一盘棋”，统筹用好各年龄段优秀干部，按照“梯次接续、小步快跑”思路优化干部结构，大力培养、发现、使用优秀年轻干部，注重在大战大考中发掘使用干部，凝聚看实绩不看资历、比贡献不比背景成为最大共识，持续提升队伍向心力凝聚力战斗力，持续淬炼忠诚干净担当队伍。

【机构编制管理】2022 年，重庆海关内设 18 个机构，隶属海关单位 12 个，事业单位 5 个。行政编制 858 名，年末实有 834 人，其中公务员 828 人，行政占编工人 6 人；事业编制 140 名，受委托管理事业单位编制 10 名，年末实有 108 人。

【干部人事管理】2022 年，重庆海关开展干部选拔和进一步使用 17 批次，选拔处级领导干部 2 正 10 副，2 名正处级领导干部进一步使用；选拔科级领导干部 13 正 29 副，2 名执法一线科长进一步使用，任隶属海关党委委员；职级晋升 12 批次，晋升二级巡视员及相当层次职级 5 人次、调研员及相当层次职级 85 人次、主任科员及相当层次职级 122 人次，调整优化 22 个处级领导班子、23 名处级领导干部；基层公务员竞争性选调 8 人到机关工作，在机关和基层之间交流处科级领导干部 24 人；关衔首授、调整的申报或授予 284 人次。

培养年轻干部，分层级建立正处级、副处级、科级优秀年轻干部储备库；新提任和明确主持部门单位工作的处级领导干部占同级别总人数的近七分之一，其中 66.7% 为“80 后”干部；新提任的科长中“85 后”占比 75%；新提任的“90 后”副科长安排至基层一线科室的比例达到 66.7%，永川、涪陵、万州、黔江等偏远地区隶属海关 35 岁以下的科级领导干部占比达到 63%。持续向执法一线倾斜，新提任的副处级领导干部中执法一线科长占比 44.4%；2 名执法一线科长进一步使用，任隶属海关党委委员，新晋升的四级高级主办中执法一线科长占比 47.1%；年度考核优秀等次比例向执法一线倾斜，12 名执法一线科长获评年度优秀执法一线科长。保障基层人力资源，接收军转干部、公务员招录及调入等方式新入关的 19 名人员全部安排至重庆海关隶属海关。

加强事业单位管理，规范事业单位领导班子职数，增设专职党委副书记；指导内设机构领导人员选聘 2 人、公招 1 批次；向总署推荐 12 名海关事业单位专业技术专家，2 人获评正高级职称、2 人获评副高级职称，并完成 2 人职称确认。履行干部监督职责，开展领导干部个人有关事项“两项法规”宣传、培训、辅导、在线考试，申报范围扩大至科级领导干部，查核如实率达到100%；“一报告两评议”选人用人、从严监督管理干部总体好评率均为100%；配合海关总署做好重庆海关选人用人离任检查；推进违规在企业兼（任）职、“裸官”常态化清理；开展干部人事档案专项审核工作，完成事业单位相关人员和新进公务员等108人档案审核；在全关范围内组织填报《干部履历表》，夯实干部人事工作基础。开展77名退休“中人”养老待遇复算及补发。

【人才队伍建设】2022年，重庆海关进一步使用及交流4名处级领导干部到专业技术类岗位任职，推荐9人申报评定高级专业技术任职资格，完成7人中级、初级专业技术任职资格评定。加强事业单位专业技术人才队伍建设，在2021年度高级职称评审工作中，经重庆海关中级职称评审委员评审，推荐4人成功获评高级职称，其中工程系列正高级2人、卫生系列副高级2人。岗位聘用向一线人员倾斜，3名参加疫情防控满12个月的一线事业单位专业技术人员不受岗位结构比例限制晋升岗位等级。打造渝关“岗位能手”品牌，以“量化+评审”方式考察政治、业绩、能力3个方面，在办公综合、稽查、食安等条线评选岗位能手。向外交部、商务部推荐驻外人才，1人获批外派，1人履行外派手续。增强对高素质专业对口人才的选拔引进，在风险管理、税收征管、口岸监管、公共卫生等重点专业领域招录（聘）接收数占关区总招录（聘）的70%。1个项目获2021年度海关科技成果三级成果，主持的5项省部级科研项目通过验收。

▲2022年9月2日，重庆海关组织2021年度职称评审工作

【教育培训】2022年，重庆海关制订下发教育培训工作实施方案，统筹下达各类培训计划105期，培训7289人次，其中政治部举办集中调训、网上脱产培训班14期，各职能部门举办集中调训、网上脱产培训班、专题讲座（含渝关云课堂）等58期，开展“跟班学习+现场带班”33期。912人参加年度学时学分考核，人均学时564.46学时，其中脱产培训216.34学时，学分195.01分，习近平新时代中国特色社会主义思想模块112.19分，全员完成总署规定的学时学分考核任务。围绕8类岗位资质，269人次参加岗位资质培训，年度新增8类岗位资质178人次。

撰稿人

严　鸣　杨　帆　张　桐　盛正睿

第五篇

业务建设

口岸开放与运行管理

【概况】2022年，重庆海关以习近平总书记视察果园港时所提的“三个好”“四个一流”和“三个服务好”[①]的重要指示精神为指引，扎实落实《国家“十四五”口岸发展规划》，结合重庆市委市政府口岸开放工作部署，持续完善口岸功能、深化口岸合作、提升智能监管水平，推动关区铁、公、水、空等监管作业场所全面互联互通，构建关区一体化物流监控格局，支持重庆口岸发展。落实国务院关于开展营商环境创新试点工作要求，按照海关总署促进跨境贸易便利化专项工作部署，持续优化营商环境，不断提升重庆口岸通关便利化水平。

【口岸开放与发展】2022年，重庆海关加强智慧口岸建设，引入全国首套“双能、双视角、双加速器”快速检查系统，实现机检效率、精度双提升；部署上线鹰眼智能监控识别系统、辐射探测及箱体喷淋一体化通道等科技设备，监管效能提升60%；优化智慧查验系统，实现多方信息快捷交互、监管作业各环节衔接顺畅；优化综合查询系统，实现集装箱进出区全流程实时追踪；依托安全智能锁，搭建途中监管系统，实现监管车辆运行轨迹监控预警。持续实施“分类监管、集中查验”监管模式，便利海关集中监管。指导果园港进境肉类、粮食、水果指定监管场地规划建设，推动果园港进境肉类指定监管场地于1月通过海关总署验收。支持重庆港水运口岸扩大开放万州新田港区、涪陵龙头港区、江津珞璜港区纳入国家审理计划；助力万州机场航空口岸成功获批为正式对外开放口岸。

【优化口岸营商环境】2022年，重庆海关切实落实稳外贸促发展要求，大力推进“促进跨境贸易便利化专项行动”，推动口岸营商环境不断优化。关领导定期组织召开专题座谈和集中研讨，围绕通关便利、提效降费、利企便民等方面推出25条具体措施，加强集中调度和督导检查，推动各项措施落地见效。联合重庆市人民政府口岸和物流办公室印发《重庆市贯彻落实国务院营商环境创新试点和海关总署2022年促进跨境贸易便利化专项行动工作措施》，一体推进试点工作与专项行动，进一步优流程、压时间、降成本、提质效。加强涉企政策措施宣传，运用新媒体开展政策解读，在“重庆海关发布”微信公众号增设“促进跨境贸易便利化”

① “三个好”：把港口建设好、管理好、运营好。“四个一流”：一流的设施、一流的技术、一流的管理、一流的服务。“三个服务好”：为长江经济带发展服务好，为“一带一路”建设服务好，为深入推进西部大开发服务好。

专栏，从政策简介、适用范围、办理流程、注意事项等方面解读专项行动各项措施，发布宣传稿件10篇，阅读量超10万人次。通过各级媒体广泛宣传RCEP项下享惠、启运港退税等涉企政策，在中央电视台、《人民日报》等中央级媒体发布稿件约10篇次；在海关发布、《中国国门时报》等总署媒体发布稿件约120篇次；在重庆电视台、《重庆日报》等发布稿件约80篇次。选派业务骨干参加重庆市涉外政策宣讲会，向日本驻重庆总领事馆、老挝国家工商会重庆代表处等10余家外国驻渝领事机构、商协会以及爱思开海力士等20余家外商投资企业宣讲专项行动各项措施，引导企业享受政策红利。

▲2022年5月10日，重庆海关指导果园港进境粮食、水果等指定监管场地建设

撰稿人

许理想　王清刚

法治建设

【概况】2022年，重庆海关按照《“十四五”海关法治建设规划》《2022年海关法治建设工作要点》要求，在法规制度供给、规范执法、复议应诉、法治宣传教育等方面持续推进法治海关建设。为推进社会主义现代化海关建设提供坚实的法治保障。

【法规管理】2022年，重庆海关持续做好立法与立法后评估，以专家团队形式参与《中华人民共和国海关法》（以下简称《海关法》）修订专题研究，研提修订建议70余条，完成《海关法（修订草案）》修订申报改革专题的研究报告。牵头研究论证国内外风险管理政策、制度及应用，负责起草《海关法（修订草案）》“风险管理”专章和海关风险管理实施办法。牵头《进口许可制度民用商品入境验证管理办法》立法后评估，参与《中华人民共和国海关行政裁定管理暂行办法》等3部规章立法后评估。对《中华人民共和国海关行政赔偿办法》等43部规章研提立法后评估意见99条。法制审查关区业务制度、合同等文件100余项。持续做好业务制度和规范性文件“立改废释”，结合进境动植物及其产品检疫审批、安全生产等重点工作，制定相关业务制度7项，废止业务制度3项；制定中华人民共和国重庆海关 重庆市药品监督管理局联合公告2022年第3号（关于完善《进口药品通关单》验核工作），废止规范性文件1项。

【复议诉讼】2022年，重庆海关开展复议诉讼执法培训，组织处科级领导干部30余人次赴重庆市高级人民法院旁听行政案件庭审，引导全体关员常态化通过中国庭审公开网观看庭审视频，直观感受行政行为接受司法审查的全过程，提升干部执法水平，培塑法治意识。践行新时代“枫桥经验”，化解企业拟提起行政复议5起、拟提起行政诉讼1起。发挥行政复议解决行政争议主渠道作用，办理行政复议案件2件，通过持续加强沟通、释法明理，其中1件申请人服从复议决定不提起诉讼，另外1件申请人自愿撤回行政复议申请。办理“陈某诉重庆邮局海关行政检查及重庆海关行政复议”行政应诉案件1件，关区主要负责人就应诉工作提出具体指导意见，分管关领导担任应诉小组组长，组织研究应诉策略并以复议机构负责人身份出庭应诉，向法庭释明海关立法等情况。经重庆市第一中级人民法院一审、重庆市高级人民法院二审，两级法院支持海关行政行为，重庆海关取得应诉胜诉结果。

【法制协调和法治宣传】2022年，重庆海关持续深化行政许可制度改革，全面实行行政许可事项清单管理，按总署部署，编制公示重庆海关行政许可事项清单，组织业务职能部门修订关区部分行政许可事项服务指南；配合重庆市人民政府及隶属海关所在地人民政府编制地方行政许可事项清单，将海关行政许可事项清单纳入所在地行政许可事项清单集中公示。稳妥推广“海关出入境特殊物品卫生检疫审批与分析系统”，推进特殊物品管理智能化和信息化工作，实现特殊物品单位备案、产品备案、检疫审批、风险评估、核注核销、现场查验和后续监管等全流程系统监管；加强宣传推介，4月底实现新系统关区全覆盖，提前2个月完成总署切换任务要求。完善出入境检疫处理监督工作，严格核准许可，告知相对人不再纳入许可管理的事项，指导规范使用《进出境动植物检疫除害处理单位核准证书》。将习近平法治思想纳入2022年度关党委理论学习中心组学习内容，组织全关各部门单位通过钉钉平台网络课程以及“渝关云课堂”等多种方式开展学习，推动全关干部自觉运用习近平法治思想指导执法工作。持续贯彻落实《海关“谁执法谁普法”普法责任制实施办法》，结合重庆海关“八五”普法相关规划，制定重庆海关2022年度普法责任清单，将普法工作纳入关区目标管理绩效考核。组织开展2022年度“宪法宣传周”集中宣传活动，举行宪法宣誓仪式，落实干部任前宪法宣誓制度。围绕稳外贸稳外资、维护国家安全、口岸疫情防控、优化口岸营商环境等工作开展政策法规宣传，组织“4·15”全民国家安全教育日、“美好生活·民法典相伴”主题宣传月、“8·8”海关法治宣传日等专题普法活动。

【公职律师管理】2022年，重庆海关加强关区公职律师队伍建设，优化管理机制，加大培养和使用力度，统筹关区公职律师力量，在案件办理、重大执法决定法制审查、重大决策合法性审查以及辅助决策等重要法律事务方面进一步发挥公职律师作用。重庆海关共有公职律师27名（2022年新任公职律师6名），分布在15个部门和单位（包括9个隶属海关），隶属海关公职律师覆盖率82%，通过关区统筹，实现隶属海关公职律师工作全覆盖。关区公职律师参与138件行政案件、2起复议案件、1起行政诉讼案件办理和14起刑事案件侦办；组成普法讲师团，开设《海关通关业务相关法律法规解读》《商品检验

▲2022年5月24日，重庆海关所属涪陵海关在辖区企业开展普法宣讲

相关法律法规解读》等特色课程；参与法治课题与科研论文研究，撰写《制度创新立法先行》《从安全监管角度谈完善〈进出境动植物检疫法〉》等多篇论文，在《海关执法研究》《海关法评论》上发表，2篇论文获中国海关学会西南分会优秀论文，1名公职律师撰写的《出口化肥纳入法检后三类逃检违法风险需关注》获得海关总署领导批示。

撰稿人

陶爱军 谢雨岑 丁智杰

促进外贸保稳提质

【概况】2022年，重庆海关统筹推动业务改革与发展各项工作。在海关总署促进外贸保稳提质10条措施及后续系列措施基础上，出台24条细化措施及8条接续细化措施。深化区域海关合作，牵头推进西部陆海新通道沿线各直属海关合作；联合成都海关支持双城经济圈建设措施落地落实。推动中新（重庆）互联互通示范项目建设。深化关地协同，参与重庆市市场监管领域“双随机、一公开”部门联合执法工作。深化通关业务改革，全面推进各项营商环境改革创新试点工作。

【业务改革协调】2022年，重庆海关持续深化关检业务融合改革，按照全国海关年中工作会议“进一步推动关检业务由‘物理整合’向‘化学反应’转变”的要求，成立专项课题研究小组开展调研，形成专项调研报告上报总署。按照总署统一部署，作为8个试点直属海关之一，组织关区11个隶属海关参与试点《海关进出境货物取样送检操作规程》。组织关区8个隶属海关分3批次参与试点总署新检查异常处置系统。在总署促进外贸保稳提质10条措施及后续系列措施基础上，出台24条细化措施及8条接续细化措施。深化区域海关合作，牵头协商西部陆海新通道沿线各直属海关制定2022年重点任务清单，确定6方面16项重点工作任务。支持成渝地区双城经济圈建设，推动海关总署支持双城经济圈建设措施落地落实，联合成都海关研究明确共同落实海关支持成渝地区双城经济圈建设重点措施2022—2023年重点任务，制定34条措施，其中“零配件便捷进出区”被列入自贸创新措施并在全国首次实施。与重庆市中新示范项目管理局共同筹办海关支持中新项目建设新闻发布会，研究制定支持中新（重庆）互联互通示范项目建设6条举措。深化关地协同，参与重庆市市场监管领域部门联合“双随机、一公开”实地核查工作，参与修订《重庆市市场监管领域部门联合抽查事项清单（第二版）》，推动出口食品生产企业备案核查纳入重庆市部门联合“双随机、一公开”抽查计划，与市场监管局成立联合工作组，实地核查出口备案食品生产企业18家，并通过市政府“双随机、一公开”平台发布检查结果。

【通关运行管理】2022年，重庆海关持续深化通关业务改革，加大宣传推介力度，充分尊重企业意愿，引导企业叠加应用“提前申报”“两步申报”等通关便利化措施，连续4年参加促进跨境贸易便利化全国统一专项行动。结合推进营商环境改革创新试点工作，联合重庆市口岸物流办出台实施21条具体措施，制定关区25条工作举措。坚持进出口整体通关时间“日监控、周分析、月发布”机制，强化报关单“日清”工作，落实“7×24小时”预约通关机制，协调解决通关环节异常疑难问题，实现关区进出口整体通关时间保持在合理水平。持续深化通关监管制度改革，根据总署对特殊通道申报管理职责和审核流程作出的调整，制定报关单特殊通道申报操作规程，参与总署组织的报关单修撤、申报管理办法修订工作，向总署报送竹木草制品出口电子底账申请业务异常情况，研提出口电子底账系统功能完善建议获总署采纳。参与总署报关单运行监控系统建设，提出优化完善系统功能意见建议2条，开展系统测试4次，撰写系统优化建设任务书3份；运用报关单运行监控、新海廉系统，按月监控分析和有效管理单证审核、报关单结构、重点商品、结关时效、报关单放行等20余项通关运行项目。常态化开展防疫物资通关情况日常监控，结合数据监控和现场检查，促进关区防疫物资有序通关。推动果园港启运港退税政策落地实施，面向货主企业、报关行以及船公司负责人集中开展政策宣讲和操作培训，协助地方税务部门核查数据传输和结关情况，共同研究解决企业反映的最新问题；办理启运港退税报关单超5万余票，涉及382亿元货物、2500余家企业，为企业申请提前退税提供新选择，比传统模式压缩退税周期近一个月，助力企业加快资金周转，降低资金使用成本。

【贸易管制与技术规范】2022年，重庆海关依托“云擎”系统，开发6个监控模块，全面筛查涉证报关单，发现并处置漏证、缺证报关单28票；将监控发现漏证问题转化为布控指令，命中报关单294票、退运或补证放行11票。严格执行进出口贸易禁限管理，围绕禁限法律法规、海关监管制度、重点涉证商品审核要点等开展专题培训，安排专家答疑，发布禁限业务问题案例汇编2期，指导现场执法；编写覆盖39种监管证件的业务指南，通过总署“12360服务”微信公众号发布稿件18篇，介绍进出口货物禁限监管和通关申报要求。组织申报12项海关技术规范制（修）订项目，其中《绵羊痘和山羊痘检疫技术规范》等4项技术规范获批；完成《黑森瘿蚊检疫鉴定方法》等7项技术规范的制修订任务。开展海关技术规范解读工作，在总署“12360服务”微信公众号发布解读《猪衣原体病检疫技术规范》稿件。参与国际贸易规则研讨，报送“出口至越南的西伯利亚鲟鱼”“印度尼西亚进口中国柑橘要求提供企业GAP认证办理进口水果配额等证明材料”2项特别贸易关注议题在WTO/SPS第84次例会上与外方开展双边磋商，派员作为2022年WTO/SPS第82次、84次中方代表参加正式会议，实现参与国际贸易规则领域“零的突破”。开展RCEP与WTO技术性贸易措施内容比对研究，形成《RCEP技术性贸易措施规则呈现四方面特征海关检验检疫需积极适应》在全系统刊发。结合国际时事热点、企业关心问题，编辑农食产品、健身器材、医疗器械、化妆品等技贸答疑稿件，在“重庆海关发布”微信公众号“渝关技贸之声”专栏发布稿件18篇，在总署“12360服务”微信公众号推送稿件1篇。

【知识产权海关保护】 2022年，重庆海关深入开展“龙腾行动2022”“蓝网行动2022”“净网行动2022”等知识产权海关保护专项行动，启动知识产权保护措施121批次，扣留侵权嫌疑货物100687件，比上年增长47%。关注人民生命健康安全，坚持以人民为中心的执法理念，重点关注汽车配件、消费电子产品，先后查发出口侵权车灯、手机配件、充电器等产品，查办的侵权汽车配件系列案入选中国海关“龙腾行动2022”中期典型案例。丰富知识产权案件业务形态，首次办理侵犯外观涉及专利权的知识产权海关保护案件1件，协调重庆市知识产权局组织专家会审，结合专业意见，强化释法明理，保障海关顺利实施行政处罚。

▲2022年3月7日，重庆海关所属重庆港海关办理关区首票启运港退税报关单业务

撰稿人

谢雨岑　刘离苗　吴　兰　王雅丽　陶爱军

自贸区和特殊监管区域管理

【概况】2022年，重庆海关立足重庆市情、关情，充分发挥主观能动性，探索自贸试验区海关监管制度创新，释放改革创新红利。持续推动综合保税区高质量发展，助力万州综合保税区通过国务院联合验收组视频验收。助力区外加工贸易产业高质量升级，率先开展西部地区区外加工贸易工单式核销改革，开发区外工单式核销管理系统。优化保税监管，推动关区加工贸易融入新发展格局。

【自贸试验区制度创新】2022年，重庆海关深化自贸试验区海关监管创新、完善制度创新工作机制，制发《重庆自由贸易试验区海关监管制度创新工作规范》，指导基层海关有序开展制度创新。2022年，完成“跨境电商零售进口商品条码应用”“综合保税区设备零配件便捷监管”2项海关监管创新举措获海关总署备案，形成3个创新典型案例。推动自贸试验区第六批改革试点经验“出入境人员综合服务‘一站式’平台”在重庆落地，累计落地国务院复制推广自贸试验区海关监管改革试点经验40项，释放自贸试验区海关监管制度创新红利。修订重庆海关、成都海关开展川渝自贸试验区海关监管协同创新工作方案，推动海关总署支持双城经济圈建设的措施落地落实。打破关区壁垒，开展“综合保税区设备零配件便捷监管模式”，解决企业成套设备零配件维修维护难题，压缩通关时间25%，助力吸引爱思开海力士等知名半导体企业加大在渝业务份额，其中爱思开海力士2022年进出口额比上年增长近1倍。围绕电子信息产业集群建设，建立“芯屏器核网”链主企业专窗服务和问题清零机制，创新集团式信用培育模式，重庆市电子信息头部企业通过海关高级认证率达35%。围绕跨境电商业态，推动西永综合保税区跨境电商监管中心通过海关验收审批，支持亚马逊跨境电商出口孵化中心落地运营，探索“保税+展示交易+跨境电商”叠加新模式，推出“跨境电商零售进口商品条码应用”创新举措并开展试点，保障电商业态健康有序发展。围绕航空产业，首创“以航空公司为单元”保税航材监管模式，实现“一次核准、一次备案、一次申报、一次比对”，开展AOG保税航材异地报关监管，调拨35批航材至上海、深圳，货值约720万元。

【特殊监管区域管理】2022年，重庆海关持续推动综合保税区发展，支持区内企业健康稳定发展，全年综合保税区进出口值5358.2亿元，占全市比重达65.7%，连续5年超过65%。推动江津综合保税区（二期）基础和监管设施于1月

▲2022 年 8 月 9 日，重庆海关开展跨境电商监管工作

通过联合验收组现场验收，推动万州综合保税区（一期）于5月通过联合验收组验收，推动永川综合保税区于7月通过联合预验收组预验收，搭建起中西部地区领先的“1647”（即1个自贸试验区+6个综合保税区+4个保税物流中心+7个两仓）开放平台体系。

围绕“以综合保税区为试点对象，搭建工作专班推动建立一体化风险防控机制”任务，研究建立综合保税区一体化风险防控机制，建立健全信息收集、信息研判、项目化管理、执行监督机制，构建“直属海关—隶属海关”两级联合研判模式，针对“事前、事中、事后”制定风险防控措施84条；出台强化综合保税区后续监管指导意见，帮助隶属海关加强风险联合分析研判和成果转化，提高监管效能。紧盯综合保税区特殊时期保通保畅工作，搭建特殊时期“7×24小时”运行答复及保障体系，畅通“职能部门—隶属海关—管委会（经营人）—企业”四方信息互通。

建立快速通关保障机制，对企业关键零部件进口实施航空口岸“快处快放”“即到即查”，出台对货物出口实施核注清单修改“一次申请、后续通办”举措，全力保障企业供应链稳定。立足职能加大招商引资帮扶力度，构建“企业吹哨、海关报道”和“问题清零”机制，专人专班“一对一”服务重点企业、重点项目，量身打造监管方案。配合总署开展保税维修业务调研，研究制订“境内进、出境外”保税维修监管方案，开展保税维修试点企业8家，维修货值超20亿元。在西永、江津、涪陵综合保税区开展增值税一般纳税人资格试点和委托加工业务，推动新政策释放红利。联合两路寸滩保税港区管委会组建工作专班，推进综合保税区业务拓展，打造综合保税区和自贸试验区统筹发展示范基地，开展规划调整后配套工作，推动重庆两路果园港综合保税区试点汽车零部件再制造业务工作取得重大进展。

【区外保税监管】2022 年，重庆海关按照“以国内大循环为主体，国内国际双循环相互促进”要求，推动区外加工贸易提档升级。推进区外加工贸易工单式核销管理应用，完成相关信息化系统项目升级改造；量身定制监管方案，推动汽车产业集团旗下各生产基地以企业集团加工贸易监管模式开展业务；借鉴企业集团加工贸易监管模式相关改革经验，研究实施“一厂多区、一账通管”加工贸易监管模式，支持承接加工贸易梯度转移，全力支持企业扩厂增容。开展加工贸易创新改革试点，选取企业进行加工贸易单耗行业定额参数管

▲2022 年 6 月 7 日，重庆海关自贸处与西永海关开展整车保税仓储监管工作

理试点、加工贸易残次品管理改革试点。完成关区折料价值 35.69 万元残次品销毁处置。

持续做好保税监管场所监管工作，研究保税仓库管理规范，完善《重庆海关保税仓库监管细则》，提高执法统一性。支持新加坡航空公司（重庆）保税航材分拨中心于 4 月 11 日在渝揭牌。联合重庆市药监局制发关于完善《进口药品通关单》验核工作的公告，建立生物医药企业研发用物品“白名单”制度，实行保税进口药品“一批一证、多次出区”便利化通关，明确从海关特殊监管区域和保税物流中心（B 型）进入国内的药品，进口单位可凭《进口药品通关单》核定的批次和数量多次出区，为企业灵活安排生产经营提供便利。严格把关保税监管场所准入门槛，支持丰都设立冷链公用型保税仓库、荣昌设立公用型保税仓库，推进凯尔国际冷链物流公司公用型保税仓库验收运营。

【万州综合保税区通过验收】推动海关总署于 2022 年 5 月 27 日会同国家发展改革委、商务部等有关部门组成联合验收组，对重庆万州综合保税区（一期）进行验收。联合验收组认为重庆万州综合保税区（一期）0.72 平方千米范围内的基础和监管设施符合《国务院关于同意设立重庆万州综合保税区的批复》以及综合保税区基础和监管设施建设的相关规定和要求，同意通过验收。

【永川综合保税区通过预验收】2022 年 7 月 6 日，重庆海关会同重庆市发展改革委、重庆市财政局、重庆市规划和自然资源局、重庆市商务委、国家税

▲2022 年 4 月 11 日，重庆海关关长谢试（左）为新加坡航空公司（重庆）保税航材分拨中心揭牌

务总局重庆市税务局、国家外汇管理局重庆外汇管理部等部门组成联合预验收组，对重庆永川综合保税区进行预验收。联合预验收组认为重庆永川综合保税区 1.11 平方千米（其中围网面积 1.026 平方千米）范围内的隔离设施、卡口设施、监管设施、信息化管理系统、办公用房及监管配套设施符合《综合保税区基础和监管设施设置规范》的相关规定和要求，具备封关运作条件，同意通过预验收。与重庆市永川区人民政府签署预验收纪要，预验收结果上报海关总署。

撰稿人

李正辉　雷　露

风险管理

【概况】2022 年，重庆海关开展以风险联合防控为主线的“三项机制”（即：“一会两机制”、“口岸联防联控机制”、缉私部门联动机制）建设，推进以风险管理法制体系研究为代表的专项工作，加强对危险品治理、非贸安全准入和出口化肥监管等重点的精准防控，在防风险、促发展方面取得成效。受海关总署风控司委托，牵头成立风险管理法律制度体系研究专班，组织开展海关风险管理实施办法的起草工作和《海关法》“风险管理”专章修订工作，围绕风险管理法律制度体系建设开展理论研究，形成理论研究成果报送总署。成立进出口危化品、枪爆毒等工作专班，始终保持工作方向与总署同频同步。在进出口危险品、濒危动植物及其制品、出口化肥、进口粮食等专项风险防控领域取得成果，多领域查发实现“零的突破”。

【风险信息情报】2022 年，重庆海关全面推进“一会两机制”（即：海关风险管理委员会、业务风险跨部门联合研判机制、风控部门与业务现场联动工作机制），成立重庆海关风险管理委员会，制定委员会运行机制，加强风险情报信息收集，着力拓宽信息收集渠道，强化成果转化，运用大数据等智慧化手段，开展扩线分析，提升情报产品产出效能，召开风险联合研判 4 次，研判业务风险 5 项。根据风险情报信息的分类和时效性不同，分别向总署上报风险情报专报 1 篇、综报 3 篇、快报 5 篇，通过情报产品转化的精准布控查获涉管制类精神药物 2 起。优化风险信息考核指标，实现由“量”到“质”转变，参与总署重点选题并撰写态势报告 4 篇，风险信息被总署采用 34 条。完善信息收集、分类、汇总、报送、转化、发布等风险信息工作机制，聚焦重点安全准入等查获情事和风险点进行信息采编，编发风险信息月报 12 期，服务精准防控。

【风险预警】2022 年，重庆海关坚决贯彻落实党中央防范化解重大风险的决策部署，持续发挥风险信息预警辅助领导决策、服务现场监管、支撑精准布控的实战作用。加强重点领域、重点商品强化信息风险要素提炼，通过“云擎”系统进行数据分析，开展风险排查和梳理，转化为风险预警，发布关区贸易和非贸易渠道预警信息 27 条。向总署提出涉及跨关区风险特征的全国风险预警建议，被总署采用并发布为全国风险预警 4 条。强化总署发布全国风险预警在重庆关区的转化，不断提升风险预警的及时性、针对性和指向性。

【风险分析处置】2022 年，重庆海关制订关区综合保税区一体化风险防控方案，梳理与综合保税区密切相关风险点11个，依托风险防控专班，召集各业务领域专家骨干召开特殊监管区风险研讨4次，制定任务书2份，以“一对一”工作法为抓手，收集风险意见建议7条，设置布控规则3条，开展风险态势分析并撰写报告2份，核查企业4家。

建立打击不实贸易和出口骗退税数据模型2个，通报统计部门相关风险企业85家，布控高风险企业24家。研究出台关区货物风险布控管理办法，规范统一关区贸易渠道布控、解控工作，制发关区业务现场即决布控实施细则，指导全关现场即决布控工作开展。

参与总署一体化风险防控制度研究、风险测量课题组等专项工作，开展专项风险分析，结合实地调研，牵头撰写中欧班列风险防控分析报告、重庆海关机场口岸半年风险态势报告、台海局势紧张导致的潜在风险分析报告和全国空运危化品风险态势分析报告等专项分析，提出贸易渠道风险防控的方向建议。

推动关区进出口危险品专项整治工作，制订关区危化品伪瞒报整治工作方案，成立关区危化品伪瞒报防控专班，建立危险品伪瞒报专项布控规则61条，查获蓄电池、电解液、安全气囊、免洗洗手液等各类危险品伪瞒报、夹藏报关单22票。推进落实真空包装等高新技术货物布控查验试点惠企利商，组织关区隶属海关开展培训，推动7家企业完成试点申请、风险评估和总署备案，涉及1034个商品项。推进出口化肥专项防控工作，建立规则11条，查验报关单186票，查获法检化肥伪报为普通化肥以逃避检验、影响出口退税情事4起。持续强化濒危动植物及其制品专项防控，查获进出口濒危动植物及其制品13票，货重923.27千克，货值逾50万元。推进进口粮食安全风险防控工作，设置规则2条，涉及13家高风险企业，查获粮食归类不实情事4起，涉及税差200余万元。推动知识产权海关保护见成效，查获涉及侵犯知识产权情事18起，比上年增长5倍。快件渠道针对渔轮、游戏机开展分析挖掘，通过风险延展，连续查获涉濒危物种和疑似枪支配件情事5起。邮递渠道依托专项行动，出口渠道查获侵犯知识产权包裹100余个，进口渠道查获HPV疫苗相关情事被纳入全国非贸渠道风险防控典型案例，布控查获大麻、大麻素及淫秽书刊等情事3起。跨境电商渠道将虚假交易线索转交后续侦办，连续查获涉及食品安全风

▲2022年2月23日，重庆海关所属重庆港海关查获象牙制琴键

险情事3起、货值63万元，动物源性成分保健品案被列为关区重大查获案例。

【大数据应用】2022年，制定明确重庆海关大数据通用分析平台（云擎）授权管理规范，规范关区大数据应用管理，细化工作流程，引入数据资源授权申请职能部门会签制度，完善应用成效报告、离任交接、数据安全管理等机制。完善模型应用体系，利用“云擎”建模430余个，关区内共享模型166个，向总署推荐并获批发布平台级模型11个，其中“查验完整性监控”模型入编2022年全国海关风险业务监测指标目录，实现关区全国性风险监测指标模型“零的突破”，7个平台级模型入围全国优秀模型清单。以大数据助力分析，通过“云擎”发布涉及对美加征排除的商品分析平台级模型，开展全国濒危动植物及其产品风险防控周监测。依托关区非贸一体化信息平台，锁定枪毒风险防控方面高风险信息3000余条，在多个口岸查获枪支配件、毒品类情事7起。大数据应用成效被总署风控司月报、周报采纳3条，“异宠”、非贸一体化以及促进地方跨境电商保稳提质方面等工作应用成效被总署风控司在大数据通用分析平台（云擎）业务应用情况年报（2022）提名。

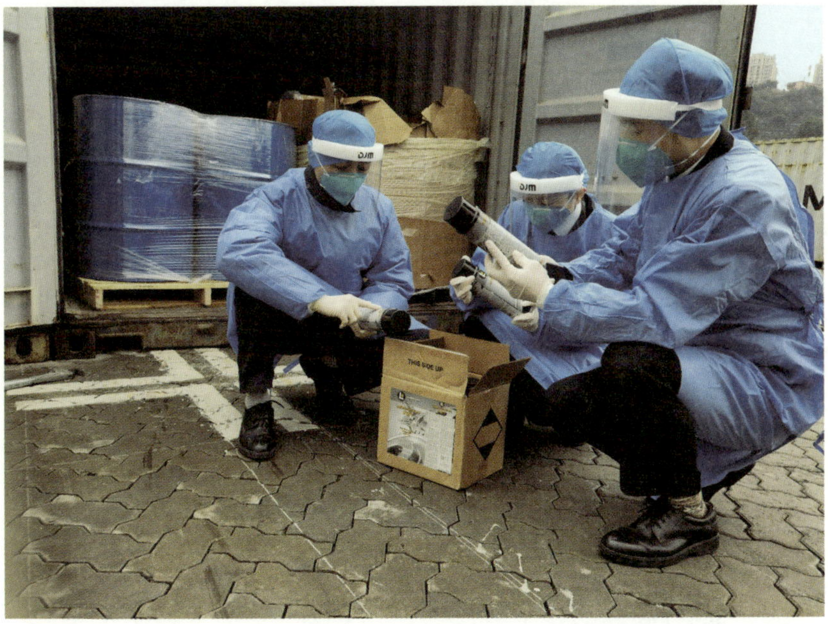
▲2022年2月9日，重庆海关风控分局赴业务现场查验一线核实危险品违规夹藏风险

【口岸风险联合防控】2022年，重庆海关依托口岸安全风险联合防控工作机制，持续推进与地方国安部门常态化协作，推动双方签订协作协议，从合作联动、信息共享、深化机制等方面进一步明确合作重点和工作任务。围绕不实贸易等相关风险，与地方国税部门开展专项风险联合研判；围绕相关专项行动召开推进会，会同重庆市委统战部，重庆市公安、国安、民航、邮政等部门，针对国庆、党的二十大等重要时间节点开展形势和风险研判，加强政治类有害信息载体、涉枪爆、涉毒等危安物品进出境情报共享、联合处置。

撰稿人

戴诗 於剑 谈文艳 陶林 唐立

关税征管

【概况】2022年，重庆海关统筹通关便利与依法科学征管，促进外贸保稳提质，有效防范税收风险，持续深化税收征管改革，征管效能稳步提升，为保障中央财政收入和“六稳”“六保”作出应有贡献。在全国首批开展跨境电商零售进口商品条码应用试点改革，首次全面实现条码规范申报。推动属地纳税人纳税遵从度评估一体化。出台推动RCEP高质量发展实施举措，指导企业用好原产地规则，联合地方政府部门设立原产地证书自助打印点，实现便利签证、快速通关。持续拓展税收征管理论研究，承接总署关税司相关系统业务功能开发、测试，参与署司级课题研究，组织归类专家代表中国海关参加世界海关组织协调制度相关会议及对案工作。围绕重点方向报送税政调研建议，参与全国海关重点行业税政调研，“新增花椒本国子目”等建议被采纳。

【税则税政】2022年，重庆海关聚焦“十四五”规划，围绕改善民生、先进技术、绿色低碳、数字经济、乡村振兴5个重点方向报送税政调研建议14条。参与8个全国海关重点行业调研，其中牵头负责集成电路、液晶显示的原料子行业调研，从行业、产业链全局形成调研报告并提出成果转化建议。联合重庆市农业农村委、江津区农业农村委开展特色农产品调研，提出的“新增花椒本国子目”建议被《2023年关税调整方案》采纳；与重庆市财政局合作，协助开展“半导体产业关税税率调研”。根据授权完成全国涉税化验统计分析12次，辅助总署分析决策；关区涉税化验送验163宗，出具化验鉴定书162宗，其中156宗出具参考税号，税号出具率96.30%。接受归类咨询800余次，帮助企业降低不合规申报风险。引导企业正确使用预裁定服务，处理归类预裁定事项68次，签发归类预裁定决定书18份。参与多项海关税政课题研究工作，包括署级课题1个、司级课题5个、关级课题1个。组织归类专家作为中国海关代表参加世界海关组织协调制度委员会审议分委会第60次（网络）会议、协调制度第70次（网络）会议；参与世界海关组织协调制度委员会审议分委会第61次会议、协调制度委员会第69次会议议题对案准备工作。

【估价管理】2022年，重庆海关围绕深化税收征管改革要求，推进关区属地纳税人管理信息化建设，参与海关总署“智慧估价”系统建设，通过科技赋能提升征管水平。注重估价管理与技术服务结合，强化估价指导意见落地生效，规范铁路境内段运费量化标准，实现企业自主申报境内运费扣

▲2022 年 9 月 14 日，重庆海关关税处现场调研康宁重庆二期显示玻璃基板前段生产线项目

除，为企业减轻税负，促进中欧班列发展。持续推广海关预裁定，处理价格预裁定事项 4 次，签发价格预裁定决定书 3 份。通过培训授课、交流研讨、带班教学、估价技术指导等方式开展关区估价业务培训，增强一线关员估价业务能力，培训人员 150 人次。参与修订《中华人民共和国海关审定进出口货物完税价格确定办法》，配合税管局（广州）开展关于内河运费不计入完税价格课题研究，助力优化完善海关税收征管制度体系。

【税收征管】2022 年，重庆海关落实“十四五”海关发展规划，发挥进出口税收对财政的支撑作用，依法、科学征管，关区完成税收入库 175.82 亿元，比上年增长 1.12%，创税收新高。推动以企业为单元的税款担保改革，贸易便利化水平持续提升。以企业需求为导向，对高纳税遵从度的属地企业优先确定差别化税收合规管理服务方案。推动属地纳税人纳税遵从度评估一体化，实现纳税遵从度评估分级在西部陆海新通道海关间互通互认。参与海关总署关税司税收征管重点项目，承接系统业务功能开发 3 个、系统业务功能测试 6 个，其中，作为牵头海关开展业务测试 2 次。

【税收风险防控】2022 年，重庆海关坚持底线思维，提升涉税风险研判排查的及时性、覆盖面和有效性，防控重大税收风险。完善归类、价格、原产地等涉税要素运行管理监控机制，深化关税、稽核查、缉私、风控部门间的联系配合，强化联合研判和协同处置，提高税收风险防控效能。强化属地纳税人管理，建立重点纳税人台账，开展属地企业合规引导，通过源头管理减少涉税差错。推广运用行邮税征管应用系统，完成邮快旅全渠道切换，实现行邮征管智能化、作业信息化、缴税便利化目标。强化涉税申报质量管理，监控重点税源物品征税情况，加大对高风险涉税物品的核查力度，提升征管的针对性，防止税款跑冒滴漏。在全国首批开展跨境电商零售进口商品条码应用试点改革，推动关区有跨境电商零售进口业务的 74 家企业全部实现商品条码申报，关区商品条码字段非空率 99.96%、商品条码申报率 97.35%、逻辑性校验通过率 98.36%，企业合规申报质量显著提高。参与建设总署跨境电商商品条码数据库，提升跨境电商商品识别的效率，降低涉税事中干预，实现海关顺势监管、高效监管。

【原产地管理】2022 年，重庆

▲2022 年 8 月 11 日，重庆海关关员巡查跨境电商商品条码

海关高质量推进 RCEP，推动落实关税减让及原产地政策。通过新华网、中央电视台新闻客户端、《中国国门时报》、“中国海关”学习强国号、重庆卫视等渠道开展 RCEP 生效新闻宣传，加强政策解读，对重点企业加强“一对一”指导，引导企业充分利用 RCEP 原产地证书享惠。重庆企业申领 RCEP 出口原产地证书 978 份，货值约 7040.51 万美元；RCEP 项下享惠进口货值 1.65 亿元，减让关税 240.66 万元。推进经核准出口商及原产地自主声明制度，助力重庆企业获取经核准出口商认定资质，推动企业凭借原产地证书、自主声明等多种模式清关享惠，充分享受 RCEP 协定红利。推广“自助打印＋智能审单”审签模式，支持和指导企业开展 RCEP 项下输新加坡、泰国、日本、新西兰、澳大利亚等成员方的原产地证书自助打印，推出邮寄签证、预约取证等便捷措施，推动原产地证书“即报、即审、即领”，RCEP 原产地证书自助打印率达 96.88%。

【减免税管理】2022 年，重庆海关落实国家“十四五”期间支持科技创新、维修用航材、集成电路、重大技术装备等进口税收优惠政策。开展公有制、非公有制、外商投资企业和国家、地方事业单位等各类市场主体政策指导、宣讲 50 次。推广集成电路、新型显示器件等政策线上“快速审核”模式，相关减免税货物审核时间压缩 95%，确保减免税快审达成“7×24 小时”工作目标。指导企业用足用好新型显示器件重大项目进口设备分期纳税政策。参与总署关税司“关于医疗装备、生物医药、远洋渔业等民生领域进口税收政策”课题研究，参与 H2018 新一代减免税管理子系统开发、测试、上线工作，研究提出《外国政府无偿赠送物资减免税审核管理办法》《减免税管理工作制度》以及减免税监控分析系统功能升级等意见建议 15 条。

撰稿人

赵倩颖　姜泽宇　杜　洁　王　烨　马莉娟
向小禄

卫生检疫

【概况】2022年，重庆海关坚持“外防输入、内防反弹”总策略和“动态清零”总方针，做好新冠疫情防控，筑牢“境外、口岸、境内”三道防线。坚持“严”的主基调，严格“人、物、环境”同防和“多病同防”，检出境内首例输入性猴痘病例。从严顶格做好安全防护，做好关区封闭管理工作，落实落细一线工作人员的关心关爱措施，关区未发生一线人员职业暴露感染。加强生物安全体系建设，组织开展重庆口岸传染病传入风险评估、新冠病毒感染防控风险分析研判工作，为口岸生物安全建设提供常态化、系统性技术保障。高效统筹口岸疫情防控和促外贸保稳提质，强化监管优化服务，在风险可控的情况下为重庆口岸出口通关的新冠疫苗开辟绿色通道，缩短查验时间，保障快速验放。加强口岸公共卫生核心能力建设，推进关区口岸公共卫生核心能力动态管理工作。

【检疫管理】2022年，重庆海关严格开展检疫排查，检疫入境人员6.5万余人次，比上年增长118.59%，采样6万余人份，同比增长333.81%。持续优化工作措施，压缩非必要航空器登临作业时长，通过远程监督减少现场作业时间，调整健康申明卡验核及洗消区域设置。编发成渝疫情信息62期，开展入境航班卫生检疫复盘12次，口岸新冠疫情风险综合分析研判4次，发现问题及风险隐患50余项。开展北京冬奥会和冬残奥会备降航班应急处置演练。

落实国务院系列新冠疫情防控优化措施，制订重庆海关优化方案，确保各项措施落实落细。做好高风险岗位人员封闭管理，关党委带头垂范，4位党委委员进入封闭管理组，靠前指挥；动态更新集中封闭管理工作文件，满足地方联防联控机制要求和总署的规定；始终坚持使用独立封闭管理酒店，统筹管理关员和保障人员，实行同标准、同采样、同检测、同监督；创新实施健康准入制度，进组前核验48小时内核酸阴性报告，流调和排查14天健康情况，本土疫情严峻时，工作人员提前进组进行岗前培训，切实杜绝“带病进组”；将封闭管理酒店监控视频接入二级监控指挥中心，全天候检查，防范外出、聚餐、聚集等高风险行为，确保监督检查无死角；做到用心用情关心关爱，开展“帮送小孩上下学”“结对帮扶”等志愿服务，实行“3组轮换”，确保每名一线人员参加封闭管理后有14天时间回归家庭生活。做好职业暴露风险防范，严格岗前培训，建立“地方支援人员—封闭轮换人员（含副处级带班组长）—预备队员—关区相关人员”的培训机制，将安全防护作为培训重点内容，实操考核合格后才可上岗；严格监督检查，创建“总关、隶属海关、班组”三级安全防护总监督员和“卫生检疫、冷链、非冷链”安全防护监督工作组制度，建立“岗前检查、工作巡查、全程监督”工作机制，监督检查发现问题通报整改；严格整改落实，建立“发现问题、整改措施、完成情况”三个清单，实行销账管理；严格规范演练，开展标本溢洒、防护服破损等职业暴露应急演练，通过演练切实提升一线人员处置职业暴露等突发事件的能力。

加强人员队伍保障，对内组织完成全关区疫苗接种任务，总体接种率达到99.40%，一线工作人员接种率100%，完成关级新冠政策和技术相关的专题培训4次，培训300人次，覆盖所有涉及的一线同志；对外优化地方支援人员轮换保障，完成地方25批次200人的保障和培训工作。保障防疫物资及时到位，提前谋划足够的储备空间，梳理疫情防控物资及耗材采购流程，定期收集现场物资需求，以公开招标形式委托招标代理公司大批量采购防疫物资，确保防疫物资库存量支持口岸现场使用3个月；获取重庆市经信委牵头开办的防疫物资采购平台采购资格，同时注册重庆药交所平台账号，在重庆市药交平台疫情防控物资专区紧急采购防疫物资。

【生物安全】2022年，重庆海关强化特殊物品监管，制订生物安全体系建设方案，全面强化出入境特殊物品卫生检疫监管，查获未经审批的新冠检测试剂等不合格特殊物品15批次，比上年增长50%。开展新冠疫苗受试者血清后续监管2次，新冠疫苗出境监管1批次，货值2353.12万美元。推进“海关特殊物品出入境卫生检疫审批与分析系统”，在全国海关中率先实现使用率100%，办理出入境特殊物品审批455批次，同比增长58.53%。

【疾病监测】2022年，重庆海关确保口岸公共卫生安全，统筹做好各类传染病防控工作。编制境外传染病疫情信息月报12期，开展口岸传染病输入风险评估4次，下发其他传染病风险预警15个。重点加强蚊媒传染病、血液传染病检疫排查，检出其他传染病病例1例。编发全球猴痘疫情信息日报110期、周报16期，与总署卫检司、成都海关、贵阳海关、重庆市卫健委、重庆市疾控中心等部门共享风险信息。

▲2022年4月27日，重庆海关卫检处组织开展个人安全防护归零培训

科学风险监测，在总署下达具体操作要求前，开展重点国家、重点航线、重点人群猴痘监测，切实防范输入风险，监测2219人次。强化医学巡查，指导所属江北机场海关制定医学巡查操作方案和巡查措施，在重点环节设置医学巡查岗，重点开展猴痘相关症状巡查，有症状表现的，做到“多做一点，多问一句”。广泛健康宣教，通过航空公司等渠道，告知来自猴痘疫情发生国家（地区）人员主动申报相关症状或接触史。9月14日，在自马德里入境中国籍旅客中检出1例猴痘病例，系境内首例输入性病例，妥善处置后将标本送广州海关P3实验室进一步分析研究。规范保健中心业务管理，完成传染病监测检测工作9153人次。

【卫生监督】2022年，重庆海关强化口岸卫生监督，加强与主体单位的合作和对社会公众的宣传，开展监管执法733次，发现并处置各类问题隐患11个，抽取样品送实验室检测213批次，受理群众举报投诉2起。强化口岸病媒生物监测，截获输入性病媒生物13批次、8种类，包括病媒生物10只、鼠粪5粒；本底监测捕获病媒生物282只，未发现病原体阳性和媒介新种。持续规范卫生处理监管工作，做好入境客运航空器终末消毒监督，指导做好货物发现阳性检出的终末消毒。加强口岸公共卫生核心能力建设，推进全关区口岸公共卫生核心能力动态管理，于10月通过最终评估，重庆江北国际机场获得98.4分，重庆果园港获得87.88分。

▲2022年7月27日，重庆海关开展入境航班卫生检疫工作集中复盘暨二季度风险评估工作

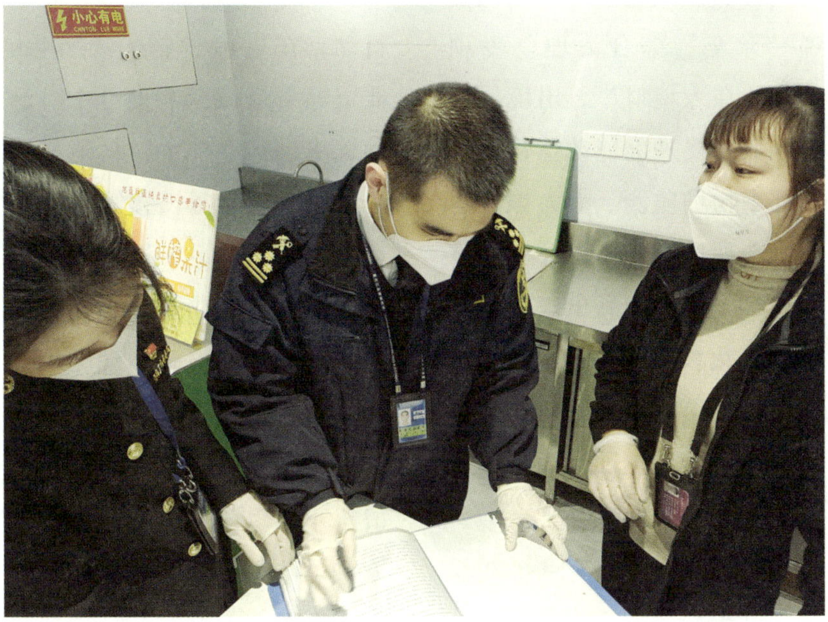

▲2022年4月6日，重庆海关卫检处指导开展机场口岸食品经营企业卫生监督

撰稿人

刘声迪　龙杨杨

动植物检疫

【概况】2022年，重庆海关严格推动落实“国门绿盾2022”专项行动，开展“跨境电商寄递‘异宠’综合治理”专项行动，在入境口岸、出境果园等区域开展进出境动植物疫情和外来物种监测。大力推动重庆农产品优进优出，开展精准帮扶，支持农产品出口连续增长。优化检疫审批办理流程，全力保障粮食等重点商品进口，确保重点粮油、饲料加工企业产业链供应链稳定。

【外来物种入侵防控】2022年，重庆海关在进出境货物、运输工具、集装箱、邮件、快件、旅客行李、跨境电商7个渠道构筑“境外、口岸、境内”三道检疫防线。强化风险分析，筑牢“境外”检疫防线，收集并向海关总署报送境外动植物疫情和外来入侵物种风险信息648条，被采用162条；布控来自12个国家和地区的“玩具”“模型”等重点影子商品14个。严格检疫检查，筑牢“口岸”检疫防线，落实“国门绿盾2022”专项行动，在进境货物、集装箱、非贸等渠道截获有害生物171种、485种次，其中大洋臀纹粉蚧、双钩异翅长蠹等检疫性有害生物5种、6种次，非贸渠道截获海滨蝇子草等外来物种和禁止进境物220批次。做好监测普查，筑牢“境内”检疫防线，开展进出境动植物疫情和外来物种监测，设置监测类别31个、监测点456个，收集样本2万余个，监测到检疫性实蝇6种，发现、防除长芒苋等检疫性杂草5种；在机场口岸、果园港口岸等10个区域开展外来入侵物种普查，形成加拿大一枝黄花监测工作专报1篇。组织开展庆祝“动植物检疫法实施30周年”“百秒答题”知识竞赛，500余人参与。开展防范外来物种入侵和动植物疫病疫情传入警示教育和科普教育，在“海关发布”等微信公众号发布《山羊痘与绵羊痘》等宣传稿件8篇。充分发挥重庆海关市级科普基地（重庆市进出境动植物检疫及物种资源保护体验中心）作用，结合全民国家安全教育日、全国科普日活动等，组织开展国门生物安全进校园等各类线上线下科普宣传活动9次。与重庆市林业、农业主管部门就推进林草生态保护、防止外来物种入侵等方面合作，促成与重庆市林业局签署共同推进林草生态保护和守护国门生物安全合作备忘录。

【进出境植物及其产品检疫】2022年，重庆海关加强农产品出口指导工作，实地调研石柱、潼南等农产品出口重点区县，新增农产品出口基地12个，新增注册备案面积18505亩，出口农产品连续两年逆势增长，出口贸易额达13.2亿元，比上年增长20.4%。与重

▲2022 年 4 月 15 日，重庆海关开展全民国家安全教育日国门生物安全宣传

庆市农业农村委、重庆市商务委、重庆市中新示范项目管理局等单位深入合作，共同搭建政府引导、企业主导的集生产、加工、检验检疫、农产品展销为一体的农产品贸易平台，推进石柱黄精等特色农产品产业升级，巩固拓展脱贫攻坚成果，全力支持农产品企业利用中新（重庆）农业“双百”合作计划等赴境外参展。帮扶石柱黄精制品、巫山脆李、长寿沙田柚等特色农产品首次走出国门，出口额超 1000 万元。开展“一对一”指导，配合重庆市农业农村委、重庆市农业技术推广总站采用“线上 + 线下”等方式，针对农产品企业急需的注册登记、备案、通关等政策开展培训，服务相关企业 30 余家。制定《进境动植物检疫审批工作规范》，优化检疫审批，承接海关总署 9 大类 720 余个商品编码的动植物产品检疫审批终审权限，“不见面”办理进境鲜活虾蟹、烟叶等检疫许可 47 批次，推广应用“智慧动植检一期”检疫审批系统，优化审核办理流程，平均办理时长压缩 50% 以上。全力保障粮食等重点商品进口，确保重点粮油、饲料加工企业产业链供应链稳定，中转进境粮食 243.0 万吨，进口农产品贸易额 152.6 亿元。组建专家组，指导江北机场、果园港进境水果、种苗、粮食等指定监管场地建设，提出相关意见 160 余条。

【进出境动物及其产品检疫】2022 年，重庆海关按照“源头管控、情报共享、执法互助、断链刨根、打宣并重”原则，开展“跨境电商寄递‘异宠’综合治理”专项行动。通过“线上 + 线下”方式排查辖区内跨境电商平台 59 家、跨境电商经营企业 41 家和寄递运营企业 13 家，督促相关企业落实

▲2022 年 5 月 16 日，重庆海关关员开展进境粮食储备库备案考核工作

生态安全和生物安全主体责任；集中研判近4年查发“异宠”风险案例，结合“云擎”大数据分析，在非贸渠道加大对重点国家和地区入境高风险影子商品的布控力度；调查寄递渠道历史查发案例收件人信息15人次，走访当地主要花鸟鱼虫市场，进一步分析跟踪国内市场动向和需求群体；与重庆市林业、农业农村等主管部门健全联合执法监管长效机制，共同打击整治网络非法“异宠”交易行为；通过媒体及互联网平台发布“异宠”典型案例宣传信息，印发“严防‘异宠’非法入境，维护国门生物安全”主题宣传海报和宣传手册1000余份。非贸渠道首次截获斑股深山锹、中华大锹指名亚种、哈氏弓背蚁等“异宠”3批次、261头（只）。收集上报境外动物疫情及检疫政策信息227条，被总署采用110条。分析关区动物产品进口业务，开展8类产品风险布控。根据境外动物疫情流行趋势，制发风险提醒18个，督导现场执行。组织开展重大动物疫情应急处置演练，指导11个隶属海关撰写演练脚本，并针对个人防护等重点环节进行防护穿脱培训和实操演练。采购4.65万元重大动物疫情应急处置物资共计200套（件），根据现场需求及时配发。

严格按照海关总署最新要求，优化进出境检疫处理单位核准范围，取消海关对出入境卫生检疫卫生处理实施单位核准要求，仅对从事进出境动植物检疫除害处理业务的单位实施核准，并加强监督管理，开展以质量管控和规范落实为核心的监督检查3次，发现问题5个。加强国门生物安全监测，制订监测方案21个，全面覆盖关区水生动物、非食用动物产品等业务，在进境携带、寄递渠道截获的动物产品中检出非洲猪瘟病毒核酸阳性4批次；在出境含猪源性成分饲料中检出非洲猪瘟病毒核酸阳性2批次，涉及产品10.67吨。落实动植物检疫能力提升工程，结合现场需求，采购线虫快速分离器、养虫箱等设施设备22台（套）；开展专项效果评估，对各口岸专项设施设备的管理使用情况进行调研分析，指导一线加强设备使用，提升项目建设效益。推广“智慧动植检一期”动植物检疫审批模块试点，指导试点企业完成新系统动植物许可证申请，推动检疫审批数据实现报关申报环节自动核销；向海关总署请示沟通并解决原系统人员密钥权限到期无法人工核销许可证难题，开通密码登录账号8个，授权现场专人专用。做好动植物检疫培训工作，通过集中讲授、外请专家、视频教学、送教上门等多种培训方式，培训人员408人次。开展岗位资质认定工作，调研关区动植检岗位人员分布及缺口情况，组织“选、查、处”环节相应岗位人员报名参加，新增签证兽医官、签证植物检疫官、动植物检疫现场专家查验岗等资质人员109人次。优化农产品生产企业注册登记有效期延续现场考核流程，在新冠疫情人员流动管控期间，远程视频方式考核3次。配合海关总署向欧盟、英国、泰国等国家（地区）推荐出口饲料、非食用动物产品注册企业6家次，帮助出口猪鬃企业因厂房搬迁重新注册后10天内获得出口欧盟资质。加强技术指导，强化企业在养殖环节用药、疫病防控等源头管理，监管出口西伯利亚鲟15批次、170吨。将日常监管和出口前检验紧密结合，严格落实安全风险监控计划，抽检鲟鱼、饲料等货物34批次、农兽药留残等项目304项次。

【动植物检疫全链条管理】2022年，重庆海关牵头完成津巴布韦柑橘准入风险评估，推动甜橙等6种柑橘类水果获得检疫准入；组织系统内专家参与国际标准评估2次，承担海关总署关于动植物检疫技术机构调研等任务50余人次，参与“智慧动植检”建设，牵头进口农产品可追溯管理可行性研究工作，形成工作报告上报海关总署。全年受理“出境特定动植物及其产品和其他检疫物的生产、加工、存放单位注册登记”行政审批申请72家次，其中准予许可企业49家次，不予许可企业8家，出动考核人员150人次。开展动植物检疫风险评估11次，调整优化二级布控参数45条。开展定期管理类核查和风险类核查156家次，暂停1家企业资

▲2022年12月28日，重庆海关所属万州海关关员赴出口注册登记果园开展实蝇监测检查工作

质。建立动植物检疫点对点工作机制，开展基层调研、指导，新增、修订出境伴侣动物检疫监管等作业指导书27个，切实为一线执法提供技术指导。完善技术储备力量，组建注册登记、重大动植物疫情应急处置专家队伍104人次。

撰稿人

陆慧慧　殷　静

食品安全监管

【概况】2022年，重庆海关严格落实进口食品“国门守护”行动，严防新冠疫情通过进口冷链食品输入风险，筑牢进出口食品安全防线，服务国家战略和外交外贸大局，支持重庆特色农食产品扩大出口。全年监管进出口食品7267批，货值66.10亿元，比上年增长25.05%。

【进口冷链食品风险监测】2022年，重庆海关严防新冠疫情随进口冷链食品输入风险，加强口岸检疫审批、单证审核、口岸查验联动，强化入境第一环节源头把控，严密采取个人安全防护措施，健全监督检查机制，开展进口冷链食品准入核查430批次，严格按照布控指令实施进口冷链食品样本检测1120个，口岸环节实施预防性消毒监督526.87吨、26706件。强化安全防护消毒培训指导，建立一线预备应急管理队伍，组织开展个人安全防护、新版作业指导书培训8次、420人次，监督消毒处理单位严格按照冷链食品消毒技术指南，开展低温消毒剂首次使用前消毒效果评价，完善消毒工作方案。通过全面复盘检查、安全防护专项监督检查等方式加大检查力度，加密检查频次，保障安全防护行之有效，开展检查50余次，对检查发现的问题立行立改。

【进出口食品安全监管】2022年，重庆海关深化食品安全风险管理，建立“动态信息收集、科学风险研判、精准分类处置”风险防控管理模式，收集风险信息2954条，开展印度碎米、金银箔粉食品、日本食品等风险研判8次，编发风险预警信息30条，向110家企业通报风险信息1500条次。开展进口含金银箔粉食品等食品化妆品排查7次，排查存在风险产品0.36吨，要求企业采取下架、暂停销售、封存等风险消减措施。一体推进食品安全监督抽检、风险监测和国门生物安全疫情监测，检测741个样品，获得1977个检测数据，检出进口不合格婴幼儿配方乳粉5批次，作出不予进口处置。签发进境动植物源性食品检疫审批许可证98份，平均办理时间7.38天，审批产品包括三文鱼、燕窝、肠衣，来自挪威、智利、日本等14个国家，批准进口1.16万吨。加强对日本进口食品安全监管，严禁日本福岛等10个县（都）食品入境，对全年进口的55批日本食品实施100%人工审单，严格审核随附证明文件及官方原产地证书，按系统布控指令持续开展对放射性物质检测监测，严防风险产品输华。实施出口不合格食品通报调查6次，指导企业应对境外技术性贸易措施壁垒。组织实施食品企业管理类核查作业205家，查发并整改问题36项。履行通报责任，就某企业进口啤酒未经检验擅自销售行为向地方通报1次。

【服务外交外贸大局促进对外开放】2022年，重庆海关加大进口食品检疫准入力度，成立注册评审专家组，承接总署体系评估和注册评审工作。组织专家组开展评估审核72次，完成18个国家（地区）、103家企业、3000余个产品的评估审查任务，参与评审的7个国家（地区）80余项产品获得输华准入资质。首次牵头完成尼加拉瓜食品安全体系及输华野生、养殖水产品风险评估工作、文审工作，配合海关总署完成《中华人民共和国海关总署与尼加拉瓜共和国农业保护与健康研究所关于尼加拉瓜输华养殖水产品的检验检疫和兽医卫生要求议定书》《中华人民共和国海关总署与尼加拉瓜共和国农业保护与健康研究所关于尼加拉瓜输华野生水产品的检验检疫和兽医卫生要求议定书》2份议定书文本，10月25日由两国主管部门正式签订议定书，尼方符合议定书要求的野生和养殖水产品可获准输华；做好尼方输华水产品宣贯工作，拟定配套公告及解读，在总署“12360服务”微信公众号等平台发布解读稿件2篇。

服务特色农食产品扩大出口，深入一线开展调研指导12次，聚焦调味品、榨菜、罐头等传统优势产品，开展金针菇、火锅底料、罐头等重点产品科研立项攻关，刊发科研论文8篇，助力企业开展技术攻关和产品升级，保持竞争优势。大力培育壮大新兴产业，组织开展境内外食品安全监管体系比对研究，对标目标市场加强源头、生产管控，提升产品质量。全年监管出口农食产品3274批，货值14.49亿元，比上年增长25.07%，调味品、榨菜、罐头等传统农食产品出口形势良好，新兴产品出口表现亮眼，赖记小面、不老泉水等19个产品对28个国家和地区实现首次出口。制定《进出口食品安全管理办法》《进口食品境外生产企业注册管理规定》宣贯实施方案，编写《重庆海关进出口食品通关便企手册》，成立关区“宣贯及问题清零专班”，通过专题宣贯活动、普法活动日、食品安全宣传周等形式，向320家企业进行政策宣传，帮助6家企业解决注册号标注、注册有效期、注册产品编码等问题。开辟生鲜易腐产品绿色通道，做到落地查、落地检、落地签，进口冰鲜三文鱼430批，较2021年同期增长近百倍。全年进口食品3993批，货值51.61亿元，同比增长25.04%。

【进出口食品安全强基提质】2022年，重庆海关开展“单

▲2022年4月6日，重庆海关食安处开展跨境电商进口食品专项检查

证质量提升月”督查，开展进出口食品单证质量抽查320份，查出存在问题瑕疵单证12份，制定整改措施7条并立行立改。加强单证审核，梳理整合18类重点产品核查要点，通过审单环节查获不合格进口食品8批。深入开展食品安全宣传周活动，通过进口岸、进企业等形式累计向60余家企业等主体开展宣传活动70余场，受众近2000人次，利用“学习强国”“海关发布”等网络平台发布宣传信息58条，阅读量近万人次。加强加工食品签证官动态管理，完成68名已获加工食品签证官资质人员认定及22名新申请资质人员考核工作，关区加工食品签证官队伍达到90人。组织开展集中学习、带班教学等培训7次、323人次，人均培训学时达28小时；推荐4个集体、9名个人申报署级先进青年集体及青年个人。完善应急管理体系，制定进出口食品安全应急处置工作预案3个，组织隶属海关开展应急演练10次，有效提升防范应急水平。

撰稿人

徐逵 向宇

商品检验

【概况】2022年，重庆海关聚焦“安全卫生健康环保”，围绕机动车、消费品、危险化学品及其包装、资源产品等重点商品开展进出口检验，发挥进出口商品质量安全风险预警监管体系作用，推动国家级进出口商品质量安全风险评估中心及风险监测点建设，守住系统性、区域性质量安全风险底线，全年未发生口岸进出口商品质量安全事故。

【国家级进出口商品质量安全风险评估中心（重庆）建设】2022年，重庆海关根据总署批准，设立国家级进出口商品质量安全风险评估中心（重庆），承担全国纺织服装、摩托车等进出口商品的质量安全风险评估工作，成为全国6个评估中心之一。推进国家级进出口商品质量安全风险评估中心（重庆）建设，通过完善进出口商品质量安全风险预警体系、提升基础能力等方式科学开展质量安全风险评估，收集11大类消费品风险信息4249条，完成风险分析、评估报告21份，承担全国进口儿童用品质量安全风险评估，并被新华社、中国政府网等广泛报道。通过“重庆海关发布”微信公众号等渠道，向消费者发布《守护儿童美好童年》《儿童购衣需谨慎》《进口牙刷消费风险提示》《关于奶瓶你需要了解这些》《纸尿裤新国标已实施》等消费提示10篇，维护人民群众的生命健康安全。

【建立成渝地区双城经济圈进出口商品质量安全风险监测点合作机制】2022年，重庆海关助推成渝地区双城经济圈战略实施，根据总署公布的目录，联合成都海关设立进出口商品质量安全风险一级监测点（成渝地区双城经济圈），负责共同

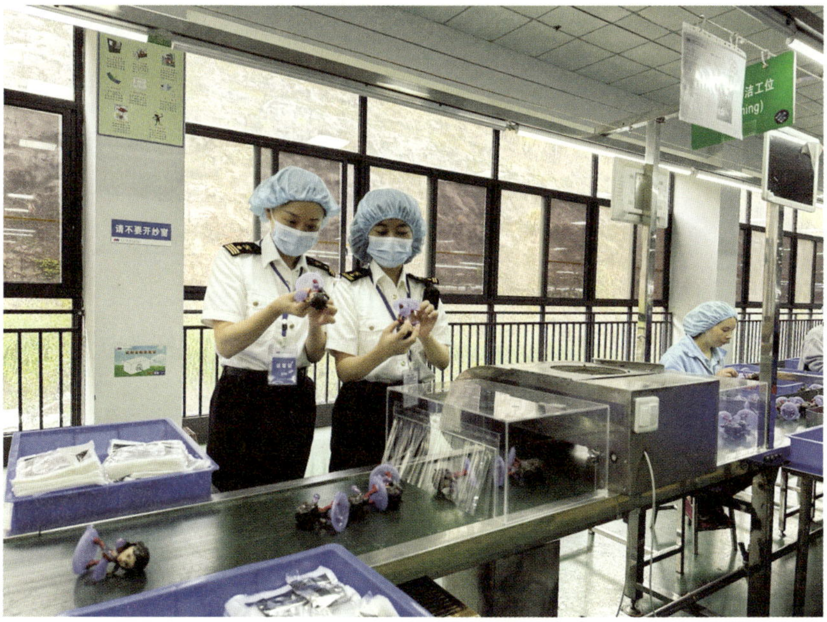

▲2022年9月30日，重庆海关商检处组织出口玩具质量安全风险监测工作

收集分析成渝地区双城经济圈进出口商品质量安全风险信息，共享风险信息5642条，选取典型案例联合刊发工作简报3期，共同开展进口牙刷等商品质量安全风险专项监测，相关工作成效被总署采编刊发。

【进口汽车检验监管】2022年，重庆海关检验监管进口汽车780批、3853辆，货值34873.75万美元；完成相关进口汽车监督管理和风险消除工作。建立检验协作机制，支持“保时捷铁路运输常态化项目”落地并稳定运营，实施整车保税仓储“三个一”监管（即一次检测、一次运输、一体化作业），确保整车进口快速安全高效。

【进出口危险化学品安全监管】2022年，重庆海关开展“口岸危险品综合治理”百日专项行动。实施口岸顺势监管，确保危化品货物从落地到提离口岸不超过12小时。严厉打击逃漏检行为，查获并实施行政处罚2起。提高队伍专业化水平，成立进出口危化品检验监管业务指导工作组；提高作业规范性和有效性，保障危险化学品及其包装检验安全，检验进出口危险化学品及其包装2980批、19.45万吨，未发生口岸危险货物安全事故。

▲2022年2月17日，重庆海关所属渝州海关关员开展进口汽车检验监管

【打击“洋垃圾”入境】2022年，重庆海关加强固体废物排查，强化重点企业敏感商品风险监测，实施固废属性鉴别53批；严防固体废物冒充再生原料进口，检验进口再生铸造铝合金67批，货值3241.72万美元。

【出口化肥海关监管】2022年，重庆海关实施风险联合研判，按照检验规程和布控指令实施现场检验和抽样送检，受理出口化肥报检1616批。

【推进商品检验业务改革】2022年，重庆海关规范特殊监管区域“分送集报”模式出区进口商品法定检验工作。强化制度建设，明确查验规范和异常处置等要求；强化职能监管，将“分送集报”查验指令创新性纳入金关二期系统，解决传统模式下查验项目不统一等问题；强化风险防控，明确负面清单商品，防范逃漏检风险。优化出口工业产品退运货物追溯调查模式，解决追溯调查工作难点、堵点，优化工作流程，进一步提高口岸现场商品检验工作效率。

撰稿人

关　键　王洪亮

口岸监管

【概况】2022年，重庆海关持续提高正面监管水平，全年监管货运量847.1万吨，货值1001亿美元，监管进出境快件227.8万件（票），邮递物品231.6万件。开展“口岸危险品综合治理”百日专项行动，实施“直提直装＋区外查验”改革，压缩进口危险货物口岸提离时长70%以上，查处高危低报、多危少报、涉危不报等违法违规案件12起，涉危货物4347件，货值707.97万元。应对重庆极端高温干旱天气带来的集装箱货物自燃风险，关区未发生高温引发生产安全和作业安全事故。指导长寿冯家湾作业区、西永综合保税区跨境电商监管中心、江津小南垭物流中心等海关监管作业场所建设并完成验收，支持果园集装箱码头海关监管作业场所完成扩建工作，推动果园港肉类指定监管场地顺利通过总署验收。

【口岸物流监管】2022年，重庆海关监管进出境航空器5528架次，实施登临检查2010次；新增航线备案32条。新增境内公路/水路承运海关监管货物运输企业备案17家，车辆备案95辆、船舶32艘。监管进出口转关货物152014票，监管快通2966票，办理舱单归并分票258次。推动西向中欧班列（重庆）开行3101列，运输箱量超25万标箱，开行线路通达欧洲超100个城市。率先在中欧、中老、中越班列全面应用“铁路快速通关”模式，实现常态化运行，单列节约口岸停留时间约24小时，每箱节约物流成本约200元。加速构建国际多式联运体系，促进重庆跨境公路班车开通“重庆—缅甸—印度洋”公海联运和“重庆—西藏—尼泊尔加德满都”南亚班车2条新线路，形成面向东盟、中亚和南亚3向11线19口岸，覆盖中南半岛7国的网络格局，监管班车3366车次。水运进口转关“离港确认”模式扩大至重庆所有水运现场，改口岸物流“串联作业”为“并联作业”，大幅压缩口岸作业时间，取得良好社会经济效益。

【货物监管】2022年，重庆海关监管查验14313票进出口货物，其中，查验进口货物8032票，出口货物6281票，H986机检自然箱15506个，机检比例62.43%。查发象牙等涉及濒危动植物及其制品案件10批次，其中象牙制品2670.49克、蟒蛇皮二胡20把，问题地图4起。查获问题地图的情况被主流媒体报道，新媒体转发评论超过1亿次，产生广泛社会影响。持续严密进口高风险非冷链集装箱货物新冠采样和预防消毒工作，协同地方主管部门建立“数字化、标准化、精准化”疫情防控闭环链条，互享数据15万条，联合地方联防联控机制对空运进口货物风险进行研判，开展进口非冷链物品核酸监测1150批，采样16535个。

【快件邮件监管】2022年，重庆海关查验快件6.34万件，查验邮件4.4万件，查获毒品5起1903.7克、管制类药品2513.8克、枪支零散件7件，管制刀具13把、濒危物种136件。加强快件全链条监管，按照总署要求组织快件现场学习掌握系统操作，指导关区5家快件企业按照要求开展运抵申报工作。推动全国首次正式回程运邮落地，被总署批准为全国首个（当年唯一）中欧班列回程运邮验放海关。10月28日，首班搭载国际邮包的中欧班列（重庆）回程班列自德国发车成功运抵关区铁路口岸，重庆成为全国首个实现中欧班列双向运邮政策落地的城市；在全国率先完成中欧班列南通道回程邮包运输，实现“中欧班列（重庆）邮件集运智能化监管”自贸试验区创新举措重大拓展，为打造成为国际铁路货邮枢纽提供有力支撑。

【跨境电商监管】2022年，重庆海关继续落实“六稳”“六保”工作部署，大力支持外贸促稳提质，持续强化监管优化服务，推动跨境电商贸易业态健康发展，不断壮大外贸发展新动能。

▲2022年5月21日，重庆海关保障全国首趟中老铁路“铁路快通”出口班列顺利开行

【行李物品监管】2022年，重庆海关引导进出境旅客运用小程序、互联网等电子化方式进行健康申报，进出境旅客健康申明卡电子申报率达95%以上，实现健康申报从纸质向电子的根本性转变。切实贯彻落实“100%”查验要求，织密扎牢进出境违禁物品“拦截网”，监管查验进出境人员行李物品4461件，查获332起、480件。

【场所场地监管】2022年，重庆海关大力支持重庆全域外向型经济发展，推进监管作业场所（场地）建设，全方位提升重庆对外开放效能，助力西部陆海新通道和成渝地区双城经济圈建设。统筹指导长寿冯家湾作业区、西永综合保税区跨境电商监管中心、江津小南垭物流中心等海关监管作业场所建设并完成验收，支持果园集装箱码头海关监管场所完成扩建工作。成立卫生、动植、食品、监管、科技等部门联合专家组，对果园港水运、团结村铁路口岸、江北国际机场航空口岸指定监管场地建设和申报工作进行全流程指导。推动果园港肉类指定监管场地于1月通过总署验收，果园港水果、粮食指定监管场地、铁路口岸肉类指定监管场地和机场航空口岸指定监管场地通过直属海

▲2022 年 10 月 28 日，首班搭载国际邮包的中欧班列（重庆）回程自德国发车抵达重庆铁路口岸

关预验收。支持重庆港口岸扩大开放万州新田港、涪陵龙头港、江津珞璜港纳入国家审理计划，统筹指导相关监管作业场所规划建设工作。配合重庆市口岸物流办做好万州机场正式开放准备工作，指导编写《万州机场 T1 国际航站楼改造项目可行性研究报告》。

【智能审图】2022 年，重庆海关持续强化智能审图运用，加强风险信息搜集、研判，注重对重点产品、重点企业的风险监控和研判，通过更新样本和算法提升智能审图识别率，提高监管设备效能和科技监管水平；立足现有设备和系统探索实施先期机检，对无报关单数据货物开展风险初筛、拦截前移，H986 查验集装箱机检比例达 62.43%，审图 15506 幅，其中有指令机检 7911 幅，涉及查验报关单 3281 票，机检查验比例连年大幅增长，基本实现“机检＋人工”货物查验监管方式。入选总署“异宠”智能审图项目组，持续强化与同方威视智能审图专家合作，落实算法研发工作任务。梳理关区“异宠”制图样品情况，包括长戟大兜虫、哈氏弓背蚁、中华大锹等样本可用于“异宠”专项制图、标图；进行制图筹备，按照“异宠”制图工作方案，采集相关信息并进行数据加工，通过智能审图信息化平台完成上传图像 150 幅，为“异宠”算法研发提供充足养分。争取总署试点，推动在江北机场海关快件监管现场部署 CT 设备智能同屏比对系统，实现进境包裹申报信息与机检图像信息自动比对、自

▲2022 年 5 月 26 日，重庆海关实地指导两江海关监管作业场所建设工作

动分拣，探索监管一线推动“电脑”代替“人脑”，实现顺势监管、无感通关。

【海关口岸监管环节反恐】2022年，重庆海关围绕党的二十大安保工作，切实落实海关总署相关工作要求，进一步加大对运输工具、货物、行李和邮递物品监管力度，严密防范枪支弹药、管制刀具、核生化有害因子等涉恐物品非法进出境。紧盯突出重点渠道，严密一线监管，强化培训和演练，深化联系配合，开展打击枪爆等走私专项行动，查获枪支零散件7件，管制刀具13把。

撰稿人

艾　果　张　玉　葛欣月　陈　果　许理想

海关统计与政策研究

【概况】2022 年，重庆海关落实总署“首报、首发、首用”和“加强、加密、加深”分析研究工作要求，发挥海关统计与研究工作服务领导决策、服务对外开放职能。立足“数海求真、服务求优”，推进总署全球贸易监测分析中心重庆区域中心建设，监测外贸形势变化，关注国计民生重点，开展国别、商品、企业等多维度分析，研判外贸进出口运行特点与走向。服务地方发展，为重庆高水平对外开放建言献策。参与海关总署统研“青年理论学习小组”学习，强化课题研究形成理论成果。强化统计法治意识，依法统计，管控数据质量，力保各类海关统计数据真实准确、完整及时。强化统计监督意识，提升统计监督手段，优化数据质量监督机制，层层传导压实数据管控责任。聚焦业态发展，增强统计调查能力，为准确预判外贸进出口情况提供关键性资料。落实业务统计工作制度，保障数据安全，依法依规满足重庆市各政府机关、企事业单位、社会公众提出的海关统计数据个性化需求。

【政策研究】2022 年，重庆海关按照“每季度至少报送 1 篇次调研报告”的要求，开展署关两级课题研究。参与 3 项署级课题专项研究，报送专题研究报告 8 篇。聚焦上级关注重点、部门协同难点和下级反映痛点，围绕疫情对外贸影响、集成电路产业发展等，确定关区 11 个调研方向，实地走访、座谈研讨、联合调查。组织加工贸易、通关条线等骨干力量，组建集成电路调研集中工作小组，形成关于集成电路产业链供应链调研报告。完成关级课题 80 余个，组织上报智慧海关建设“同题共答”调研报告 6 篇，形成一批具有内陆海关业务特点的理论成果。聚焦国内外经济形势，采用专报、呈报等方式，为重庆外贸稳增长建言献策，从产业集聚、通道物流、区域协同、开放平台、数字经济等多个维度分析研判重庆外贸形势，报送相关报告 14 篇，1 篇次被选为重庆市委优秀采编报告。

【统计调查】2022 年，重庆海关完成总署统计专项调查“规定动作”15 次，全部达到总署要求的及时率和吻合度。参与总署跨境电商全业态统计调查工作，研究优化跨境电商统计调查方法，完成 2021 年和 2022 年上半年全国出口跨境电商调查数据审核及数据质量报告部分内容撰写，协助海关总署统计司草拟跨境电商进出口情况分析报告。参与总署贸易景气指数编制集中工作，投入指数编制攻关。开展加工贸易企业、“专精特新”小巨人等特定主体专题调研，9 篇专题调查调研报告获总署采编。

▲2022 年 6 月 22 日，重庆海关召开数据质量控制工作会议

【贸易统计】2022 年，重庆海关落实总署关于维护海关统计数据真实准确工作责任制规定，制发关区细化实施方案。采取“日审核、月复核、季考核”方式，对关区易错商品、重点商品、大数量和大金额记录、特定国家地区等开展集中自查，高标准、全时段、多维度推进贸易统计数据审核工作。建立统计数据管控和税收征管联动机制，推动数据质量和税款征收同向发力。制定数据质量管理制度和规范 4 项，形成系统操作指引和业务办理指引 5 项。成立关区统计数据质量管控小组，通过召开专题会议、参加总署专题业务培训、跟班学习以及日常沟通等方式，强化数据审核、参数设置、绩效考核，夯实关区数据质量管控基础。开展合成纤维手套、跨境电商 B2B 出口、防疫物资出口、边角料内销等专项数据审核，持续提高检控审核的精准性与全面性。参与总署防疫物资数据审核小组工作，对全国数据进行检控审核和纠错。审核上报报关单数据 261.2 万余条，更正关区报关单数据 1000 余条。开展进出口异常数据监控、统计核查处置工作，编制统计监督信息，在总署统计司网站发布统计监督信息 16 期，向总署报送数据检控参数 9 条，查处申报不实影响统计类“两简案件”52 起；完成总署下发的 12 期统计监督信息核查反馈与更正，申请暂缓统计 20.5 亿元；优化与地方政府部门联系配合机制，形成管控合力，向地方政府部门通报进出口异常企业 72 家。

【业务统计】2022 年，重庆海关完善关区业务数据审核、上报联络机制，承接第四季度全国业务数据复审工作，下发核查指令 67 项，完成数据修正 10 项。聚焦中欧班列等核心统计指标研究，建立重要商品进出口和西部陆海新通道等业务运行异动情况监测预警机制，加强业务运行变化监测分析，密切跟踪数据异动变化。研究设立“中老班列”“货运航班”等具有关区特色的业务统计指标，增设统计指标 52 个，丰富关区统计指标维度。

【统计数据运用和管理】2022 年，重庆海关按月度定期编制海关贸易统计数据资料，在门户网站主动公开以人民币计价的《重庆市进出口总值表》《重庆市进出口商品主要贸易方式总值表》《重庆市进出口商品主要国别（地区）总值表》《重庆市出口主要商品量值表》《重庆市进口主要商品量值表》等数据表以及统计分析资料。定期每半年在重庆市人民政府新闻办公室举办的外贸进出口情况新闻发布会上，由重庆海关新闻发言人通报重庆市最新进出口货物贸易数据，解读重庆市对外贸易运行状况。参与总署季度外贸新闻发布会筹备工作，提供中西部相关外贸问题回答口径。

开展对外统计服务，满足重庆市各政府机关、企事业单位、社会公众对海关统计数据的合理需求，保持服务渠道便捷畅通，办理流程与服务范围公开透明，守护数据安全，个性化定制加工、提供结构化数据，做好服务对象的问题解答与服务引导，对外提供海关统计数据服务128批次。加强数据安全管理制度建设，制发业务数据内部使用操作指引，进一步规范数据内部使用审批和提取流程；组织业务数据安全自查，全面清理摸清数据底数、开展数据分类分级管理和安全保护；加强数据使用日常管理，清理数据系统授权，审批“三专”场所使用360余批次；开展数据共享安全管理，会同重庆市商务部门建立完善共享数据内部管理机制，共同守护海关统计数据安全。

【监测分析】2022年，重庆海关推动总署全球贸易监测分析中心重庆区域中心［简称全贸中心（重庆）］在重庆海关挂牌设立，担任主任单位，武汉、郑州、西安、乌鲁木齐海关为成员单位。研究制订全贸中心（重庆）工作实施方案，完成各成员单位重点工作任务分工。以全关协同方式，抽调两寸海关、西永海关、黔江海关、风控分局等相关单位优秀骨干力量6人次组建关区工作专班，建立区域中心分析人才档案，选派优秀业务骨干参与总署层面工作。推行项目组工作制，定期开展选题座谈，推动联合选题和重点题材跨关区协作。与深圳海关合作完成“专精特新”小巨人企业参数更新，运用多系统、多维度融合分析，LNG船出口、对俄进出口等多篇次热点和创新题材分析报告获总署采用。注重业务运行经验总结和提炼，利用全贸中心培训平台，向全国海关推广重庆经验。监测分析报告获总署采编44篇，2人次获得海关总署通报表扬。3篇分析文章获《中国海关》杂志采编；1篇联合调研报告被总署《统研青草地》采用。

▲2022年7月18日，重庆海关参加重庆市外贸进出口情况新闻发布会

撰稿人

宁　悟　唐成林　邓　毅

企业管理和稽查

【概况】2022年，重庆海关聚焦“查发”导向和“查发”效能，完善关区配套管理制度，优化后续监管工作机制，探索实施作业模式改革，持续提升关区后续监管工作效能。与重庆市商务委、重庆市经信委、重庆市农业农村委等部门建立重庆市重点企业名单共享机制，创新集团式信用培育模式。与重庆市市场监管局等部门加强合作，推动“多报合一”“多证合一”“注销便利化”等改革落地。在保持对飞机租赁征税、跨境电商商品价格低瞒报等涉税领域均有查发的基础上，实现减免税、加工贸易、食品、动植等领域查发“零的突破”。优化属地查检模式，提升查检效能，聚焦查检监管模式深化改革、健全服务机制，推动国际经贸规则有效对接、提升口岸通关水平。关区安全生产和属地查检指标获得总署目标管理绩效考核满分。

【企业管理】2022年，重庆海关报关单位增加至16523家，其中进出口货物收发货人16310家，比上年增长19.87%；报关企业211家，同比增长78.57%；临时备案单位2家；特定资质企业1047家，同比增长14.35%。特定资质企业中，出口食品生产企业326家，出口食品原料种植场51家，出口畜禽类动物源性食品养殖场5家，进境中药材指定存放、加工企业6家，进口食品进口商659家。与重庆市商务委、重庆市经信委、重庆市农业农村委等部门开展共享合作，收集重点企业名单近3000家，建立“重点企业培育库”，帮助各属地海关靶向聚焦开展培育工作。重点培育国家和地方重点扶持企业63家、“一带一路”共建国家和地区有贸易往来企业30家、专精特新企业9家；推动10家企业通过AEO高级认证，创新使用集团式信用培育模式初见成效，京东方集团在渝5家企业通过高级认证，高级认证企业累计达86家，居西南地区首位。推动国内优先办理、减少监管频次等近30条高级认证企业便利化措施落实落地，帮助企业进一步享受政策红利。参与重庆市检察机关企业合规改革试点，共同破解“办了案子、垮了厂子”的难题。完成重庆市首家涉及走私犯罪企业合规工作，追回税收等违法所得400余万元，进行合规性整改避免再次违规违法，支持企业生产经营继续开展。建立重庆市中新示范项目管理局、重庆进出口平台公司与石柱地方政府、相关企业的合作机制，成功推动“黄精”产品赴国外参展并出口。

【稽查核查】2022年，重庆海关构建稽查“四梁八柱”，结合关区实际，建立完善关区稽查引入中介机构、属地查检工作联系配合、关区外勤执法作

▲2022年6月8日，重庆海关到OPPO公司开展“一对一送策上门”实地培育助力企业申报高级认证企业

业音视频使用、核查作业执法规范等管理制度，实现作业“进系统、标准化、留痕迹、可追溯”。搭建关区稽核查及属地查检专家人才库，整合实施片区集约化稽查；发挥纳入海关总署稽核查及查检专家库人才的专业作用，参与海关总署网上核查操作指南、属地查检和稽核查执法联动方案、稽查业务教材等编写工作。组织参与总署稽查岗位练兵“个人技能比武”，稽查条线全员参加，实现百分百参与、百分百过关，1名选手获全国第13名，关区获全国优胜奖。运用业务运行可视化监控平台，构建业务执行与审核监督、隶属海关与职能部门跨岗位、跨层级的立体监督机制，辅助提升关区企管稽核查作业水平，处置预警作业单118票，监控作业单94票。深化部门间协同、协作区间联合作业方式，坚持“系统+科技”，推动“云擎”建模和风险联合研判，紧盯重点商品、重点企业、重点区域、重点行业，不断提高稽查查发效能。突出“稽核查补税”贡献，提高精准查发，实现飞机租赁征税、跨境电商商品价格低瞒报等涉税领域持续查发，实现减免税、加工贸易、食品、动植等领域查发突破，其中5起符合总署大案要案查发标准。抓好风险类核查研究和组织实施，建立与稽查、属地查检转换机制，初步形成优势互补监管格局。围绕食品、粮食安全着力强化核查力度，充分发挥管理类核查对企业日常监管作用，压紧压实企业主体责任，引导企业规范自律，开展出口食品、出口饲料、保仓盘库、不实贸易等核查625起。

【属地查检】 2022年，重庆海关完成属地查检1.1万批次，查发856批次；实施联动执法作业75起，其中涉及出口危险品逃漏检2起；报送出口危包不合格查检案例被总署选编为2022年全国25个属地查检典型案例之一。聚焦整合执法资源、强化协同监管，降低对企干扰，开展属地查检与稽核查作业执法联动试点，围绕查检指令执行规范、查检作业人员资质、安全防护以及查检作业及时性，开展属地查检领域安全风险隐患排查，切实守住安全生产底线。聚焦提升“专业智库”支撑度，发挥关区属地查检人才库专业优势，依托改革创新小组成立技贸研究专班，走访了解出口企业面临技贸壁垒；收集美国、日本、韩国、欧盟、新加坡等重点国家和地区关于农产品、锂电池的生物安全要求、进口风险监测要求和安全标准要求，运用“渝关技贸之声”、关企合作委员会以及行业协会等平台，动态发布重点出口国（地区）检验检疫监管政策要求及变化情况信息200余期，指导企业精准分析研判出口形势。梳理汇编出口食用菌农药残留以及欧盟电池《技术贸易措施指南》，护航提升产品出口品质。聚焦深化查检监管模式改革，提升口岸通关水平扩出口，运用企业信用+指令+属性“三维风险分析法”，精准确定商品查检重点，探索汽车零部件、机电产品集中查检新模式，平均作业时间由4小时缩短至0.5小时，实现商品“快检快放”；实施出口农产品全链条监管，加强种养殖基地注册备案、疫情疫病防控、出境前检验、溯源处置等风险管理，常态化监测出口特色农产品重金属、农残、食品添加剂等12项指标安全风险，以品质提升带动出口增量，实现主要产品柑橘出口货值比上年增长2倍，柠檬出口货值同比增长115.5%，花椒出口货值同比增长29.6%。聚焦健全服务机制，保障重点产业有效供给促循环，建立海关“联络+”沟通机制，探索“优先+”查验模式，实施“反馈+”工作方式，解决关区汽车生产企业因申报错误导致非法检货物目的地查检与抽样送样比例偏高等问题，同步优化企业出口危险货物包装使用鉴定流程，作业时间压缩近三分之二。开辟出口农食产品查检绿色通道，实行“7×24小时”在线预约、随报随检、检验检疫合格同步签发证书等便利化措施，实施绿色查检464批次，查检整体时间压缩35%，惠及产品6244.6吨，货值6290.38万元。结合柠檬等水果产业链延伸深加工发展需要，制订“一品一方案”帮扶指导计划，帮助企业建立HACCP和SSOP生产安全控制体系并通过IFS等多项认证，同步建成重庆首家、全国第4家水果检疫冷处理单位，有效促进产业规模化发展。

撰稿人

吴剑锋　余海波

查缉走私

【概况】2022年，重庆海关忠诚履行打击走私的职责使命，全面提升打击走私能力水平，较好完成各项工作任务。刑事立案侦办走私犯罪案件41起，比上年增长41.40%；立案案值约2281.10万元，涉税约458.80万元；行政立案356起，立案案值约14586.50万元，涉税约1339.60万元。

【落实打私重点任务】2022年，重庆海关坚持“露头就打”，严厉打击“水客”、濒危物种及其制品走私。针对重庆消费市场特点，加强与拱北、厦门等海关缉私部门线索对碰，立案侦办刑事案件12起，抓获犯罪嫌疑人15名，查获走私高档手表、衣物及游戏卡带等1批；立案查办行政案件9起，案值432.53万元，涉税约87.34万元。强化信息收集和风险研判，立案调查并首次在出口货运通关环节查获涉嫌以“缅甸蟒背部蛇皮”制作的二胡20把。围绕“洋垃圾”、粤港澳海上跨境走私、海南离岛免税“套代购”以及防疫物资、疫苗等打击重点，建立“情报部门防风险、业务部门推专项、基层分局守阵地”工作模式，常态化开展风险分析研判和现场查缉，有效防范辖区重特大走私风险。

【缉私专业打击】2022年，重庆海关充分发挥缉私专业打击“利剑”作用，强化情报经营和案件侦办，持续高压严打，全力开展“国门利剑2022”等联合行动，一体推进“扫黄打非”“护卫2022”“使命2022”“2022清风行动”“扫黑除恶”“全民反诈”“长江大保护”等专项工作，有效维护国门安全。严厉打击枪爆物品走私，立案侦办刑事案件21起，立案查办行政案件3起，查扣枪支21支，枪支散件58件，铅弹559发，钢珠弹1077颗，模具、工具及电话“黑卡”等一批。打击毒品走私取得重大战果，立案侦办走私毒品刑事案件5起，抓获犯罪嫌疑人11名，查获冰毒2.38万克、大麻446.09克，首次查获走私γ-羟基丁酸、走私新型毒品“巧克力”案件，立案查办走私精麻药品行政案件5起。滚动打击水客走私成效明显，立案侦办刑事案件12起，查获走私高档手表、衣物及游戏卡带等一批，涉及案值2282.11万元，涉及税款785.15万元；立案查办行政案件9起，涉及案值432.53万元，涉及税款约87.34万元。打击走私关联犯罪取得突破，立案侦办洗钱刑事案件1起，实现洗钱犯罪案件“零的突破”。成功应对处置突发事件，9月14日，重庆查发境内首例输入性猴痘病例情事，缉私民警立即行动，快速固定违法事实，为案件定性、管理权限、后续办理等提供法律支撑。

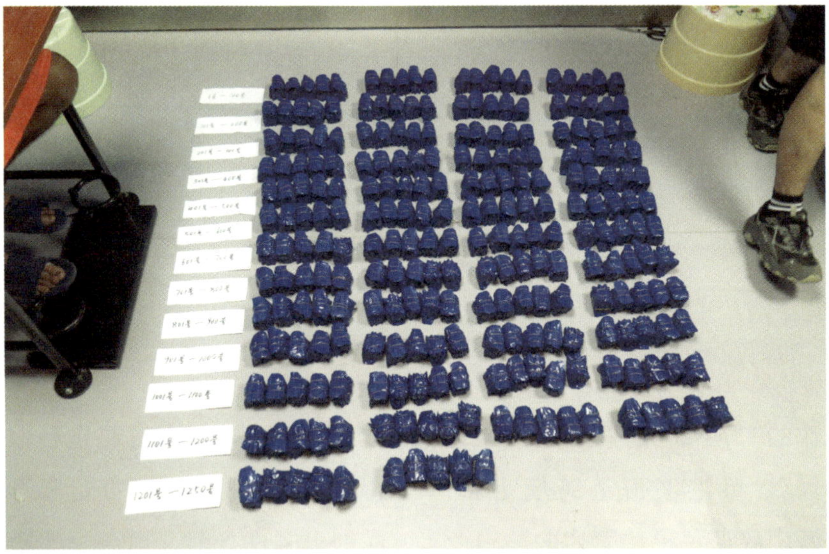

▲2022 年 7 月 12 日，重庆海关缉私局破获“7·12”走私毒品案

【海关全员打私】2022 年，重庆海关组织召开重庆关区年初、年中两次缉私工作会议，同步研究制订关区打击走私专项行动工作方案。严格落实全员打私绩效评估要求，量化打私任务，不定期通报工作进度，推动工作责任落实。各隶属海关和职能部门积极向缉私部门移交案件线索，海关移交缉私部门办理刑事案件 5 起，一般行政案件 42 起，各隶属海关和职能部门办理两简案件和涉检案件共 352 起。

【综合治理】2022 年，重庆海关牵头召开全市反走私综合治理工作例会，研究制发《重庆市打私办关于进一步加强打击冻品走私和做好新冠疫情防控工作的通知》，统筹推进重庆市打击冻品走私和新冠疫情防控工作。落实走私冻品归口处置工作要求，协调市场监管部门处置无合法来源冻品 5666 件、150 吨，实现前期移交在库冻品处置“清零”。联合市场监管等部门开展集中查缉、市场整治行动 2 次，查获无合法来源证明文件的德国产冻猪脚、猪肚等 2592 件、28.28 吨。联合重庆市教委共同组织重庆市高校参加第一届全国大学生反走私创作大赛，重庆市稿件量、参与高校数、入围作品、优秀奖均位列全国第一；组织开展反走私“五进”——进校园、进社区、进市场、进村屯、进企业主题宣传活动，营造良好的反走私社会氛围，通过“中国反走私”微信公众号等平台，做好典型案例宣传，有力震慑走私违法犯罪。

【刑事科学技术】2022 年，重庆海关全力推进刑事技术鉴定工作，高效完成电子数据检验鉴定。司法鉴定中心接受远程评审并顺利获得中国合格评定国家认可委员会（CNAS）认可证书。参加公安部和中国合格评定国家认可委员会联合举行的 2022 年全国公安机关刑事技术实验室能力验证，结果为满意。

【刑事法制建设】2022 年，重庆海关持续推进执法规范化建设，缉私刑事执法质效不断提升。强化法制审核把关，全年未发生执法不力、不当或者过错情况，不存在绝对不起诉及无罪案件情况，无纠违情事发生，执法成果不断巩固。加大查扣、追缴力度，追缴走私违法所得入库额达到 1605.87 万元。加强案管中心建设，借助派驻检察室平台，邀请派驻检察官开展工作交流 10 次，对 10 余起刑事案件进行监督，指导 13 起重大疑难案件的办理，法制职能作用进一步凸显。突出建章立制，对 34 项规章制度开展评估，保留 18 项，修订 12 项，废止 4 项，长效机制建设取得新成效。深化实战练兵，邀请检察官、海关关员、缉私民警等共同参加“学习新业务，勇担新使命”法制系列培训活动，组织民警参加庭前会议1次、不起诉案件听证会2次、观摩案件庭审1次、开展疑难案件研讨5次，民警素能得到明显提升。

【行政处罚】2022年，重庆海关坚持重大事项法制审核、重大案件集体审议、重大复杂案件报送，严格执行处罚决定公示、执法过程全记录、案件延期集体审议制度，妥善应对关区首起行政处罚复议案件。加强职能管理，完成涉检案件职能划转工作，配合完成2022年度国家审计工作，完成关区企业信用评级管理工作；抓好案件办理制度废改工作，完成2项行政案件相关制度的评估及修订工作；协助法院做好行政强制执行工作。

◀2022年3月7日，重庆海关缉私局对重庆市一冻库开展清查

撰稿人

王小冬　叶焕喜　韩　邦　刘晓靖　肖　雄

国际合作

【概况】2022年，重庆海关贯彻落实习近平总书记关于建设好、服务好西部陆海新通道和开展“智慧海关、智能边境、智享联通”（简称“三智”）国际合作的重要指示精神，将“三智”理念融入助推西部陆海新通道建设工作中，着力提升海关贸易安全和通关便利化水平，通过创新运用信息化、智能化科技手段，以互联互通、智慧智能、普惠普适为工作重点，相继推动以重庆为起点的中老、中越、中缅印等多条跨境铁路班列成功开行，有效助力西部陆海新通道进一步发挥在构建“陆海内外联动、东西双向互济”开放新格局中的战略通道作用，助推重庆高水平开放和高质量发展。成功承办2022年总署最大规模外事会议活动——亚欧会议“智慧海关、智能边境、智享联通”国际研讨会，得到总署领导和国际组织好评，在国际上树立中国海关良好形象。

【深挖“联通”内涵，拓展通道维度】指导和支持物流管理、铁路运输、平台运营等部门利用“区块链”技术进行数据整合，将过去分散于信息系统、电子邮件、纸质单据中的通关、物流、货物信息、提单、舱单等数据创新整合成“一单制”数字提单，实现收发货人可掌握货物全流程信息。有效发挥重庆西部陆海新通道运营中心和果园港国家物流枢纽优势，进一步促进货物聚集，推动重庆首发开行中老（重庆—万象）、中越（重庆—河内）、中缅印（重庆—仰光—印度洋）班列，运输时间比传统方式节约20天左右。

【突出“智慧”特点，提升通道效率】围绕“智能化”“集约化”“平台化”开展口岸

▲2022年11月7日，重庆海关承办亚欧会议“智慧海关、智能边境、智享联通”国际研讨会

“智慧场站”建设。构建“集约作业模式”，围绕国内多式联运中转、集拼集运、多程转关和批量转关等贸易需求，将海关作业指令嵌入港口作业系统，使海关作业与港口作业可同步并联开展。通过进口抵港确报、出口卡口运抵、预约查验等系统，实现运抵报告自动发送、无查验报关单自动放行、比对无异常转关单自动审核/核销等“三个自动”，进出口货物可边卸货、边理货、边分拨、边转运，口岸作业时间压缩30%。打造“智能作业平台”，部署双通道双加速器H986机检查验系统，机检效率提升近20倍，综合运用集中审像、智能审图、智能安全锁、“抵港确认”、“出口直装”等智能监管手段，实现货物多式联运短驳无感监管，水水、水铁、铁水联运货物监管时效提升26%，货物查验二次吊箱成本降低约500元/箱。

【坚持“普惠”理念，释放通道动能】针对企业反映的部分产品通关受阻、通道间货物换装时间较长等情况，依托西部陆海新通道沿线“13＋1”省（区/市）共建格局和15地海关合作共建机制，开展沿边口岸与内陆海关常态化合作，出台通关异常快速处置机制、货物通道间换装优化程序等一系列措施，有效破解通道畅通运行的梗阻点，提升物流通关效率。通过原产地证书自助打印和异地签证等措施，加强企业主动宣传和一对一帮扶，引导企业用好用足RCEP、中国—东盟自贸协定等政策，帮助企业享受政策红利。

【外事队伍管理】2022年，重庆海关运用关区绩效考核等手段，充分调动全关各部门单位外事工作积极性，持续发掘关区更多优秀的外语人才并推荐至总署外事骨干人才库，健全关区外事人才梯队。派员参加总署“2022年‘一带一路’海关业务骨干高级英语培训班”“国际传播能力培训班”“海关高级英语翻译培训班”等培训，邀请专业英语培训机构专家来关开展外语培训，强化专业素养，提升综合素能，切实打造一支高素质外事人才队伍。

撰稿人

王　卿　陆　明

第六篇

综合保障

政务管理

【概况】2022年，重庆海关切实履行“参谋、协调、督办、服务”职责，全方位提升政务管理水平，持续做好应急管理、收发文管理、督查督办、机要保密、信访处置、绩效考核等各项工作，实现参谋辅政有为、督办落实有力、信息宣传有效、内部疫情防控有序、综合服务保障有方等工作目标。

【应急值守】2022年，重庆海关落实全年“7×24小时”值班工作要求，在党的二十大、全国“两会”和重庆市第六次党代会及节假日期间，严格执行三级值带班制度，接听值班电话2000余通，值班收文600余件，开展值班培训300余人次。加强值班信息报送，向总署报送值班信息197篇，向市委市政府报送值班信息6篇，其中1篇值班信息获海关总署署长俞建华批示，报送关于入境猴痘的值班信息获国务院值班室和总署总值班室点名表扬；报送海关值班工作信息24篇，其中18篇被采用，1篇被全文采发。完善值班点名和通报机制，完成值班室升级改造，专设政务值班专用视频点名系统，与监控指挥中心分离，实现政务值班全天候独立运行。坚持“日常电话抽查+周末随机抽查+节假日和重要敏感时期全覆盖抽查”机制，电话抽查210余次，发布政务值班情况通报7份。严格落实应急管理职责，接受处理各单位应急情况51次，做好疫情期间值班工作，确保应急响应机制始终处于激活状态。关区全年未发生重特大事故。

【信息工作】2022年，重庆海关聚焦重点热点，强化信息选题研判，扎实开展信息编报工作。围绕署市重点工作建立收集、约稿、审核、考核机制，组建关区选题小组定期会商，发布信息选题80余条。针对长期性工作和问题类信息建立

▲2022年2月3日，重庆海关组织到重庆港海关检查节日期间值班工作

全链条跟踪机制，加强调查研究深挖信息，到市级部门、对口区县和基层一线全面收集掌握信息素材，提高可阅读性。编发《渝关信息》238期、《渝关简报》21期，向海关总署、市委市政府报送政务信息近500篇，海关总署采用160余篇、4篇次获署领导批示，重庆市委市政府采用170余篇、3篇次获市领导批示。坚持优化互联网工作站管理，坚持轮训制度，培养互联网工作站核心信息员，提升信息工作能力，报送互联网信息16000余篇，其中91篇次被中办、国办采用，7篇次获中央领导批示。2022年重庆海关信息工作揽获总署、市委、市政府全部3个序列的优秀单位称号，3人获得信息先进个人称号。

【会议管理】2022年，重庆海关按照会议管理相关要求，加强对会议计划执行进度的督促落实，确保全年会议按计划实施。持续强化落实“精文简会”要求，对于需临时召开的会议，加强必要性审核，能不开的坚决不开，可以合并的坚决合并。全年未出现超开超支的情况。

【公文处理】2022年，重庆海关注重“办文”基础能力建设，落实重要发文“双人唱校”和分文流程“双人核对”机制，实行发文文稿质量、收文办理质效“点评式”通报，开展收发文业务培训，保障疫情期间文电不断档，有效提升关区公文处理能力水平。提升综合文稿质量，按照贴合现实需要、总结提炼精准、立意选题新颖的原则，撰写关区会议主报告、向署市领导汇报材料、领导讲话稿、工作报告等文稿，上报工作专报9篇。在发文过程中严把政治关、政策关、法律关、内容关、格式关和文字关。在收文过程中落实文件送阅流程定期复核，完善每日提醒机制，实现“急件马上办、普件当天办”，持续优化涉密文件流转流程，在确保涉密载体安全的基础上提升流转速度，实现“急事即办、要事稳办”，办理关级收文8213件，按期办结率99.96%。

【督查督办】2022年，重庆海关充分发挥督查“指挥棒”作用，推动关区工作高效落实，对关区13项“第一议题”、334项年度重点工作任务、27项市级绩效考核目标任务、273项日常重点任务进行跟踪督办。全流程策划保障形势分析暨工作督查例会5次，研究专项议题70余个，立项督办例会议定事项51项。制发综合督查通报11期，统筹发挥各职能条线监督职能，持续传导抓落实、保进度的工作压力。推动签订合作备忘录4份，营造良好外部环境助力关区发展。开展关区“稳外贸、保安全、防风险，下沉一级抓落实”专项工作，统筹推进关区防范化解重大、系统性风险任务落地落实，出台业务、企业、干部职工、审计整改“四个问题清零”机制。持续探索“智慧督查”，全面铺开运用“督查督办小程序”实现“敏捷督办”，进一步拓展功能、优化升级，推进搭建督查全景展示平台。

【建议提案办理】2022年，重庆海关办理人大建议14件、政协提案20件，均为协办件。明确承办部门、办理期限，坚持“谁主办、谁牵头、谁负责”原则推进落实，与代表委员、主办单位沟通，实现“及时签收、限时办理、按时反馈”的目标。

【保密管理】2022年，重庆海关聚焦保密教育“全覆盖”、人员管理“全周期”、安全防范“全链条”持续优化保密工作机制。采取“培训＋宣传”

相结合方式提升全员保密意识，邀请重庆市国家保密局主要负责同志开展专题培训，组织保密宣传微视频及海报征集，制作的保密宣传微视频《为党保密矢志不忘》获评国家保密局“新锐讲述人”奖项。严格涉密人员台账管理，逐人建档立册；根据实际调整定密责任人名单，监督指导规范定密。健全保密管理制度，制定《重庆海关工作秘密事项清单》，推进微信泄密专项整顿行动，建立工作群审核备案机制和管理员监督报告机制。开展分保检查反馈意见整改落实，持续提升保密综合防范水平。

【档案管理】2022 年，重庆海关持续强化档案管理责任，依规立卷建档，严格档案查阅借用手续，培训档案管理人员 20 余人次，推动提升关区档案管理水平。接续完成重庆海关 1980—1999 年永久文书档案整理项目，相关档案顺利移交总署。坚持档案库房日常巡查检查和环境参数监控，开展档案安全专项检查，确保档案库房安全。激活档案生命力，使用档案 157 次，发挥档案史料资源支撑作用，制作重庆海关复关口述历史纪录片《轻舟已过万重山》，获关区干部职工广泛好评。精心编纂完成重庆海关首部年鉴《重庆海关年鉴（2022）》。

【政务公开】2022 年，重庆海关围绕“强基、提质、聚力”，全面提升关区政务公开工作水平。连续三年制定印发《重庆海关政务公开工作要点》，修订《重庆海关主动公开基本目录（2022 年版）》，持续巩固重庆海关机关信息资源管理水平。发布本级公告 8 项，公开机关处室便函、通告文件 7 件，集中公开本级办理相关人大、政协建议情况，公开公务员及事业单位招考信息 19 条，公开行政执法公示信息 652 项。推进重点公开工作，规范海关统计数据发布，扎实做好口岸疫情防控和促进外贸稳增长领域信息公开，发布有关通知公告、政策解读、科普宣传等信息 350 余条。开展基层海关政务公开标准化规范化建设，从制度建设、办事服务、意见收集和监督举报等方面，推动关区 4 个隶属海关全面实施政务公开和服务。编发《重庆海关政府信息发布目录（2022 年版）》，全年纳入本级公开目录信息 15 条。完成门户网站行政执法双公示栏目标准化改造，规范海关执法信息发布模板，实现信息可检索查询利用。通过网站发布政务服务信息 1973 条；答复网站交流互动答复海关业务咨询留言 119 条，公开 104 条；办理答复网站关长信箱、网上信访等其他渠道留言 47 条。12360 海关热线受理企业群众来电 11835 次，办理重庆市 12345 热线转交问题留言 35 条。有效发挥政务新媒体的政务公开“第二阵地”作用，“重庆海关发布”新媒体发布通知公告、政策解读和办事指南等各类信息 165 期、265 条，在线处理企业群众咨询留言 477 个。

【信访工作】2022 年，重庆海关按照国家《信访工作条例》规定，结合海关总署相关要求，全面加强关区信访工作。将新版《信访工作条例》纳入重庆海关党委理论中心组学习内容，制定《2022 年重庆海关加强和改进信访工作责任清单》，分解 7 类 18 项工作任务，启动关区信访工作操作规程和依法分类处理信访诉求清单制修订工作，明确和强调信访办理的重要环节和时限要求。全面落实关区各级海关“关长接待日”活动，建立隶属海关信访工作业务数据报送机制，切实把问题矛盾解决在基层。常态化开展信访风险排查和应急处置工作，组织开展极端信访应急演练，多次开展重大活动前信访积案、重复信访等排查化解工作，疫情期间组织关区本级和各隶属海关紧急开展网上信访活动，确保信访工作不断档，推动信访风险隐患和积案彻底“清零”。探索实行信访通报制度，就重大、紧急信访事项和信访件处理情况进行关区内不定期通报，并与年度考核挂钩，切实强化各级领导干部信访工作责任。全年通过网站、信函、来访和总署、地方转办等渠道受理各类信访事项50件，未发生因信访答复不当引发的投诉和争议问题。

【新闻宣传】2022年，重庆海关聚焦促进外贸保稳提质、维护国门生物安全等主题，定期发布宣传选题清单，策划组织集中宣传，组织6次新闻发布会，各级媒体刊发稿件800余篇次，较上年增长超20%。其中，推进内陆开放高地建设相关稿件在喜迎二十大系列宣传中被中央电视台《新闻联播》《人民日报》头版相继采编报道；自贸试验区高质量发展、首趟中老铁路“铁路快通”出境班列等稿件分别被《人民日报》《经济日报》《工人日报》采用；查获问题地图相关稿件被多家媒体转发，新浪微博阅读量破亿，一度进入热搜榜前十位。依托海关总署平台载体优势提升宣传效果，持续向《中国国门时报》、海关总署门户网站、“海关发布”微信公众号、“中国海关”学习强国号等海关总署媒体平台投稿。《中国国门时报》等署内媒体在头版等重要位置相继刊登《让中国稻种“长”出更多希望》《西部陆海新通道首趟中越货运班列开行》等报道。巩固新媒体阵地，提高社会关注度，以创建新媒体品牌栏目为目标，不断提升“渝关技贸之声”“消费品质量安全”等栏目稿件质量，推送新媒体稿件236篇，其中20余篇被总署“12360服务”新媒体采用。

撰稿人

王　卿　成学东　张纵横　魏　炯　蒋　雨　张明建

财务管理

【概况】2022年，重庆海关突出条线管理、强化资源统筹、夯实财务基础，优先保障民生、重点保障刚性运转、精准保障海关改革发展，不断健全财务保障机制、提升风险防控能力、提高财务工作质效，为加快智慧海关建设，实现“十四五”时期高质量发展提供有力财务保障。

【税费财务管理】2022年，重庆海关推动关库银系统于10月1日正式运行，采用重庆市财税库电子对账系统与国库完成对账，取消纸质报表对账，提升对账效率及数据传输安全性。规范保证金管理，严格落实保证金业务单证流转时限，大幅缩短单证在途时间，有效减少未达账项。

【预算管理】2022年，重庆海关争取到总署“防止境外疫情输入专项”等追加预算，指导隶属海关争取地方财政资金支持，推动地方政府把支持海关经费纳入人大审议范围预算，建立经费保障长效机制。按照“精简会议、差旅、培训，严控三公经费、严控一般性支出，持续压减非必要、非急需支出”要求编报预算，公用经费预算同比下降6.7%。做好预算分类保障，优先保障关警员工资津补贴、医疗、养老等民生支出以及维护国门正常运转刚性支出需求，重点保障落实重要指示、重大部署、重点任务支出需求，常态化保障疫情防控需求，安排资金保障科技、监管、办公条线刚性支出预算，使用地方财政经费保障缉私警察经费需求。全面应用中央预算管理一体化系统开展关区2023年部门预算“一上”编报，结合关区2023—2025年支出规划调研及项目绩效评审情况，除人员经费和公用经费外，所有项目结合单位实际情况设定具体明确、量化可行的绩效指标。严格落实事前绩效目标编制、事中绩效监控、事后绩效自评要求，组织关区单位完成2021年项目预算绩效自评、重点项目绩效评价，完成2022年项目绩效运行监控。

【国库集中支付管理】2022年，重庆海关落实国库集中支付管理要求，汇总分析资金管理使用过程中的共性问题，制定《重庆海关国库集中支付工作指引》，规范、固化流程；以海关国库集中支付系统为基础，开展财政资金支付信息自主监控，及时提示更改“支付摘要填写不完整”等问题。

【政府采购】2022年，重庆海关重新修订采购实施细则，明确政府采购领导小组、财务处、归口执行部门和需求部门的工作职责，优化采购需求编制方式和监管流程。完成年度政府采购工作，政府采购预算资金节约率8.82%，采用公开招标方式占比率92.21%。

【部门决算管理】2022年，重庆海关组织关区2021年部门决算、住改支出决算、固定资产决算、企业决算、政府财务报告编报，完成2022预算、2021年决算的批复及公开。落实“过紧日子”要求，“三公”经费支出较预算安排节约39.17%，同比减少29.46%，公务接待费、公务用车运行维护费、会议费、差旅费同比分别下降91.5%、10.5%、100%、36.29%。建立“过紧日子”长效机制，每季度组织隶属单位对实施情况开展评估，及时整改问题。强化预算执行管理，6月、8月、9月、12月四个考核节点达标。

【涉案财物管理】2022年，重庆海关推动涉案财物领导小组会议通过1701个最终处置方案，进入公开拍卖程序。处置涉案财物5批次，涉及68个案件，其中移交18票，拍卖13票，销毁37票。

【企事业财务管理】2022年，重庆海关完善收费公示动态管理机制，督促相关事业单位收费变更后及时更改公示信息，及时备案；督促相关单位对涉企收费方面的审计问题整改到位。制发《重庆海关国企改革任务分解表》，加强国有企业基础管理、完善公司治理结构、推进国有企业提质增效，3家所属企业完成产权登记，纳入国有资本经营预算管理范围；严格按照总署股权转让工作时间节点，推进后管中心持有中检重庆公司49%产权的转让工作。

【机关财务管理】2022年，重庆海关优化升级新财务管理系统，完善财政资金支付统计、年度资金预算额度等功能，10月起在关区全面推广使用。完成8项财务制度修订，规范资金流转、强化制度执行，落实事前审批、不相容岗位分离、网银支付两级复核等制度，做到资金管理“流转规范、网上留痕、全程受控”，构建精细化、规范化、科学化的资金安全管理体系。再次接受审计署国家审计，落实整改要求，举一反三建立长效机制，不断弥补薄弱环节、防控系统性风险、提高财务管理水平。

【基建管理】2022年，重庆海关基建项目包括技术中心实验室改造、保健中心业务技术用房、涉案财物综合业务用房和机场PCR实验室改造4个项目，按照基建分级管理要求，充分发挥基建办职能管理和综合协调作用，紧盯工程设计、概算编制、招标采购和决算审计等关键环节，加强日常基建管理监督指导，协助关区基建领导小组开展工作，推动关区

▲2022年9月28日，重庆海关财务处开展涉案财物仓库安全检查工作

基建项目平稳实施。

【装备管理】2022年，重庆海关组织各隶属海关搜集属地公务用车制度改革政策，按规定提出非执法执勤公务用车编制核定申请，统筹调配关区内超编车辆、核定隶属海关车辆编制后上报总署审批，推动解决关区非执法执勤公务用车超编问题。

【资产管理】2022年，重庆海关强化实物资产管理系统运用，责任落实到人、管控落实到全生命周期，结合固定资产定期集中报废制度、年度资产盘点制度，确保固定资产账账相符、账实相符。推进闲置资产整合优化，综合考虑需求面积、用途、结构安全等因素，兼顾业务发展和民生保障需求分类施策，最大限度减少闲置房地产存量。委托第三方评估机构进行闲置商业房产租金评估和可行性论证。

▲2022年11月10日，重庆海关财务处开展采购档案整理工作

撰稿人

李　菁

科技发展

【概况】2022年，重庆海关贯彻落实《“十四五”海关科技发展规划》，结合关区实际，组织开展智慧海关建设课题研究，推动科技工作发展。践行总体国家安全观，落实“疫情要防住、经济要稳住、发展要安全”要求，强化“多病同防”技术支撑，检出境内首例输入性猴痘病例。探索实现“零信任+云桌面”远程办公技术，保障疫情期间关区政务办公系统平稳运行。圆满完成党的二十大召开期间关区网络安全保障工作，实现网络安全“零事故”。召开年度网络安全和信息化领导小组会议暨科学技术委员会会议，推进“科技兴关”战略实施，强化科技创新决策与智力支持。围绕“走进科技 你我同行”活动主题，开展科技活动周活动，首次承办全国海关科普讲解比赛决赛。成立信息化、实验室两个工作专班，开展“海关重点项目和财物管理以权谋私”专项整治，问题全部整改完成。加强科技管理制度建设，完成《重庆海关实验室安全管理办法》等5项制度转正。

【信息化建设】2022年，重庆海关部署上线智审算法模型超2200个，应用场景涵盖集装箱、旅检、邮包、快件等监管领域，智审识别准确率大于80%的模型超1900个，准确率在99%以上的模型超730个。建设“数据共享交换子系统（重庆海关）”，作为关区首个采用全国产化软硬件建设的关级信息化应用项目，汇集关区报关单、快件、邮件、跨境电商等数据，涵盖16个贴源数据库、14个业务主题数据库和2个共享数据库，抽取数据734个字段1.88亿条记录。建设区外加工贸易工单式核销管理应用，创新区外加工贸易监管模式，应用于全球最大的电源适配器生产企业台达电子。开发上线每日健康及涉疫风险排查应用。建设国家级进出口商品质量安全风险评估中心（重庆）门户网站，奠定技术中心开展商品质量安全风险评估基础。开发移动应用子系统安全生产应用，实现安全生产隐患排查整改“进系统、标准化、留痕迹、可追溯”，上线以来各隶属海关报送排查记录2304条，通过对照该系统工作手册共计排查出问题93条，完成整改85条。关区立项关级信息化应用项目6个，按期完成建设并上线运行。开展关级信息化应用项目绩效考核。首次采购具有自主知识产权的国产服务器及操作系统，首次基于国产软硬件开发建设信息化应用项目（数据交换平台建设），完成207台国产计算机和362套国产操作系统的安装替换工作，实现国产计算机100%投入使用，100%单轨运行。

【实验室管理】2022年，重庆海关聚焦口岸疫情防控，改造口岸PCR实验室。强化“多病同防”技术支撑，完成猴痘病毒检测实验活动备案，建立联防联控检测机制，检出境内首例输入性猴痘病例。持续提升检测能力水平，技术中心扩项3次、532项，先后获得CNAS认可检测能力36大类、4529个参数，CNAS校准能力3大类、56个校准项目，CMA（检验检测机构资质认定）检测能力51大类、参数8059个；保健中心保持检测认可项目77项，参加5次室间新冠病毒核酸检测能力验证获满意结果，关区整体法检自检率提升至99%。与中国海关科学技术研究中心（以下简称“海科中心”）联合开展“牛结节性皮肤病核酸检测能力验证”，协同推进牛结节性皮肤病WOAH（世界动物卫生组织）参考实验室建设。技术中心实验室获得象牙及其制品等物种鉴定的司法鉴定资质，3人获得司法鉴定人资质，2人加入海科中心濒危物种鉴定联盟专家组。实行口岸危险品预约检测绿色通道，实验室化解安全隐患和支持“口岸危险品综合治理百日行动”措施获总署发文通报表扬。

【科研管理】2022年，重庆海关聚焦重点、共性、关键技术科研攻关，与海科中心、直属海关等开展科研合作。自关检融合以来，重庆海关首次获批国家重点研发计划项目重点专项——“重大动物疫病传播事件综合应对技术体系及标准规范”课题。强化科研创新，探索建立“呼吸”分析法，该法被总署采用并纳入总署“非贸一体化风险防控管理”新系统中进行研发。主动融入地方大科研体系，开展口岸疫情疫病防控等技术研究，“重要外来入侵物种梨火疫病菌快速鉴定及监测预警关键技术研究”等4个课题获批重庆市面上项目。注重科研项目全生命周期管理，规范科研诚信管理，完成科研项目信息备案45项。重庆海关获批国家重点研发计划项目重点专项1项、署级科研项目2项、市级科研项目7项，自主立项科研项目8项，26项关级科研项目（2020—2021年）通过验收，14项关级科研项目（2020—2022年）的验收申请材料通过专家组审查并形成初验意见。完成首次科技成果评定工作，“重要动物疫病快速集成化检测新技术研究及标准化试剂的制备”为重庆海关一级科技成果，“进出口中药材高风险有害生物检测及物种资源鉴定标准体系的建立与应用”“业务网门户网

▲2022年5月23日，重庆海关技术中心工作人员进行实验数据处理

站（重庆海关）”为重庆海关二级科技成果。收集5项微创新项目，其中1个项目入围总署“微创新”申报项目并通过专家组评审。助力乡村振兴，推进“秀山山银花指纹图谱研究及病虫害综合防控”课题研究，确定秀山山银花病虫害化药减量绿色防控试验方案。

▲2022年5月28日，重庆海关开展科技活动周科普宣传活动

【科普工作】2022年，重庆海关首次承办全国海关科普讲解比赛决赛。组建工作专班，采取“线上+线下”相结合的比赛形式，完成22个参赛海关单位30名选手决赛任务。创新“四好”参赛模式，抓住打磨讲稿、专业指导、模拟赛场等关键环节，选拔优秀选手参赛。创作《海关大白的“超能陆战队”》《国境线上的人“虫”之战》《我在海关看“大片”》3部科普讲解作品，完成辅助视频3部，组织模拟赛场27次，选手参加重庆市和全国海关科普讲解比赛决赛，分别获第5名和第2名，获重庆市和全国海关“双十佳”称号，重庆海关3年蝉联重庆市科普讲解大赛“优秀组织奖”，2名选手晋级全国科普讲解大赛，1名选手获三等奖。发挥技术中心、保健中心科普基地平台作用，开展科技活动周活动。依托重庆市科技馆和重庆市图书馆搭建海关科技成果展示平台，把移动P2+实验室开进主场馆，通过“实景讲解”，打造“沉浸式”线下科普新模式。组织23场次科普进企业、进社区、进校园活动，通过播放《被海关截留的水果去哪儿了》等科普微视频，展示《检疫性有害生物鉴别》等科普书籍，开展进口服装检测等科普讲座，宣传海关正面监管。

撰稿人

贾晓卫　孔凡义

督察内审

【概况】2022年，重庆海关聚焦政治监督，聚力防范化解风险，抓实国家审计组织和整改；强化政治机关建设，基层党建取得新成绩；坚持服务大局，督审监督质效取得新进展；深化内控建设，风险防控能力得到新提升，各项重点任务全面高效完成。

【督察监督】2022年，重庆海关突出监督重点，选定具体监督项目23个。做深做实督察方案，运用“事前数据筛查+相关单位部门自查+选定重点实地督察”的方式，扎实开展口岸检查作业规范、支持外贸保稳提质措施落实情况、进境粮食安全监管等5项专项督察，细化督察要点50余项，开展实地督察10余次，查纠问题16类。在系统内牵头开展总署督察系统在线测试专项工作，发现相关问题25类。

【内部审计】2022年，重庆海关运用“职能部门筛查+隶属海关自查+督审部门抽查”三段组合式分析模式，推进“大金额差错报关单”、禁止“洋垃圾”进境、对美加征关税、进口冷链食品、高风险非冷链食品集装箱货物、贸易管制以及企业脱钩产权转让等专项审计调研。开展涉企收费内部审计调研工作，调研相关企业24家，实地督导检查所属事业单位4家。印发年度审计项目计划，对5家单位“一把手”开展经济责任审计，完成对西永海关任中审计、邮局海关离任审计。提升内部审计政治监督站位，新增习近平总书记重要指示批示精神落实，贯彻中央重大决策部署落实，被审计单位“第一议题”制度落实，履行海关职能职责、依法行政和行政执法具体情况4项审计重点内容。

【配合国家审计】2022年，重庆海关总结固化配合国家审计经验做法，提前1个月研究并制订迎审工作方案，细化职责分工，明确任务目标和要求。实施迎审“一套班子协调”“一口对外管理”“一把手负责”“一套机制管到底”的“四个一”机制，搭建“关区—职能部门—隶属单位”多层级迎审网络，建立健全配合审计工作流程，构建部门单位“一把手”审核、联络员联动反馈机制，实施挂牌督办和专人超期提醒，定期组织工作例会，强化安排部署和落实，研究解决疑难事项。

畅通海关总署、审计机关、重庆海关间多层级、多形式、多频次协同沟通机制，指派20余名处级领导担任联络员，实行“5+2”候审值班机制，每周定期与审计组对接进展。建立审计事项督导督办台账，挂牌督办、销号管理、专人提醒，实现全流程配合无超期、无错漏。先后完成各类审计事项642个，上报各类资料

140余份，协调21家隶属单位、地方政府配合延伸审计和外部调研。全时段派员赴重庆海关所属涪陵海关、保健中心等基层单位指导配合审计工作。实施“专人、专题、专项”分析机制，从提取数据资料、兄弟海关问题取证等多维度，及时研判审计动向、重点及潜在风险隐患，编制动态47期，提示风险220余次。编制每日迎审动态47期，收集迎审信息、报表2700余份。

锚定审计机关认可的整改要求标准，组织推进2021年度国家审计整改工作，构建关党委领导、部门主办、基层协同、督审督导的联动整改格局，创新“两步三段四清单”整改模式（即：“预整改+强化整改”两步走，“制定措施、推动整改、总结上报”三阶段，建立“问题任务、责任分工、整改措施、印证资料”四清单），配套督导检查，细化73项整改措施，开展5轮次整改督导。坚持风险分级管理，明确重大敏感事项“专题议、不过夜”要求，组织召开协调会30余次。按时全部整改完成2021年国家审计反馈问题，立行立改2022年国家审计反馈问题。同步健全审计问题清零机制，推进审计结果运用，健全完善制度流程，开展国家审计整改问题“回头看”

建立健全重庆海关党委国家审计整改长效机制。出台《重庆海关党委关于建立健全国家审计整改长效机制的实施方案》，建立健全审计问题清零机制，推进审计结果运用，开展国家审计整改问题“回头看”，着力提升关区治理能力。以国家审计查发问题为鉴，举一反三完善内控节点9个。新增或修订制度规范29项，修改调整系统参数4个。推动国际邮政纳税业务自行办理等多项改革，探索建立“固废”联合监管等新方式。深度分析国家审计等监督项目，挖掘全面从严治党督审新热源，新增“全面从严治党”等必审领域3项，强化对“一把手”和领导班子监督。

【内控建设】2022年，重庆海关健全完善“落实内控主体责任”等四项工作机制，落实“年初总量谋划、季度滚动考核、年度拉通算账”通报机制，开展月度通报12期。强化讲政治要求，加强制度建设，修订重庆海关内控前置审核实施细则，出台兼职督审人员库管理办法，全面规范督审工作管理。压紧压实各层级内控主体责任，全面推广“部门联络员督办协调，内控专员具体落实”模式，实现内控全科室无缝涵盖和衔接，加大HLS 2017平台应用。关区应用平台取得专项成果、补证、移交缉私和稽查线索成效，同比分别增长55%、36%、19%，应用

▲2022年8月18日，重庆海关到审计署驻重庆特派办沟通交流工作

绩效在同类海关持续保持前列。组织内控示范科室自荐和选拔工作，开展送教上门培训30人次。总结内控示范科室建设情况，并在全国海关内控交流会作交流汇报。

【执法评估】2022年，重庆海关按照“数据+指标+分析+调研”的模式，加大数据分析力度和“云擎”系统运用，开展进境粮食安全监管、跨境电商监管等执法评估自选项目3项，在总署“云擎”系统执法评估站点建立分析模型10余个，查纠问题10类。参与“跨境贸易便利化”署级执法评估项目，配合参与“危险化学品监管”等其他署级执法评估项目4个，组织开展相关问卷调查100余家次。融合督察项目一并开展“进境粮食安全监管”专项评估，实现基层减负、监督增效良好效果。

▲2022年10月13日，重庆海关参加督审司“1+3+N”党建活动

撰稿人

熊 新 郭维家 谭 憧

离退休干部管理

【概况】2022年，重庆海关围绕离退休干部思想政治引领、夯实离退休干部党建基础、引导老同志发挥正能量、做好离退休干部精细化服务四条工作主线，高质量推进老干部工作取得实效。截至2022年，重庆海关有离退休干部283人，其中厅局级30人，县处级142人，乡科级及以下46人，事业单位干部17人，行政和事业单位工人48人。

【离退休干部党建工作】2022年，重庆海关坚持以“喜迎二十大、学习二十大、助力新征程”为主线抓好离退休干部思想阵地建设。在“渝关晚晴”微信公众号设立“生日祝福”“工作交流”“安全宣传”“学习资料”等专栏，编报老干部开展党建、日常工作、文体活动等信息，共刊发信息64期。通过“智慧银海”平台，提供老同志通讯录、理论学习、时政新闻、养老政策、健康知识等信息，实现活动报名、事项办理网络化。上载了《云课堂》课程13个、《电子书屋》142篇、《新闻管理》116条。“七一”前谢斌关长、政治部主任孙伟分别带队走访慰问老党员、困难党员，传递组织关怀；高质量完成总署“建言二十大”和“我看中国特色社会主义新时代”调研活动，调研报告受到总署表扬。组织开展“喜迎二十大、助力新征程”五个一活动，全方位推进党的二十大精神学习宣传贯彻走深走实。顺利完成4个离退休干部党支部换届选举，组织开展“爱满星河”等主题党日活动5次。举办“光荣在党50年”纪念章颁发仪式，开展警示教育3次，离退休干部政治机关专项教育活动和“学查改”专项工作得到总署离退局肯定，

▲2022年6月28日，重庆海关离退休党员开展“喜迎二十大，助力新征程”主题党日活动

相关经验做法被总署《海关离退休干部工作情况交流》登载。胡开军、张翠云、邓衍建、易惠4名退休党员被评为重庆海关“优秀共产党员”。

【老同志服务管理】2022年，重庆海关持续拓展“1+5+15+N”（“1”指离退休干部工作领导小组；“5”指4个离退休党支部+1个异地居住离退休干部联系片；“15”指离退休干部党小组；“N”指多个离退休干部骨干）网格化服务，发挥“琼玉热线”作用，向老同志通报关区重点工作，重大节日关领导带头走访慰问老同志，对接社区和物业公司，协调解决实际困难。完成首批次77名退休“中人”复算及养老金补发。组织开展“喜迎二十大、欢乐度重阳”重阳敬老月系列活动，精细做好老干部年度体检工作，探索离退休干部积分制管理办法，评选“渝关银发达人”15人。协同隶属海关为8名老同志举办荣退仪式。推送5名老同志进入市老干局“银发人才库”，为关区70名退休退役军人复制办理退役军人优待证所需资料，开展现场办公27次，上门服务275人次，走访慰问589人次，受理来电来访1128人次，收集审核医疗、老年大学票据3556份，协助去世老干部家属处理后事8人次。

▲2022年6月30日，重庆海关离退休党支部开展“从严治党，警钟长鸣”主题党日活动

【老年文化教育】2022年，重庆海关组织老同志参加海关口述历史征集工作，征集老同志珍藏的海关历史资料、图片、素材，录制口述历史视频，老同志周碧莲文章《战士决胜岂止在战场》被《金钥匙》登载。上报总署、关区书画类作品80余幅；组织录制《初心的对话》，被全国海关离退休干部“喜迎二十大、奋进新征程”线上文艺汇演采用，多角度、全方位展示老同志风采。书画、摄影、乐器等6个兴趣小组开展活动12次，1名退休干部在重庆市第二届老干部智力运动会围棋比赛中获得第4名。

撰稿人

江喜悦

第七篇

隶属海关

重庆江北机场海关

【概况】重庆江北机场海关（以下简称机场海关）于2011年8月开关运行，内设14个科室，主要负责重庆江北国际机场航空口岸海关业务。

2022年，机场海关全面贯彻党中央、国务院重大决策部署，深入推进政治建关，全面提升基层党建效能，高效统筹口岸疫情防控和促进外贸稳增长等重点工作。监管进出境航班5528架次；完成封闭管理27期，1687人次；监管租赁飞机45架次；实际监管口岸货运量16.64万吨，进口3.08万吨、出口13.56万吨；实际验放快件包裹227.82万件，总重量2974.65吨。

2022年，机场海关旅检二科获重庆市第五批“扫黄打非”进基层示范标兵，2人获个人三等功、21人次获集体三等功，37人次获个人嘉奖、53人次获集体嘉奖。

【党的建设】2022年，机场海关强化基层党建能力提升，完成重庆海关基层党建“书记项目”重点课题研究结项报告15篇，各支部组织线上线下活动90余次，开展支部书记岗位练兵15人次。在集中封闭管理组设立3个临时党支部。机场海关人政科党支部通过全国海关基层党建培育品牌复核，机场海关货物查验科党支部获评2022年重庆海关“四强”党支部。深入学习宣传贯彻党的二十大精神，组织召开党委理论学习中心组专题学习研讨2次。与重庆海关党委第一派驻纪检组开展联学。党总支所属各支部采用线上线下多种形式召开主题党日活动，青年理论学习小组成员利用航班处置间隙组织专题学习。编发每日一学、《学习手册》等学习资料，确保学习组织到位。严格落实“第一议题”制度，扎实开展好党史学习教育专题民主生活会，严肃开展批评与自我批评。组织党委中心组专题学习习近平总书记重要指示批示精神9次，严格落实“三重一大”制度进行民主集中决策，全面谋划推进各项工作。围绕“学查改”专项工作、强化捍卫“两个确立”、做到“两个维护”、强化政治机关建设专项教育活动和“海关重点项目和财物管理以权谋私”专项整治工作，召开动员大会统一思想，结合机场海关实际制订实施方案，利用党委理论中心组学习会、关务会等形式组织开展好集中学习，在微信工作群组织开展“每周一练”线上学习竞答活动，浓厚学习氛围。按照“六对照六看六查”的要求，归纳梳理个人风险排查清单和处科两级问题整改清单，持续动态完善问题清单、持续查找纠偏突出问题，并结合问题研究制订整改方案。全力打造“鸿雁青年志愿者服务队”，集合近3年轮换出的有经验、有技能的一线年轻干部，组建一支随时能上、随时可战的14人应急梯队，通过分批次跟班轮训建成一支10人的随时补充、随时备战的后备梯队，切实保障封闭管理工作人力资源配备。紧盯“四风”问题新动向、新表现，经常性开展警示案例学习，盯紧节假日、周末等时间节点，适时开展节前廉政安全教育。开展禁止酒驾醉驾教育，组织全体关员签订《杜绝酒驾醉驾承诺书》，设立监督员，全面排查摸底“三类人员”即是否有驾照、是否自驾上班、是否有饮酒习惯。定期组织开展全关干部职工配偶、子女及其配偶从业行为全面自查，确保督促提醒、警示教育、监督管理及时到位。坚持用好监督执纪“四种形态”，尤其是“第一种形态”，及时提醒纠正工作中存在的苗头性、倾向性问题，开展提醒谈话和诫勉谈话9人次。

【口岸疫情防控】2022年，机场海关通航国际（地区）客运航线11条，包括新加坡、迪拜等国家（地区）。通航国际（地区）货运航线45条，主要来自俄罗斯、日本、美国、荷兰等国家（地区）。密切关注境外疫情形势，加强风险分析，坚持“一机一策”，制订专项保障方案，严格落实“多病同防”，建立三级医学巡查机制，全面加强登革热、猴痘、埃博拉等重点口岸传染病排查，强化对有重点国家旅居史、有症状人员的医学巡查及流行病学调查。通过合并检疫流程、优化岗位设置等措施，压缩入境航班检疫处置时长30%以上。深化旅检入境区域改造，新增中风险洗消区1个，新增入境卫生检疫机位1个，完成健康申明卡工位改造15个，扩建旅检办公区域，增加12间办公休息用房。扎实开展入境航班复盘，完成入境客机自主复盘31次，货机整体复盘5次，参加关区航班复盘会8次，风险研判会1次，严格落实内部监督检查，开展视频检查疫情内防内控监督40次。严格落实入境客运航空器终末消毒监督，编写工作指引5项，压紧压实航空公司主体防疫责任，开展终末消毒监督培训15次，入境客运航空器终末消毒监督203次。

【封闭管理】2022年，机场海关扎实做好封闭人员管理，完成4批次108名封闭管理人员“脱面集中监测”，及时调整内部防控措施，制定5版内部防控要求汇总，对照海关总署、重庆海关和日常三级监控指挥中心发现的问题和风险隐患，

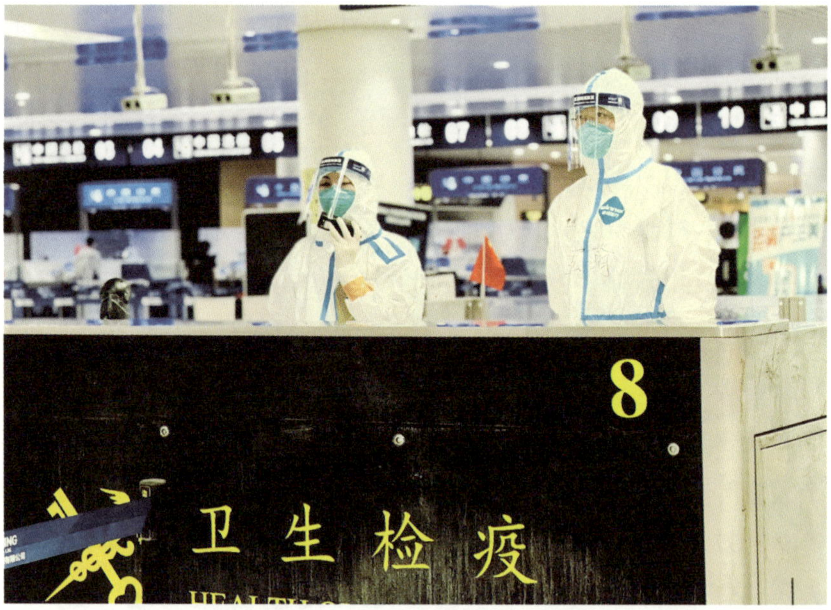

▲2022年5月16日，重庆江北机场海关对新加坡入境航班开展卫生检疫监管

定期开展研判和通报，提升作业规范性。开展个人安全防护培训，组织全员认真学习，完成全员个人安全防护“归零培训”，考核合格后方可上岗。建立岗前培训制度，以集中授课、分组研讨、实操考核等多种方式组织开展封闭管理岗前培训24期，实操培训36期。组建专家检查组，通过实时监控、音视频连线、视频回放等方式，全覆盖、表单式、规范化监控海关作业现场。2022年，安全防护视频监控检查347次。做好应急及后勤保障，对出现确诊、大楼被封控等情况进行模拟演练、桌面推演，针对性细化应急预案。在本土疫情期间实行三级网格化管理，跨办公区采用无接触方式进行物资配送。完善应急住房，做好一线人员“脱离社会面集中管理”，组织闭环管理人员在进组前集中居住并进行核酸检测及健康监测，同时针对闭环人员两组轮换长期不能回家的情况，用“两地居住，两类保障”方式，做好生活物资、餐食、应急物资等保障工作。加强关心关爱，妥善处置2人次近亲属病故事件，身体不适合、家庭确有困难的人员第一时间安排轮休，完成4次生活工作需求和心理健康状况问卷调研，配备12批降温用品、解暑饮品等物资积极应对高温极端天气，累计供应床寝用品、上网设备等生活物资72批次。

【税收征管】2022年，机场海关入库税收25.02亿元，比上年增长30.87%。加强属地纳税人管理体系建设，“一企一档、专人专岗”服务管理长期开展飞机租赁、维修业务、减免税担保业务的重点企业。推广“一保多用”及电子保函，指导企业在新的申报模式下高效、灵活运用各类税收担保制度，办理税收担保834票，其中电子保函124票。巩固深化汇总征收、自报自缴等改革成果，接受汇总征税申报9263票。推进RCEP等各项自贸协定和关税减让政策落地生效，积极开展抗癌药品关税减让政策宣讲，确保企业应知应享，优惠贸易协定项下进口货物7.64亿元，比上年增长58.77%。加强关税政策实施效果分析评估，及时提出有利企业及产业发展的税政调研建议，上报税政调研建议2条，进入署级专项课题研究1条。做好货物税收要素风险防控，完善联防联控机制，加强同验估、关税、统计、风控等职能部门的风险信息共享，上报反馈税收风险信息8条，开展各类涉税要素风险核查20余次。加强个人快件企业税率窗口指导，推进B类快件规范申报，建立快件运营人通关质量评估管理制度，实征进境快件税款3456.13万元，比上年增长70.13%。

【监管业务】2022年，重庆江北国际机场口岸进口商品主要包含集成电路等电子信息产业零部件、冰鲜水产品、化学原料等，出口商品主要包含笔记本电脑、打印机等电子产品和重庆本土产机电产品等。物品监管主要涵盖进境B类快件包裹和进出境人员随身携带行李，其中快件包裹主要包括化妆品、保健品、鞋包服装类等物品种类。结合快件中心搬迁新址后的监管情况，创新“四隔离、一集中”的无接触查验模式，转变快件“一票一查”模式为“多票集中查”模式，减少反复进出查验室引起交叉感染的风险。指导机场设置中转货物专区和专用提货口，“空地中转”联运时效压缩到最快12小时，“空空中转”货物作业时效从3天左右压缩至最快6小时，为物流企业节约地面货物转运费用约1.5元/

千克。2022年，进口转关货物1.57万吨，占进口货物总量超30%，占比创历史新高。推动指定监管口岸验收工作，协助机场地服修订完善近30万字的场所申报材料，邀请上海、广州及重庆海关各条线业务专家现场指导10次，成立工作专班，建立每周巡查和通报制度，确保场地设施建设和工作制度逐步完善，以此为契机，恢复航空冷链食品进口业务，全年共验放进口冷链食品380票，重1322.09吨，比上年增长665倍。按照“预防为主、风险管理、过程控制、社会共治”的原则，发挥口岸民生领域监督职责，深入口岸20家食堂、2家航食厂和15家餐饮店进行抽查，实地核查食品安全相关制度建立和执行情况，开展日常卫生监督1128次，发现问题隐患35个。抽样138家412批样品，快速检测95家212批样品，不合格5批次。开展微小气候检测55次，签发卫生监督意见书8份。开展媒介监测28次，认真摸排口岸区域蚊类、鼠类、蜚蠊等医学媒介生物的种群构成、种群密度、种群动态等情况。

【查缉走私】2022年，机场海关与机场海关缉私分局建立日常协调机制，深入推动“龙腾行动2022”“国门利剑2022”“蓝天2022”等打私专项行动，针对枪爆、涉危涉毒、濒危动植物等重点领域加大查缉力度，构筑口岸打私高压态势。2022年，共办理案件106起，其中两简案件100起、一般案件（涉检）3起、知识产权案件2起、快速办理案件（涉检）1起。查获禁限物品2930批次，其中涉枪物品4批次、管制刀具12批次、特殊物品13批次、麻醉药品和精神药品5批次；查获濒危动植物及其制品30起105件、19.38千克，其中象牙制品13起31件、1.88千克；在全国海关首次查发涉跨境赌博物品打孔扑克牌1批次，在重庆关区内首次查获某企业涉嫌无证出口军品情事。

【口岸危险品监管】2022年，机场海关认真推进“口岸危险品综合治理”百日专项行动，围绕安全生产月、重庆极端高温天气和国庆前后等重要节点，组织安全生产交叉检查4次，开展安全生产应急演练5次，向监管对象制发安全工作提醒16次。强化与机场地服、安检等部门多方联动，进口危化品以落地后12小时为“滞留线”，催报催提相关企业，确保危化品货物口岸滞留“动态清零”。严格执行“直提直装、区外监管”模式，实行危险品存储场所备案管

▲2022年8月10日，重庆江北机场海关开展采样作业

理，企业提前预约、地服专用通道保障、海关快速验核放行，防范危险品口岸滞留风险，进口危化品口岸提离时间较百日行动前压缩70%以上。查验危险品899票，责令企业按要求整改包装使用不合格、危化品标识标签不合格等问题。全年未发生进出口危险品安全事故。

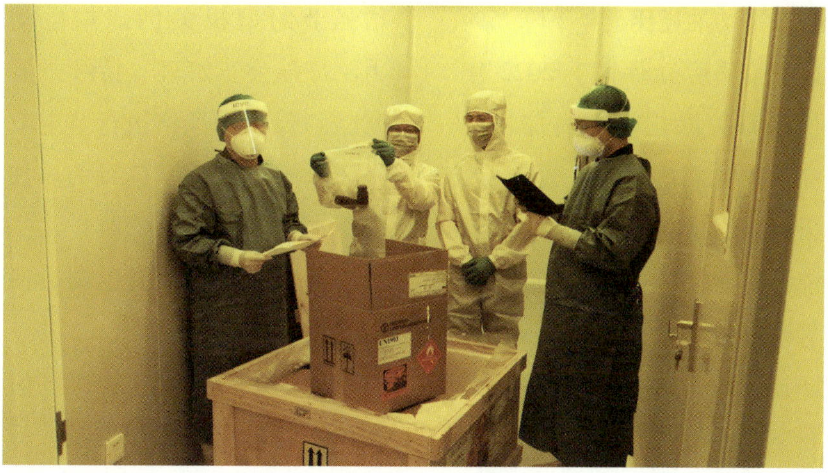

▲2022年7月14日，重庆江北机场海关对一批次光刻胶下厂抽样检验

【口岸营商环境】2022年，机场海关狠抓口岸通关时效，持续深化保稳提质24项措施落地落实，大力推广“提前申报”“两步申报”跨境贸易便利化措施，打造“一站式”服务窗口，简化业务流程、加快企业急需货物通关。2022年，进口整体通关时间为22.78小时，较2017年压缩81.94%；出口0.20小时，较2017年压缩108.60%。8003现场进出口整体提前申报率29.6%，同比增长13.95%。通过“分批理货+分单提货”政策，为25家企业办理重点紧缺货物分单提货66票，指导机场地服完成3500平方米疏运库房投用，妥善应对5月上海本土疫情期间国际货物外溢导致重庆江北国际机场进境货物暴增。优化监管模式。全国首创“以航空公司为单元”的保税航材监管模式，与深圳海关建立联动监管机制，通过“一次核准、一次备案、一次申报、一次比对”，在渝成立新加坡航空（重庆）保税航材分拨中心，顺利完成首次AOG保税航材异地报关测试监管，2022年共自新加坡进口保税航材11批次，分8批次调拨至上海、深圳、成都三地。积极支持飞机融资租赁业务，协调多地海关，打通注册地、报关地、入境地的区域限制，实现多地海关共同监管、信息互认，降低企业成本。积极推进出口跨境电商业务开展，主动调研企业运营情况，并派遣专人开展前期指导。

【政务管理】2022年，机场海关强化落实中心工作，承办重庆海关督办任务99条，专项督办疫情防控、促外贸稳增长和安全生产等重点工作。抓好抓实信息宣传及政务公开工作，上报动态信息483条，简报信息35篇，图片新闻65条，在“学习强国”、《中国国门时报》等载体刊发对外宣传稿件30余篇，充分发挥机场海关作为重庆海关互联网信息工作站作用，组织编报互联网信息3000余条。规范信息公示公开，公示行政处罚信息106条，行政强制信息12条，行政许可信息52条。积极配合12360海关热线回应群众咨询，实现咨询投诉事项“分办—流转—反馈”精准规范，转接12360海关热线150人次。规范公务车辆保障，实施“一车一档”精细化管理，完善公车品牌、号牌、车况、驾驶员信息及运行费用等情况，明确主要责任人及日常维护人员，公车平均油耗比上年下降15%。

【财务及后勤保障】2022年，机场海关深化财务内控机制，完善财务制度体系，规范直接采购项目实施程序，修订节约能源资源实施细则、财务档案管理办法，提高财务领域风险防控水平。对标海关内控示范科室创设标准，强化机场海关财务内控管理，运用风险评估和内部控制方法规范财务管理有序运行。紧盯重点费用支出，严控一般性支出，集中财力“优先保民生、重点保运转、精准保发展”，做好疫情防控资金保障，实现机关运行成本比上年下降2.55%。引入专业中介机构完成1次重点项目评审，提升预算绩效管理水平。推动脱贫地区农副产品采购政策落实，提升“老旧废”资产更新利用效率，完成2批34套固定资产处置，组织2条退役监管工作犬社会领养。建成“节约型机关”，更新完善2项节能管理制度和节能行动方案，推动节能管理科学化、规范化、常态化，从源头拧紧节能“阀门”。开展8次生态文明主题培训活动，利用工作群、张贴海报、提醒标识等方式开展宣传，组织“地球一小时”“步行日”等体验活动，增强节约型机关创建内生动力。加强公车管理、持续开展“光盘行动”，严格执行节电节水要求等，推行绿色行为。加强用水用能设施运营维护，实现公共区域节水型卫生器具使用率100%。

【督察内审】2022年，机场海关建立健全迎审工作机制。开展督察审计自查、国家审计整改工作。成立关区审计整改工作领导小组，从职能管理、执行、监督等多层面，建立健全对账销号、协调联动、责任追究3项工作机制，完成审计问题整改。明确责任科室及责任人，严格把控整改标准和时间要求，专人负责、持续跟踪，建立整改台账，严格销号管理。推行历次审计、督查发现问题和薄弱环节自查自纠常态化，将纠治问题、完善管理、健全制度融入日常，预防同类问题发生。落实“内控领导小组—内控办—内控专员”三级内控管理机制，实行“一把手”负总责工作制度，认真履行内控主体责任。实行“内控专员”全覆盖工作机制，运用综合业务管理系统（HZ2011）和海关内部控制与监督子系统（HLS2017）开展内部风险日常自控。落实节点定期核查制度，形成业务科室自控和监控科后台核查“两手抓”的工作机制，及时报送内控工作情况报告和系统应用成效及经验做法。优化科技控权手段，综合运用海关内部控制与监督子系统（HLS2017）、“云擎”等系统开展分析研判、预警处置以及监控分析工作。制发处置联系单80份，处置异常数据2448条，总署采用内控信息4篇、专项成果报告15篇。

【队伍建设】2022年，机场海关全面推动干部教育培训工作。合理制订培训计划，定期开展督促检查和通报。117人“满学时、满学分”提前完成全年培训任务。认真组织党的十九届六中全会精神、党的二十大精神等专题学习，开展16期821人次“每周一练”线上答题检验学习成效。抓好纪法教育和廉政教育，组织观看警示教育片及专项整治典型案例，通过集体讨论、撰写心得体会等方式强化学习效果。组织一线执法科长参加党务干部岗位练兵、专业领域培训班等专题培训，建立执法一线科长廉政档案，将落实个人事项申报和配偶、子女及其配偶从业情况报告等事项纳入廉政档案管理范围，做到一人一档。优化平时考核管理，用好队伍建设综合管理平台，注重实绩导向，2 名执法一线科长提任副处级领导干部，1 名晋升高级主办职级。扎实推进人才队伍建设，注重在疫情防控一线和急难险重任务中培养锻炼考察识别干部，优先晋升在疫情防控工作中表现突出的干部，统筹推进职务职级分类管理，有计划轮岗交流，做好长远规划，着力建设忠诚干净担当的高素质专业化人才队伍。完成 7 名科级领导干部提任，5 名科级领导干部调配，18 名公务员职级晋升，13 名关员岗位调整，3 名新关员试用期满转正考核，6 名科级领导干部试用期满考核工作。封闭管理期间，7 个封闭管理集体被授予荣誉称号，参与封闭管理人员中，61 人次获重庆海关、市总工会、市妇联等单位部门表彰，1 人获省部级以上表彰奖励，5 名人员提拔为科级领导干部，13 名同志晋升职级。

【群团（工、青、团、妇）工作】2022 年，机场海关加强群团组织建设。第一时间组织召开工会委员会会议，增补工会委员，设立 3 个工会小组，牵头组织开展活动，审议通过《机场海关工会收支管理条例》（修订），规范工会经费使用。打造青年工作“领头羊”，根据海关总署传媒中心“奋斗者，正青春”主题宣传，组织拍摄一线青年执法科长专题微视频。积极发动参加各类评比活动，组织参加重庆海关第三届科普讲解选拔赛、1 名同志获评“渝关好青年”等。不断丰富干部职工文化活动形式，组织参加对口扶贫的秀山县开展的商品推广活动、北京冬奥会和冬残奥会期间开展“燃情冬奥模仿秀，一起健康向未来”活动并制作视频展示片等。中秋国庆双节前开展廉政文化主题创意花灯制作展示活动，二十大后开展“学贯二十大，迈‘步’新征程”活动，组建机场海关健美操队、篮球队、足球队参加各类文体活动。开展“冬送温暖、夏送清凉”及各类节日慰问活动，在闭环管理组、行政办公楼办公场所设置“爱心便民小药箱”。慰问丧亲、生育、住院、结婚、退休职工 11 人次，完成女职工和男职工家属全员投保。

撰稿人

谭会琼　宋　伟　易　斯　宋可心　刘懿沛　张成强
龙唐斌　马　敏　钟晓鸣　周　姝　周俊娴　梅　欢
李　冉　李彦宣　罗佳迅

重庆港海关

【概况】重庆港海关于2018年12月开关运行，内设6个科室。负责重庆寸滩、果园、玖龙3个口岸码头进出口货物的海关监管业务。

2022年，重庆港海关强化疫情防控及安全工作，加强正面监管，提高查发质效，稳定外贸增长。接受报关单申报10.17万份，监管进出口货物总值126.07亿美元，监管货运量411.66万吨，监管集装箱35.11万标箱，税款入库39.36亿元，监管果园港到发中欧班列368列，监管果园港到发西部陆海新通道南向班列490列。

2022年，重庆港海关获得重庆海关党的二十大精神知识竞赛优秀组织奖等集体荣誉6次，获得重庆海关优秀共产党员、优秀基层党务工作者、“渝关好青年”等个人荣誉51人次。

【党的建设】重庆港海关党总支成立于2019年2月21日，现有党员35名，占比70%，下设7个支部，分别是：重庆海关党委第二派驻纪检组党支部、办公室（党委组织宣传部）党支部、综合业务科党支部、货物查验科党支部、物流管理科党支部、业务运行监控科党支部、集中审像科党支部。

2022年，重庆港海关各级党组织坚持以习近平新时代中国特色社会主义思想为指导，自觉运用党的百年奋斗历史经验，弘扬伟大建党精神，坚持全面从严治党战略方针，增强“四个意识”、坚定“四个自信”、做到“两个维护”，坚定不移推动机关党建高质量发展，以实际行动扎实做好迎接和学习贯彻党的二十大各项工作。落实“第一议题”制度，党委中心组专题研学8次，带动全员集中学习30余次。结合重庆港海关实际，打造3个党史学习教育课堂，讲授党的发展历程、基层如何学好党史、红岩革命故事等专题党课9次。在党的二十大胜利召开后，及时制订《重庆港海关学习宣传贯彻党的二十大精神工作方案》，对标对表推进16项重点任务，在抓好学习的基础上，用党的二十大精神指导实践、推动工作，促进重庆港海关工作实现跃升。突出政治功能，构建“总支 + 支部 + X”党建机制，召集业务骨干成立“探路石”工作小组，专门就“促进外贸保稳提质”“防范重大风险”等课题开展调查研究。党委委员带队，组织进境粮食监管专项调研组到泸州港调研，再次梳理排查各类风险隐患，针对场所安全、消防安全、国门生物安全、危险化学品监管、防洪防涝等重点领域，开展10余次实地检查，及时整改完善。

支持新开通中老、中越、

中缅跨境班列和渝穗海铁联运班列，实现常态化运行，西部陆海新通道到发班列490列，比上年增长83.52%，有机衔接长江黄金水道和中欧班列，推动果园港初步形成“世界中转站”的格局。实行“沿海口岸—长江航运—果园港码头”全链条管理，通过全国首创的“离港确认”模式，压缩货物在沿海口岸等待时间1~2天；支持“沪渝直达快线”发展，快线班轮长江航线运行时效较普通班轮提升30%；推动启运港退税政策正式在果园港落地实施，为企业压缩退税时间近1个月；推动重庆新能源汽车以“笼车”方式出口2200辆；推动“长江水运+跨境电商B2B”模式落地，丰富水运进出口业态。

党委牵头开展“我为群众办实事”活动，成立“党委调研组”，党委书记带队，采用实地走访、来访人员交流、兄弟海关延伸调研等方式对40余家企业开展调研，摸实摸细企业需求。党总支牵头与口岸办、港务集团共同推出“重庆水运口岸营商环境优化系统”，开发“预约查验”模块，在西南片区率先实现线上一站办理，免去企业往返于码头、海关的负担。“关键少数”作表率，党委书记履行“第一责任”，党委委员践行“一岗双责”，制定党委工作、决策制度，齐心协力抓好管党治党工作。严格执行民主集中制，在充分酝酿和讨论的基础上，坚持“一把手”末位表态，不折不扣贯彻落实党的决定。弘扬“求实、扎实、朴实”的海关文化和渝关“家文化”，加强与干部职工特别是青年关员的谈心谈话频次，深入了解、帮助解决关员实际困难。以基层党的建设和廉政建设为抓手，严管与厚爱相结合、正向激励与反向约束相结合，打造重庆港海关党建和廉政文化长廊，不断深化“同心港 希望关”总支品牌和“风正帆远”廉政品牌内涵，综合运用监督执纪“四种形态”，营造风清气正、团结奋进的工作氛围。构建内外监督体系，自觉接受上级党组织、重庆海关党委第二派驻纪检组监督。

【税收征管】2022年，重庆港海关深入辖区重点税源企业开展税源调查，做好税收预测研判，其中，“对药用中硼硅玻璃管新增进口暂定税率的税政调整建议表”被纳入新冠疫情防控全国专项调研，“关于降低8.5世代液晶或有机发光二极管（OLED）显示屏用原板玻璃进口暂定税率的建议”被纳入液晶显示全国专项调研。优化重点企业对口联络员机制，做到“面对面”交流、“点对点”指导、“一对一”服务。开展实时动态税收监控，深入分析关区主要应税商

▲2022年6月21日，重庆港海关组织党员同志到王良军长故居开展主题党日活动

品进出数量、价格涨跌、来源产地等情况，针对归类、审价、原产地等税征要素开展核查，核查报关单 5226 份。全年入库税收 39.36 亿元。

持续推广“一保多用”，助力企业减轻融资成本，针对涉及暂时进出境、减免税等业务类型、保函应用频繁、担保金额较大的企业重点推介，京东方显示技术、惠科金渝光电、长安铃木等 8 家企业办理“一保多用”的总担保业务。从严控风险节点、严控税收征管、严控操作规范以及严控单证管理四个方面着手加强担保管理，办理担保备案 1760 票、担保销案 3341 票，分别占整个重庆海关担保办理比重的 63.13%、43.89%。

通过关企联络群和宣传栏，拓展退税政策宣传广度，加强业务指导，规范企业提交资料种类；提高单证审核流转效率，压缩退税审批作业时间；形成跟踪机制，及时查询退税进度，确保退款及时到位；严格档案资料管理，专人专岗管理退税资料，确保台账完善。办理退税 171 票，退还税款 4100 万元。主动开拓线上审批模式，现场关员收到电子资料做好台帐登记即进行审批减免，企业后补资料正本。严格滞报金审批流程，对需报职能部门审批情形，经现场二级审批后，通过联系单审批办理减免。办理滞报金减免 53 票 1982 万元；落实对美加征关税商品排除延期政策。采取广泛宣传和重点企业“一对一”宣传的方式，收集政策落地执行情况，及时给予申报指导，减轻企业负担。

【监管业务】2022 年，重庆港海关加强实货监管，落实查验预约网上办理，协同风控部门共同制定查验针对性措施，及时对现场异常情况紧急布控，实行“当日不留单”查验模式，以重庆海关不到 10% 的现场监管人员，完成关区 60% 以上的进出口货物监管；加强数据分析与筛查，精准定位重点查验商品，指定专人负责机检作业管理，定期统计机检作业数据。货运条线完成机检指令 3281 条，机检集装箱 15367 个，机检量比上年增长 0.26%，完成 H986 图像标注 2567 幅，主要标注货物为铬矿、印度碎白米、低密度聚乙烯、摩托车散件等。

参考闭环管理要求，派遣科室精干力量驻守果园港，确保 24 小时全天候可进行查验作业，保障疫情期间通关顺畅；推行“免到场查验”措施，对因疫情封控的企业或报关行，采取视频联线、实时查验方式作业，保障查验工作有序进行；采取“日清”工作制，保障命中查验集装箱当日查验完毕。提升口岸作业便利化、智能化水平，简化港区作业环节，减少货物在港时间。重庆本土新冠疫情最为严重的 11 月，当月查验出口货物 96 票、456 标箱，进口货物 48 票、349 标箱，切实保障严峻疫情形势下货物正常通关。

针对大宗货物监管，落实“先放后检”要求，降低企业运营成本，保障进口大宗资源商品供应链畅通运转。2022 年，重庆港海关监管进口大宗资源性矿产品 185 批次、12.59 万吨，货值 3155.24 万美元，帮助企业对外索赔 17.14 万美元，保障企业利益，助力果园港成为内陆进口铬矿主要集散地。

推进果园港肉类、水果和粮食指定监管场所建设，从场站建设、硬件设备、软件调试、人员培训等方面，不断优化改进现有条件，助力高质量对外开放。果园港肉类指定监管场地于 1 月通过海关总署验收。

【检验检疫】2022年，重庆港海关做好进口高风险非冷链运输货物防疫查验工作，规范采样场地建设，协同梳理采样环节流程。6月20日，圆满完成果园港首次进口高风险非冷链货物检疫查验。配合风控部门，关注国际疫情状况，排查潜在高风险货物。加强特殊物品检疫审批、口岸查验监管和病媒生物监测，截获入境检疫性有害生物1种次，为双钩异翅长蠹，查获不合格木质包装7批次，对木质包装按规定予以熏蒸、销毁等处理。在办公楼、码头作业区、宿舍食堂生活区等开展口岸医学媒介生物本底监测工作。首次在果园港捕获活体鼠类动物。摸清重庆港口岸区域蚊类、鼠类、蜚蠊等医学媒介生物的种群构成、种群密度、种群动态等基本情况，推进口岸核心能力建设。配合开展口岸生物监测工作，范围涉及海关监管场所及周围，进行实蝇、杂草、红火蚁、小火蚁、梨火蚁等监测26次，有效支持国门生物安全建设。

优化布控指令、完善检验要求，聚焦重点高碳铬铁、蘑菇栽培介质等商品，围绕“安卫环”项目实施检验监管，严防固体废物和“洋垃圾”进口。严格按照总署制度规定和布控指令对濒危动植物及其制品实施单证审核、现场查验、送检。其中，从进口钢琴中查获象牙琴键贴片4.6千克，从出口吉他上截获濒危物种阔叶黄檀，均依法进行后续移交处置。实施现场即决式布控，查获进口碎米申报不实情况4起，涉及货物1205吨，货值53.23万美元，对于需要检疫处理的货物全程派员监督处置完毕。

▲2022年7月8日，重庆港海关关员在高温下进行铬矿查验

【海关统计】2022年，重庆港海关完成海关业务统计月报、进出口商品检验月报、口岸出入境卫生检疫查验工作情况统计表和发现问题和处理结果反馈表等60余份报表的统计上报，完成职能部门下发报关单数据质量监控分析系统（CSD系统）、H2018贸易统计系统（TSD系统）的数据核查435条，利用报关单日报子系统完成自主数据核查1278条，更正和补充数据161条，完成业务统计数据审核分析情况报告和贸易统计数据自查情况分析报告3篇，完成重庆地区汽车出口分析文章6篇。

【口岸营商环境】2022年，重庆港海关持续压缩整体通关时间，降低企业通关成本，推广“上海—重庆”进口转关货物“离港确认”“抵港确认”等模式，支持“沪渝直达快线”运行，不断提高水路物流效率。与上海洋山、外港、太仓、霍尔果斯等口岸海关建立通关异常快速处置机制，及时处置在进口转关审放、出口转关核销、进口舱单提前传输、舱单修改等环节的异常情况。进口水运平均整体通关时间 298.54 小时，出口水运平均整体通关时间 2.37 小时，较 2017 年分别压缩 60.58%、95.44%。其中，进口标准品平均进口边境合规时间 8.96 小时，较 2019 年压缩 89.87%。

全力推动果园港启运港退税政策落地见效，主动与重庆海关职能处室，以及国税部门、中国电子口岸数据中心等单位沟通协调，开展数据共享、系统优化和业务测试，保障启运港退税政策于 3 月 7 日在果园港正式落地。组建政策宣讲队，及时将启运港退税政策文件推送宣介至相关企业，组织货主企业、报关行以及船公司负责人开展宣讲会 30 余次。

助推企业充分利用优惠贸易协定享惠，持续加强对企指导和服务，广泛宣传应用 RCEP、中国—东盟自由贸易协定、中韩自由贸易协定等优惠贸易协定，开展线上线下辅导 20 余次，充分解读优惠贸易协定关税减让、原产地规则、原产地证书申报等政策，助力企业降本增效。接受进口优惠贸易协定享惠报关单申报 4683 份，减让关税 4.83 亿元，惠及 396 家企业。

畅通多式中转通道助力企业复工复产。与长江下游新生圩海关、宜昌海关联合制订进口集装箱货物转运监管方案，强化货物“事前、事中、事后”全链条监管，办理“水运转陆运”53 批，涉及长安福特、西南铝业等中大型纳税企业。

加强服务能力推动 JSQ 班列发运，协同企业加强前期准备，开展专题研究，不断创新物流组织模式，提升产业链供应链保障能力，持续拓展中欧班列等出海出境大通道。应用该模式报关查验后只需 5 天即可直接出境，较海运时效提升一倍，相对集装箱班列运能增加 50%，首次出口整车 225 台，货值约 2 亿元。

【成渝地区双城经济圈建设】2022 年，重庆港海关在重庆海关、成都海关共建成渝地区双城经济圈的大框架下，综合运用政策叠加优势，支持开展国际中转、集拼集运、内外贸货物混编运输等业务，推动中欧（成渝）、中老、中越班列共同构成“多通道跨境、多口岸过境”的国际铁路联运物流通道。持续扩大新能源整车、矿石等各类货源品类，进一步释放中欧班列运能，共同擦亮中欧班列（成渝）品牌。持续发挥海关、场站经营人、平台运营公司联络机制，指定区域堆放中欧班列（成渝）集装箱，

▲2022 年 12 月 20 日，重庆港海关保障重庆（鱼嘴）出口整车 JSQ 专列首次通关发运

强化舱单和物流监管，推动中欧班列（成渝）提质增效。打通铁路智慧物流，解决现用铁路系统数据和物流平台无法对接难题，结合水路转关操作模式，重点保障成渝转关班列，降低企业边境落配可能。中欧班列到发果园港站 368 列、40942 标箱，分别比上年增长 14.6%、142.9%。

持续优化成渝两地进出口集装箱货物监管流程，全力保障长江上游“多次中转”换装运输，“沪渝直达快线”与舱位互换。强化与长江上游宜宾港、泸州港联动互认，制订进口集装箱货物转运监管方案，进一步畅通联系机制，强化货物“事前、事中、事后”全链条监管，提升长江水道通关便利化水平。聚焦长江物流智慧监管工程，着力提升江海联运智能化水平，持续推动海关、码头及海船、江船公司之间信息互通、业务协同，提升通关智能化管理水平。多次中转到发宜宾港 321 船、7431 标箱，分别比上年下降 28.1% 和 34.5%；多次中转到发泸州港 144 船、2245 标箱，分别比上年增长 90.7%、42.3%。

▲2022 年 6 月 20 日，重庆港海关保障渝穗海铁联运国际班列首发

【西部陆海新通道建设】2022 年，重庆港海关积极完善口岸—属地海关联动机制，加强与沿线阿拉山口、钦州、厦门、凭祥、上海边境海关沟通机制，协调在口岸方面给予班列支持，及时解决疑难问题，避免出现落配、等待时间过长等情况。

持续推广“提前申报”“两步申报”应用，严格控制单证审核、拟证出证、税款征收、查验异常处置、人工放行等节点作业时限，落实报关单、转关单“日清”机制，设置西部陆海新通道业务专窗，推行“7 × 24 小时”预约通关，保障鲜活易腐货物 6 小时内放行，普通货物 48 小时内放行要求。协同重庆国际贸易“单一窗口”，实现口岸在线查验预约、海关系统确认、口岸远程调箱、结果线上反馈，查验总耗时压缩 70%。将预约查验与免除查验无问题吊装移位费改革相衔接，实现系统自动结算，在强化数据精准性的同时，实现数据多跑路，企业少跑腿。结合果园港多场站、多功能、多通道和多式联运的实际需要，实施“分类监管、集中查验”监管模式，运用安全智能锁创新短驳物流监管方式，为充分发挥西部陆海新通道（果园港）辐射作用提供有力支撑。

重庆果园港首发中老、中越、中缅等班列，首发集装箱装新能源整车班列出口，不断推进布局优化和营商环境改善，规范操作流程，简化业务模式，清晰进出口数据，畅通联系渠道，优化海关监管，助力西部陆海新通道实现更好更快发展。

【查缉走私】2022年，重庆港海关开展“国门利剑2022”“国门绿盾2022”“大地女神”等专项行动，严厉打击涉危、涉爆及走私、违规进出口固体废物、濒危野生动植物等违法行为。树立纪律意识和规矩意识，在阳光下执法、在监督下办案，提高办案水平，办理现场行政处罚案件40起，移交缉私立案6.5起。

【危险品综合治理及安全生产】2022年，重庆港海关现场查发进出口涉危险品货物8批次。其中，进口涉第2类危险品2批次，已销毁并予以处罚；出口涉第8类危险品6批次，按照业务规范进行综合处置并处罚。

采取组织观看安全生产专题宣传片、发放学习手册、开展《中华人民共和国安全生产法》展板宣传等方式加强安全生产教育，制定完善突发事件应急管理暂行办法、监管作业现场突发事件应急预案等文件制度规范。与重庆两路寸滩保税港区管委会、重庆市江北区鱼嘴镇人民政府签订安全协作备忘录。与重庆果园集装箱码头有限公司、玖龙码头（重庆）有限公司、重庆保税港区港欣资产经营管理有限公司、重庆两江新区临港口岸保税物流有限公司、重庆市江北区鱼嘴镇政府等单位签订安全生产联防联控部门协作机制，与重庆果园集装箱码头有限公司、玖龙码头（重庆）有限公司、重庆两江新区临港口岸保税物流有限公司等单位签订海关监管作业场所（场地）安全生产管理责任承诺书，强化联防联控。

【科技发展】2022年，重庆港海关推行H986“集装箱无接触式查验”扩大辐射监测范围，利用辐射探测门进行普遍检测，把铬矿、大理石等矿物质商品纳入机检范畴，借助智能审图辐射预警信息，做好辐射防护应对。处理伽马射线、中子射线辐射超标预警24次。做好查验管理子系统集中审像分析应用中与监管装备智慧管理应用对接服务，及时更新智能审图算法、插件，部署全国首套新一代双能双视角双加速器的快速检查系统，充分运用H986大型机检查验系统，提升机检比例。

【政务管理】2022年，重庆港海关开展“队伍规范月”专项行动，发放准军流动红旗，评选准军规范优秀关员，组建准军督查组。组织开展重庆港海关东区办公区文化长廊搭建工作，鼓励各科室提供素材，形成文化长廊渲染图并完成大部分搭建工作。持续发挥“信息宣传工作群”的带头作用，成立“信息宣传工作小组”并进行表彰，高质量开展信息宣传工作，展现重庆港海关良好形象。

【财务及后勤保障】2022年，重庆港海关妥善解决队伍人数增加、办公地点分散、通勤距离骤增等困难，全力提升衣食住行等方面后勤保障水平。积极协调提升一线关员办公环境，不断改进作业场所条件。高温季节期间，为一线工作人员配备防暑降温药品及清凉饮料。

【队伍建设】2022年，重庆港海关严格按照规范程序开展干部选拔任用，完成3批次职务、职级晋升工作，晋升一级主办4名，晋升二级主办2名，晋升四级主办3名，同时积极配合好重庆海关人事部门做好1名一级高级主办、3名四级高级主办晋升工作。选拔任用35岁以下的年轻副科长2名。完成2批次7人次领导干部试用期满考核。优化调整1名正科长、2名年轻干部的工作岗位。完成党总支换届选举工作，补选总支委员1名，选举产生总支书记。完善专兼职党务干部履历表，积极组织各支部书记参加党务岗位练兵，参加《基层党建“书记项目”课题研究报告》，形成课题研究报告7篇。关注业务骨干成长，注重在关键时刻考察和培养干部，推荐1名在机场海关支援的优秀青年为入党积极分子，发展在疫情防控、保稳提质等工作中表现突出的2名入党积极分子为发展对象。

▲2022年5月31日，重庆港海关开展“品味端午 传承文明”系列活动

【群团（工、青、团、妇）工作】 2022年，重庆港海关利用青年理论学习小组，组织开展学习宣传贯彻党的二十大精神等专题学习研讨12次，提升青年干部政治素养。及时了解青年干部所思所想所需，帮助1名青年干部切实解决家庭困难。

坚持每周固定1小时政治、业务学习，传达党的二十大精神，上级文件精神，组织观看廉政警示教育片等。为全体女性工会会员购买女职工特殊疾病保险，为全体工会会员购买重大疾病互助保险。慰问生病职工2人次，慰问结婚职工2人次，慰问退休职工1人次，慰问直系亲属重大疾病职工1人次，组织各类慰问5次共计14.5万余元。组织参加“国门杯”篮球比赛、健美操比赛，在健美操比赛中荣获二等奖；组织“品味端午 传承文明”“青春国门港关我家”等活动；在疫情封闭期间积极联系配送公司，为保运转的工作人员配送新鲜食材等物资，全力做好保障工作。

撰稿人

冯　欣　冉从勇

重庆邮局海关

【概况】重庆邮局海关（以下简称“邮局海关”）于2018年12月开关运行，内设5个科室，负责重庆海关进出境邮递物品监管，下辖海关监管作业场所2处：人和邮件监管场地（渝北区民安大道170号）、重庆铁路口岸邮件处理中心（临时，沙坪坝区土主镇西部物流园铁路口岸）。

2022年，邮局海关落实“疫情要防住、经济要稳住、发展要安全”要求，各项工作取得新成效。监管进出境邮件231.65万件，其中进口43.18万件、出口188.46万件；征收行邮税919.55万元，平均征税率46.3%；查获各类禁限物品552起。

2022年，邮局海关被评为全国“扫黄打非”先进集体，邮局海关监控一科获评重庆市第五批“扫黄打非”进基层示范标兵。

【党的建设】2022年，邮局海关深入学习宣传贯彻党的二十大精神，党委委员带头学，落实“深学习、实调研、大交流、抓落实”要求，抓好学习教育。坚持支部组织学，各支部通过党员大会、主题党日活动等形式组织学习23次；坚持青年小组创新学，团支部组织实施“1+2+3”青年学习计划（即组织1次党的二十大会议回看、开展2项青年学习活动、以3种形式谈体会）；号召广大关员自觉学，丰富学习渠道，梳理发布学习资料，扩展党员学习时空、提升学习效果。与成都邮局海关联合开展党的二十大精神联学联建。以小故事讲述大道理，开展“党的二十大精神人人讲”专题讲堂、青年讲堂等活动。创设深入学习宣传贯彻党的二十大精神专刊，刊发8期。鼓励青年发声，为邮局海关发展建言献策。

推动支部品牌建设，形成以总支品牌“绿化带”为中心，以“政通人和”“民安170”“查颜阅色”“心邮123”4个支部子品牌为支撑的党建品牌体系，主导党建工作既有“牌”更有“品”，聚焦强化“战斗堡垒”作用，提升组织力、凝聚力、战斗力。以“午间三课堂”持续推动党员干部学思践悟，确保在思想上统一起来，组织上强化起来，制度上健全起来。综合业务科党支部获评重庆海关“四强”党支部，办公室党支部获评“先进基层党组织”，4名同志获评重庆海关“优秀共产党员”，2名同志获评重庆海关“优秀党务工作者”。

推进以案促改，对巡视巡察问题、审计问题进行全面清查，结合履职风险自查举一反三。突出窗口作风整治，开展问题“码上提”“书记面对面”活动，窗口作风进一步提高。强化警示教育，开展节前廉政提醒、酒驾醉驾提醒、保密提醒。打造廉政文化，提炼出以“我见邮廉”为中心，以“清风”“白羽”“绿箭”“青竹”为基础的廉政文化品牌，打造“廉”“公”“德”文化长廊，廉政文化阵地建设逐步完善。拍摄“党委书记晒廉政”微视频，持续推进“廉政‘邮’我参与、廉政‘邮’我见证、廉政‘邮’我建设”的廉政文化培育。

【税收征管】2022 年，邮局海关征收行邮税款 919.55 万元、比上年下降 11.9%，征收货物税款 82.37 万元、比上年增长 36.6%。建立日清周查月报工作机制，及时掌握税款征收趋势，协调风控、关税等职能部门动态调整风险布控参数，加大对模糊申报邮件的甄别和验核力度，确保税款应征尽征，平均征税率始终保持在全国前列。完成行邮税征管系统和关邮互联互通系统上线，推广财关库银网上缴税系统，完善优化税款征收流程，方便群众的同时确保税款及时足额入库，完成财关库银缴税 3394 票。

依托金关二期邮递物品子系统，实现系统对规范申报的征税邮件自动赋予税号实现自动归类，人工维护 2636 条自动归类系统参数，进一步提升现场税收精准征管水平。开展“中古包”“徽章”等专项整治补税工作，建立“严审 + 严查”现场防控举措，要求申报人网上补传订单视频或现场提供原始订单、票据等并予以严格验核，严厉打击故意低报价格行为。

依托邮递物品监管子系统和“云擎”大数据平台，结合现场审单面洽工作实际，完善细化重点关注高风险人员名单，建立重点关注寄递商品库，涉及雪茄、烟丝、奢侈品、工艺品、食品化妆品、暴力熊、药品、二手衣物等重点商品。打击低瞒报价格偷逃税款行为，防范税款流失风险。开展“线上 + 线下”税收政策宣传工作，在国际邮件报关大厅现场举办税收政策宣传 2 次，通过重庆海关发布等新媒体发布税收政策宣传稿 1 篇，有效提升收件人对邮件缴税的理解度和配合度，营造良好税收征管氛围。坚持扎根于基层献策于上的理念，结合邮局海关实际，总结分析邮递渠道重点商品价格波动情况，着重关注价格波动较大或异常商品，向海关总署报送行邮物品价格预警分析 2 篇。

【监管业务】2022 年，邮局海关持续提高正面监管水平，监管邮递物品进出口 231.64 万票，比上年减少 51.84%，其中进口 43.18 万票、出口 188.46 万票，比上年分别减少 26.2%、55.39%；受理进出口报关单 358 票（其中，进口 332 票，出口 26 票），比上年增长 6.55%。深入邮件生产一线开展邮件面单申报质量调研，找准、找实面单申报不完整、不规范等问题，指导和督促邮政企业完整、准确补录并申报邮件面单信息，个人补充申报量降低 25%，切实减少邮件通关环节，缩短通关时间，节约通关成本。协调邮政企业及时对预设模板化短信通知内容修改完善，准确高效传递海关审核意见、邮政企业现场办理时限等关键信息，着力提升现场办事效率，获得群众高度认可。

探索践行新时代“枫桥经验”，在报关大厅建立“枫桥经验”工作站，完善报关大厅宣传栏，加强党务公开和海关政策法规宣传，开通“群众意见码上提”优化窗口服务和业务流程。开展跨境电商 9610 新业态试点业务，完善测试工作方案、操作实施细则等制度保障，先后上报3家电商企业业务可行性调研报告，完成2批次业务测试。

拓展邮递口岸新业态，监管一般出口9610业务311票。完成CT机机检智能审图6.22万件，查发问题15个。查获1批次侵犯知识产权物品88件，非法出境香烟2批次，非法入境医疗器械27批次共1711件，各类禁限物品441起。其中，查获毒品4起1331克、枪支零部件5起37件、管制刀具8起13件、精神药品27起1972克、濒危动物制品22起94件、外来物种3起、“异宠”3起、涉检物品95起、特殊物品5批次1732.5克、淫秽出版物268起1498件。

开展监管设备巡检10次，完成设备维修6台/次，校准设备8台。2人次取得动植物现场查验资质。为邮政企业提供节假日通关服务8天、24人次。开展邮件新冠病毒采样22票，完成1处监管现场隔离设施改造。同邮政企业联合开展消防演练1次，开展口岸监管环节生物涉恐突发事件应急处置桌面推演1次。

▲2022年9月20日，重庆邮局海关开展智能审图平台应用工作

【中欧班列运邮】2022年，邮局海关创新异地税单互认，成功完成中欧班列回程运邮“一点清关”测试和首班搭载国际邮包中欧回程班列清关验放工作，实现全国首个中欧班列双向运邮，助力中欧班列运邮实现成渝地区跨省交寄。监管中欧班列运邮邮件185.76万件，重量1442.93吨，167个标箱。推动重庆铁路口岸在5月被顺利批复为全国首个开展中欧班列回程运邮业务口岸，监管2批次246件回程运邮邮件。主动服务市场主体需求，深入邮政企业一线，为中欧班列（重庆）运邮扩容增效建言献策，依托铁路运邮出境大通道，助企纾困，与成都邮局海关、邮政企业等兄弟单位携手搭建成渝地区跨省邮件转运平台，设立专运跨省邮件“绿色通道”和“服务专窗”，专人专岗全程跟踪。5月初，首批成都跨省转运邮件已成功从团结村铁路口岸搭乘中欧班列（重庆）发往法国。

【检验检疫】2022年，邮局海关严守外防输入第一道关口，坚持“人、物、环境”同防，开展进口邮件核酸检测。推动落实“国门绿盾2022”专项行动和跨境电商寄递“异宠”综合治理专项行动，截获外来物种海滨蝇子草、异株蝇子草、山羊草属、长芒苋4种次，其中外来物种长芒苋为检疫性有害生物，截获“异宠”甲虫、活体蚂蚁等3批次。

【海关统计】2022年，邮局海关每月对邮局海关统计数据进行整理、编制报表，完成月度业务统计数据上报，手工上报数据800余项，定期发布、报送统计、关税、监管等各条线

▲2022 年 4 月 13 日，重庆邮局海关关员监管中欧班列（重庆）邮件

统计报表 150 余张。开展政策理论研究，报送邮递渠道“一码通关”便民服务建设等研究课题 6 篇，参与专题统计监测预警分析 7 篇；报送提请关注医疗器械注册/备案证漏申报问题等统计监督文章 4 篇；向海关总署报送关于雪茄、中古包、保健品等行邮物品价格预警分析 3 篇；1 名同志被选拔为全国海关业务统计骨干，1 名同志选入海关总署关税司优化完善物品审价规则集中工作专家组。每季度完成统计数据核查，细化档案分类，完成报关单证、有纸化税单、物品申报单整理归档，加强数据安全管理，完成库存业务单证销毁工作。运用数据辅助业务，申请使用“三专”场所，调取业务数据 2 次。协助缉私部门从“金关二期邮递物品管理子系统”中调取数据 300 余项，在邮递渠道走私案件的侦破中发挥重要作用。配合重庆海关完成跨境电商全业态统计调查和贸易景气指数编制调查工作。

【查缉走私】2022 年，邮局海关深入开展“龙腾行动 2022”“国门利剑 2022”“蓝天 2022”“跨境电商寄递‘异宠’综合治理”“国门绿盾”“清邮”等专项行动，邮局海关监管一科获评重庆市第五批“扫黄打非”进基层示范标兵。围绕“洋垃圾”、濒危物种及其制品、枪爆物品、毒品走私以及防疫物资、疫苗等打击重点，提升监管效能，加强查缉工作。首次查获走私 γ－羟基丁酸（俗称“迷奸水”）、走私新型毒品“巧克力”案件。在邮递渠道严厉打击走私行为，坚决筑牢安全防线。

在关区内首次查获“过境”毒品并与境外警方开展合作，首次并连续查获含合成大麻素、LSD（麦角酸二乙基酰胺）等成分的新型毒品“巧克力”，首次查获“异宠”哈氏弓背蚁，首次并连续查获政治有害性教材类出版物，首次查获 HPV 疫苗等新型生物制剂，首次发现并拦截通过伪瞒报方式逃避监管入境的大批量医疗器械。在北京冬奥会和冬残奥会期间首次查获反宣手抄报，查获 4 起毒品、5 起枪支零部件、1 批次 88 件侵犯知识产权物品。在党的二十大召开期间，查获 6 批次具有散发性质的反宣出版物、3 起外来物种和 3 起“异宠”。

【口岸营商环境】2022 年，邮局海关贯彻落实海关普法责任制实施办法，制定普法责任清单。组织开展“12·4”宪法宣传周、“美好生活民法典相伴”、“8·8”海关法治宣传日、“4·15”全民国家安全教育日等专题普法宣传活动，在报关大厅现场开展专题普法宣讲 3 次，通过海关发布、地方

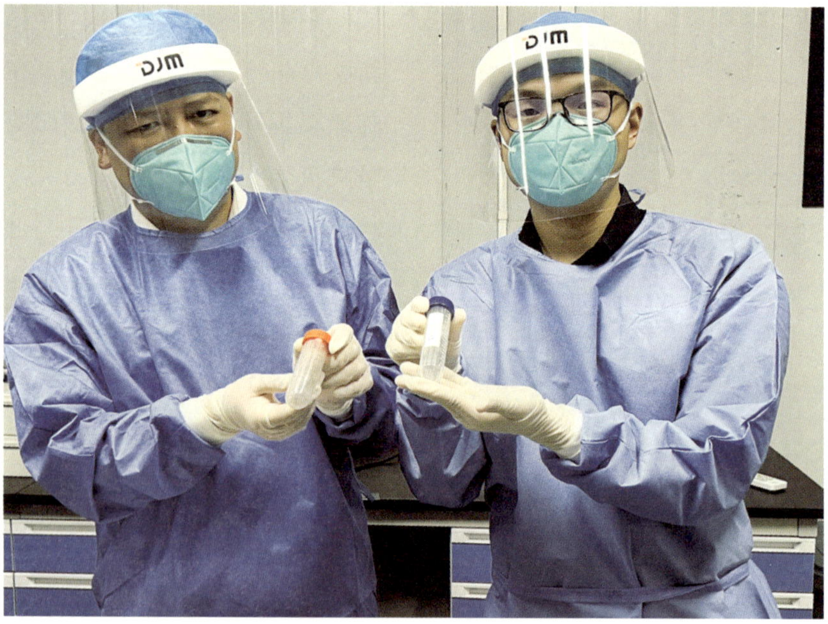

▲2022 年 9 月 1 日，重庆邮局海关在进境邮包中截获活体甲虫 8 只

媒体等渠道发布《掌上免费办，服务不见面——重庆海关推行进境邮件缴税便民措施》《重庆海关关于疫情期间个人邮包快速清关的办理指南》等海关政策宣讲、办事指南 7 篇，主动走进企业，开展优化口岸营商环境和促进外贸保稳提质专题普法，引导企业用好用足海关政策。

坚持“日清周查月结”工作机制，完善报关单修撤、归类差错核查、转关邮袋核销异常处置等重点工作台帐，摸清每日工作量，掌握业务动向趋势，发现问题及时解决。利用科室学习园地、科务会、岗位练兵、资质考试等平台，加强内部传帮带，提升队伍素能，结合重点工作着重加强业务实操能力，不断强化海关业务专业知识的掌握。

开通“群众意见码上提”，深入开展专题调研，针对群众急难愁盼的痛点难点，进一步优化窗口服务和业务流程，坚决落实“以人民为中心”的政治要求，坚持为民服务办实事，坚持班前会强调，班中监督提醒，事后核查分析，切实落实《海关内务规范》，同时持续做好前台服务和舆情化解工作，树立良好窗口形象，提升人民群众获得感、幸福感。践行新时代“枫桥经验”，结合行政诉讼案件应诉工作，进一步规范完善前台执法视频记录和相关法律文书，确保依法行政。参与法律法规修订工作，针对《海关法（修订草案）》《中华人民共和国海关进出境印刷品及音像制品监管办法》等提出修改意见和建议 3 条。

【安全生产】2022 年，邮局海关深入开展“安全生产百日活动”，全面完成“安全生产三年活动方案”落实整改工作，建立完善场地巡查、应急、安全等制度建设，督促邮政企业完成消防灭火器材更换、电路电器设施安全整改、炎热季节安全排查，指导邮政企业强化卡口管理，严格落实“两级巡视”“五级巡查”，完成场所巡视 80 次，开展场所巡查 240 余次，促进邮政企业场所管理主体责任进一步落实，提升邮件监管质效，夯实进出境邮件安全发展基础。

【政务管理】2022 年，邮局海关有效健全落实“第一议题”制度，完成重庆海关各类督办单 54 条。持续压减发文、会议数量。做好档案和机要保密管理。年内被海关总署、重庆海关采用各类政务信息 131 余篇，各级媒体刊发邮局海关稿件 39 篇次，完成互联网信息撰写 474 条。投稿海关史研究论文 1 篇。细化完善政务值班管理制度，对值班餐保障、应急事务处理等内容进行全面优化调整，严格落实全年“7×24小时”值班工作要求和三级值带班制度。

【财务及后勤保障】2022年，邮局海关按照各项财务管理规章制度规范财务工作，加强财务审核和管理。严格落实“过紧日子”要求，坚持勤俭办事，压缩公用经费支出、严控一般性支出、压减非刚性、非重点支出；推进节约型机关创建，被评选为“节约型机关”。严格按照控制数、工作需求和调研情况编报各项预算、制定各项绩效目标，预算批复下达后，按计划、按步骤、按要求开支各项经费，及时统计分析预算执行情况，严格绩效管理，落实绩效达标；加强预算执行监控、规范预算执行。规范单位账户管理及资金使用，做好用款计划编报，严控向实有资金账户转款，对财政部国库司提供的本单位动态监控疑点信息进行核实分析，未发现存在违规情况，财政资金管理使用的安全性、规范性、有效性得到提高。依法依规管理国有资产，定期进行资产盘查，做到账账相符、账实相符；科学合理分配、使用、管理国有资产，实现国有资产保值、防止国有资产流失，高效服务日常办公及执法监管。

【督察内审】2022年，邮局海关狠抓海关内部控制与监督子系统应用，督导业务科室降低执法风险，规范通关流程，制发执法风险联系单45份，海关总署采用内控信息2条，上报内控节点57个，完成专项成果转化5篇，海关内部控制与监督子系统绩效指标完成率为100%。加强督察审计工作，完成国家审计和专项审计组织协调，配合开展19份审计取证单整改落实，制订邮局海关国家审计整改“回头看”方案，细化落实署级1项、关级8项问题整改。狠抓疫情防控督查，参加“挑毛病”专家组，采取视频监控、实地检查等方式，开展场地疫情防控巡查450余次，及时发现优化不规范、不标准的现象，营造良好通关环境。

【队伍建设】2022年，邮局海关以“五大体系”建设为主线持续加强干部队伍建设。全年完成职级晋升2批次、科级领导干部试用期满考核2批次。年度考核优秀向执法一线科长倾斜，2名执法一线科长在年度考核中获得优秀。开展领导干部个人有关事项申报与查核，查核如实率100%。采取“线上+线下”方式，完成党的二十大精神等重要专题集中轮训。制订培训计划，开展疫情防控专题培训，参训377人次。开展各类培训32次，累计参训928人次。

【群团（工、青、团、妇）工作】2022年，邮局海关以国家审计和离任审计为契机，建立健全工会工作制度，严格落实“三重一大”制度，确保工会工作依法依规运行。严格执行工会各项财务制度，规范工会经费管理，管好、用好工会经费，严格落实工会经费签报制度和工会负责人审批制度，合规列支工会经费。加强工会自身规范化建设，完成工会委员增补和工会主席改选工作，确保工会各项工作有序规范开展。按照工会有关标准做好职工节日和生日慰问工作，慰问264人次，做到不超标不浪费。组织协调职工开展年度体检2次，切实保障职工身体健康。组织协调职工开展年度体检，为职工购买互助保险及女职工特殊疾病保险2种，切实保障职工身体健康。开展送温暖活动，为丧葬和婚嫁、生育职工按照标准开展慰问6次。

在疫情防控期间，慰问“保运转”干部职工10人次。不断丰富职工生活，营造更好工作氛围，结合喜迎党的二十大，学习党的二十大会议精神，制订全年活动计划，开展系列知识讲座竞赛活动，有效提升关员业务能力水平；开展新春游园活动并拍摄重庆海关家文化拜年视频；参加重庆海关首届健美操比赛；观看重庆市总工会开展的公益大讲堂线上心理健康专题讲座等活动，活跃职工工作氛围，展示邮局海关朝气蓬勃、团结向上的精神风貌。

完成团支部换届选举，开展各类团组织活动11次；2名青年关员先后参加机场海关闭环管理，累计时长达1年；1名支部成员参加重庆海关疫情防控保运转工作，1名支部成员参加邮局海关“保运转”工作，时长超1个月。1名支部成员被确定为入党积极分子。

撰稿人

王　伟　陈　静　许海波

两路寸滩海关

【概况】两路寸滩海关于2011年2月开关运行，内设10个科室，负责重庆市渝中区、渝北区、江北区、北碚区等海关业务，承担两路寸滩保税港区（现重庆两路果园港综合保税区）管理工作。

2022年，两路寸滩海关业务与队伍并举共抓、协同推进，各项业务指标圆满完成，接受报关单申报17.23万票，监管货值2265.15亿元，监管车辆进出区16.38万辆，税收入库40.92亿元；验放零售进口清单1645.7万份、货值30.89亿元，在重庆关区占比近五成。整体通关时间较2017年分别压缩85.14%、97.82%。

2022年，两路寸滩海关被重庆海关推荐参评“全国海关系统先进集体”，被确定为基层政治机关建设“样板间”。获评重庆海关“先进基层党组织”，两个支部获评重庆海关“四强”党支部，20余人获嘉奖、13人获评优秀共产党员、优秀党务工作者，2人参与科普讲解大赛分别获海关总署、重庆市奖项，廉洁文化作品获全国海关二等奖。

【党的建设】2022年，两路寸滩海关深入学习宣传贯彻党的二十大精神，采取“线上+线下”方式开展组织生活，党委结合党的二十大精神专题学，支部结合科室职责要点学，青年理论学习小组研讨学，关员利用多媒体平台灵活学。在关内政治工作简报开辟专刊，打造科室学习宣贯阵地，开展“寸言寸语”青年微信群主题交流分享，开设“小寸青年说”系列论坛，开展“小寸陪你一起学”党的二十大要点每日一测，组织全员参与关区党的二十大精神知识竞赛。结合打造基层政治机关建设样板间，细化30条两路寸滩海关学习宣传贯彻党的二十大精神

▲2022年9月22日，两路寸滩海关开展“小寸青年说，青年话清廉”廉政警示案例分享与廉政故事共读会

措施，科室列出16个学习宣传党的二十大精神关键词，关员结合岗位职责分享落实举措。制订“宣贯党的二十大，为企纾困你点我讲”活动方案，列出近年企业关注热点、最新政策解读等宣讲菜单，开展系列宣讲活动；同步征集企业关注热点、需求，针对性优化监管服务。

打造“基层政治机关建设样板间”，研究提出“四项提升计划”，成立工作专班，以集中工作形式，统筹推动、督导宣传政治机关建设“样板间”。编发政治简报20余期，打造科室阵地，全方位展示政治机关建设参与情况。以政治机关建设统筹推进政治学习，结合《习近平谈治国理政》第四卷、习近平总书记重要讲话、“更好按经济规律办事，青年怎么办”、喜迎党的二十大等重点和热点，组织开展党委中心组专题学习研讨12次，“第一议题”学习30余次、各支部及青年理论学习小组专题学习150余次，利用“寸言寸语”微信群、“小寸青年说”等平台学习研讨覆盖100余人次。以政治机关建设统筹推进工作任务，把走好“两个维护”第一方阵、加强政治机关建设落脚到“我为群众办实事”具体举措中，细化落实促进外贸保稳提质35条举措，克服疫情防控等不利影响，圆满完成各项工作任务，尤其在运用税收优惠政策助力重点企业发展、率先完成“集团式AEO信用培育”新突破、创新推动综保区新业态落地延伸产业链、支持“专精特新”企业高质量发展、助力跨境电商进口零售业务逆势增长、助企拓展穿戴设备高端定制业务等领域亮点频现。统筹推进“学查改”专项工作和捍卫“两个确立”、做到“两个维护”、强化政治机关建设专项教育活动（以下简称“两个专项”）。明确细化推进举措，发布“学查改”专项工作实施方案和措施清单，制订工作方案，形成两路寸滩海关“两个专项”问题清单、整改清单，并全部完成整改。推进“海关重点项目和财物管理以权谋私”专项整治，开展案例警示教育，组织“青年党员上讲台”宣讲典型案例；督促15名关员完成学习测试，平均成绩98.9分。

【税收征管】2022年，两路寸滩海关持续提升综合治税水平，针对重点税源企业，提供税收政策咨询和指导30余次，开展税源分析，妥善引导异地报关属地企业回流，指导企业充分享受汇总征税、分期纳税等惠企政策。紧盯企业非贸易付汇、价格申报的规范性、真实性，为企业精准“画像”，防控税收风险。税款入库40.9亿，比上年增长6.45%。

【监管业务】2022年，两路寸滩海关专职承担重庆关区公路运输时效监控，实行通关时间专人负责、问题报关单“日清日结”机制。持续压缩整体通关时间，监管综保区进出区车辆16.38万辆。监管出区成品台式机、笔记本电脑、智慧电子穿戴设备等货值925.65亿元，货量4116.61万台。在重庆关区首次查获禁止进口目录内旧摩托车进口，查获多批出口危险货物包装使用鉴定不合格。

【检验检疫】2022年，两路寸滩海关不断强化属地查检职责，收集动植物疫情、食品安全、消费品质量安全信息，针对进出口货物商品特性加强风险研判，组织查验关员加强资质考取、参加专业培训，25人次通过危险化学品及其包装监管、动植物查验岗、加工食品签证官等岗位资质考试。专人负责在综保区内放置实蝇诱捕器，收检15次，送检捕获疑似实蝇生物442只。截获20余批次、40余种次有害生物。查获多批出口危险货物包装使用鉴定不合格。提高防护能力，做好新冠疫情查验防护。做好查验关员个人防护，实现查验人员接触货物和企业工作人员“零感染”。

【海关统计】2022年，两路寸滩海关持续加强数据质量管控，复核100余票异常报关单，及时完成改单等后续处置。利用综合业务管理系统（HZ 2011）、“云擎”等系统，设置易错类型逻辑检查条件，定期核查关区报关单，监控报关单数据5万余条。强化数据安全治理，组织开展《中华人民共和国数据安全法》培训，增强全员数据安全意识；定期开展业务数据使用、账号及授权管理、口令设置、系统登录及应用记录、数据加工授权及审批等重点环节核查。加大数据质量源头管控，按照规定立案处理申报不实等情形，提升查发水平。加大报关企业宣传指导，规范企业申报行为，提高数据质量。

【企业管理和稽查】2022年，两路寸滩海关注册企业6683家，占重庆注册企业总数的39.57%；其中高级认证企业37家，占重庆关区数量的43%。结合辖区企业“高认多、体量大、分布广”的实际，打造“关企互动第一阵地”，开设“两寸AEO直播间”，邀请法综、关税、稽查等多条线专家组建“主播天团”，联合地方委办局以“云上直播”、一区一课堂和多区大课堂等形式叠加实现政策“输出”、意见“输入”；精细化对接企业诉求，惠及400余家企业。动态管理37家高级认证企业，建立企业守法规范问题动态管理台账，做出“红线”提醒，避免降级风险。

创新开展集群式信用管理“五个一”，紧扣重庆地方“芯屏器核网”产业布局，按照“一张龙头骨干清单、一组潜力企业名录、一套信用管理模式、一份惠企政策礼包、一个答疑释难团队”模式，将海关信用管理从“单一企业短期培育”向“集群产业长效管理”转变。集群式培育长安福特汽车产业入选海关总署稽查司典型案例。因企制宜开展“集团式培育”，针对京东方科技集团在渝逐步设立5家公司这一特点，分“闭环、承转、反哺”三阶段逐步完成集团全部企业认证培育。超前开展重点项目“嵌入式培育”，将信用培育前置至重点企业建厂阶段，针对京东方柔性屏、ABB两江智能制造基地等项目，指导企业将场所安全内嵌于建设规划书中，节约后续硬件整改成本，提升企业综合管理水平。紧扣“放管服”改革做好资质基础工作，推出资质管理“网上办、加速办、辅导办、协调办”；推进“多证合一”“注销便利化”等措施落地，备案时间由5个工作日压缩至2个工作日，注销时间由11个工作日压缩至8个工作日。

推行特许权使用费台账管理，理清企业特许权使用费性质、对应进口商品及支付周期。参与海关总署转移定价试点改革，运用行业调查、价格磋商、成本核算等方法，完成两路寸滩海关关区首例稽查查发转移定价稽查作业。推进进口不锈钢归类、光罩套版模具费、运保费等专项行动，防范跨国集团内部转移定价、三方贸易等带来的税收风险。组建跨科室专项稽核查专班，选派保税领域专家参与加工贸易单耗案件查发，选派兽医签证官参与腌渍蔬菜案件查发，邀请

▲2022 年 7 月 12 日，两路寸滩海关在高温天气到企业现场开展稽核查作业

关税专家参与特殊关系影响价格专项稽查等。运用“互联网 +”技术，实现远程“云核查”，办结 25.5 家稽查作业，稽查有效率 91.5%。办结 169 家核查作业，核查有效率 77.5%。开展 9 家贸易调查作业，引导企业自查自纠，接收 23 份主动披露报告，帮助企业减免滞纳金 272 万元。

【口岸营商环境】 2022 年，两路寸滩海关持续深化“放管服”改革，不断健全优化通关时效的长效机制。建立企业问题“清零机制”，全面调研企业诉求，提供“全天候”“零等待”“一企一策”政策指导，多渠道开展政策宣讲。深化企业信用管理，全链条提升信用管理水平，实现重点企业信用培育全覆盖，推动地方政府出台 AEO 高级认证企业奖励政策和多项配套优惠措施。指导 1 家企业完成重庆关区首家企业主动修复，1 家企业入选首批 AEO 全国海关互认观摩企业名录库。扩大 RCEP 享惠服务面，建立 RCEP 贸易往来企业数据库，面向 24 家重点企业开展专项辅导，引导精准适配最优协定税率，签发 RCEP 原产地证书 310 份，金额 3520.42 万美元，约占重庆海关签发同类证书货值的 50%。

推动设立重庆市首个进口肉类冷链保税仓库，结合强化两仓监管要求对悦来、北碚、寸滩水港等拟新设保税仓库开展工作指导，有效发挥示范效应。开通减免税担保绿色通道，设置专人专岗，提供无纸化申请、电子化审批、批量化办理服务，确保当天受理、当天办结。推动增值税分期纳税政策落地，指导京东方（重庆）科技集团完成分期纳税报关单申报，缓缴增值税 6626.29 万元。保障“专精特新”医疗领域企业外拓内销，建立综保区进口疫苗试剂等生物制品保障机制，帮助企业承

▲2022 年 4 月 18 日，两路寸滩海关办理企业 RCEP 原产地证书

接业务转移。创新“一厂多片、一账通管”保税监管模式，支持奥特斯科技（重庆）有限公司投资新建厂房拓展加工贸易业务规模。技贸扶持助力产品扩大出口，开展出口汽摩、农食产品技贸措施研判，收集出口烤烟、食用菌、火锅底料等国外相关标准，开展国内外标准体系研究，帮助烤烟企业新增8个国家出口订单。

【跨境电商监管】2022年，两路寸滩海关验放零售进口清单1645.7万份、货值30.89亿元，在重庆关区占比近五成。纾困惠企助力保稳提质。及时反映协调企业办证时效低下增大运营成本等问题。就重庆江北机场货运量激增而导致货物积压的问题，联动机场海关建立“快处快放绿色通道”，加急处置企业18批近30万件积压货品，有效缓解企业库存缺口，帮扶企业稳订单稳预期。在重庆突发规模性疫情实施封闭管理期间，针对银行网点无法正常营业导致企业税款无法如期缴纳的实际困难，帮助企业解决1181.7万元税款入库及时性问题，挽回企业数万元滞纳金损失。

定期开展业务规范性自查，完善企业关系图谱、促销活动报备、担保征退、税款催缴、异常情况处置等多本台账，结合企业守法记录、三单抽核等情况，“一企一档”建立企业风险评估数据库。实时监控新增企业、流失企业业务流向，加大组套、赠品等业务合规性指引，结合禁限管理要求以及申报过程中常错易错信息加大业务指导。深化条码申报应用成效。搭建关区商品条码数据库，从源头规范商品条码备案与使用，督促天猫等平台优化系统增设条码逻辑校验规则，全面清查异常用码风险，规范企业上万件货品条码备案信息，修正500余项商品条码。试点以来关区条码申报率保持100%。持续巩固退货中心仓改革成效，审验20.3万件退货入区包裹。

【风险防控】2022年，两路寸滩海关通过“建机制”，不断强化风险研判。建立业务风险排查机制，形成8个静态业务风险点、8张动态风险排查表。完善风险联合研判机制，推动各业务条线形成风险防控合力。健全“基层自控”模式，以内控机制建设促进自查自纠能力提升，应用内控节点查发问题112个，整改率100%。应用内控平台取得18篇专项成果。

【新业态创新发展】2022年，两路寸滩海关支持引入新项目新业态。支持综保区引入亚马逊跨境电商出口孵化中心、华硕全球备件中心落地运营。支持重庆关区首次工艺美术品保税展示交易业务顺利开展，量身打造监管方案，推进保税进口分装零售项目完成实货出区测试、汽车零部件再制造项目进入实质性施工。集聚高端新业态，助力打造寸滩国际新城保税经济区，探索构建多层次、多渠道进口商品分销体系。助力重庆市渝中区聚焦“首店经济”利用核心商圈探索新零售模式，打造西部首个核心商圈保税展示交易中心，开业首月销售额超500万元。探索保税研发资源区内外联动共享，破解综保区外医疗产业保税研发业务瓶颈，助力3家区内企业开设研发账册，重庆关区首台通过保税+研发模式研发的外骨骼机器人顺利出口。推动制订保税维修业务监管方案，支持综保区内引进重庆市首家专业第三方保税维修企业，新增保税维修企业2家，新增联想保税维修业务货物2768.66万元。推进加工贸易残次品管理改革试点，试点规模及效果位居重庆关区首位。支持区内生产企业承接高端定制生产业务，将终端销售分装前移至综保区，提升消费层次和产品附加值。

【安全生产】2022年，两路寸滩海关推动落实安全生产监管责任，成立两路寸滩海关安全生产工作领导小组，统筹协调关区安全生产工作。将安全生产工作重大事项、重点工作、重点情况纳入党委和领导班子重要议事日程，确保安全监管工作全面有序。实现安全生产制度化清单化。针对特殊监管区域内实际情况，制定区内监控围网巡查制度、危化品仓储定期报备制度、危化品仓储检查制度等区内安全监管制度，以及进出口危险化学品质量安全突发事件应急处置预案、监管环节涉恐突发事件应急处置总体预案、有害因子应急处置方案、疫情防控职业暴露处置预案等，实现区内安全监管制度化、规范化；动态更新关区安全生产问题隐患、制度措施“两个清单”，明确整改责任科室、整改要求及整改时限，确保问题隐患及时有效解决。深化安全联防联控机制。与两路寸滩保税港区管委会签订合作备忘录，加强与地方应急管理局等部门的协调配合，实现信息共享、齐抓共管，发现安全隐患及时移送主管部门，督促两路寸滩保税港区管委会落实安全生产管理主体责任。开展区内日常巡查158次、全面安全检查20次，发现并通报两路寸滩保税港区管委会相关问题29项，确保安全问题“零滞留”。

▲2022年9月30日，两路寸滩海关查验重庆市生物医药研发用物品进口试点首票研发用物品

【查缉走私】2022年，两路寸滩海关推进“国门利剑2022”联合行动，专项领域打私成效取得突破。有序承接涉检案件办理业务，入选全国海关13个典型案例。发挥各业务环节在防范和打击走私中的基础性作用，有效提升全员打私工作绩效。查发行政大要案实现“零的突破”。发现被稽查人使用保证金及维修储备金抵扣租金但未向海关申报情事，实现重庆关区近三年来行政大要案件“零的突破”。

【科技发展】2022年，两路寸滩海关抢抓综保区建设升级契机，全力做好两路果园港综保区验收、水港贸易功能区调规善后工作，配合两路寸滩保税港区管委会吸引更多优质企业落地投产、促进已搬迁或新入驻企业稳步激发产能；加强两路寸滩保税港区管委会与重庆海关间职能协调，稳步推进智慧海关建设，有序实现智慧海关各项功能分批投用，大力提升智能化监管水平，凸显“两寸特色”；推动两路果园港综保区贸易功能区内卡口实体化运行，上线车牌识别系统、优化空箱检测仪应用、梳理优化现有卡口监管制度，降低企业通行差错，提高通行效率，着力实现“管得住、通得快”。

【督察内审】2022年，两路寸滩海关完善长效机制推进国家审计整改“回头看”。充分认识审计整改的严肃性、权威性和重要性，落实重庆海关党委关于建立健全审计整改长效机制的实施意见。推动审计整改向深化内控机制建设转化，对照国家审计反馈的6个方面30个整改事项举一反三整改，针对典型易发问题，健全内控节点指标体系，动态更新关级内控节点53个，实行节点分等级监控，“由点及面”及时排查问题、消除隐患。优化“制度+科技”持续提升执法监督质效。依托业务运行可视化监控平台，强化执法监督的主动性、有效性；加强动态监控，做好日常监控和风险处置工作，早发现、快处置业务中可能存在风险，提升处置的规范性、及时性。创建“内控示范科室”促进基层自控质效提升。结合两路寸滩海关特色，逐项梳理科室创建需求和特色亮点；与“两个专项”等相结合，不断完善业务执法和内部管理，强化风险防控；与督察审计自查工作相结合，以内控机制建设促自查自纠能力提升，通过不断完善“基层自控”内控模式，提升执法风险、管理风险、廉政风险防控效能。

【政务管理】2022年，两路寸滩海关持续巩固信息宣传优势，建立“选题会”机制，挖掘和锻炼一批信宣骨干，主要媒体上稿量比上年增长20%，指导参与海关总署互联网信息3号选题工作并在重庆关区率先取得突破。超额完成重庆海关下达的信息宣传任务。

强化统计分析监测预警，参与20余次海关总署专题分析研究工作，选派骨干牵头撰写多项上级部门约稿和形势分析材料。

策划组织4次集中宣传，被《中国国门时报》采用18篇，“海关发布”公众号、微博刊载20余次。在《人民日报》、新华社、“学习强国”、《重庆新闻联播》、《重庆日报》等各类媒体刊播新闻报道70余次。

【财务及后勤保障】2022年，两路寸滩海关牢固树立“过紧日子”思想，加强“三公”经费、差旅费管理，切实保障人员经费、党建资金等重点领域，承接办公条线、财务条线改革试点，圆满完成政务办公自动化、财务报销自动化试点任务。持续强化日常管理，严格报销审核，严把审核关，硬化预算约束，杜绝无预算、超预算支出。严格执行落实中央八项规定精神有关细化措施，坚持勤俭办一切事业，大力压减一般性支出。规范采购行为，坚决落实“依法采购、应采尽采、管采分离”原则，做到无预算不采购。强化推动本年度财政资金的预算资金执行，圆满完成全年预算执行。

【队伍建设】2022年，两路寸滩海关强化队伍日常管理，用好绩效考核，将日常管理、业务发展、党建成效各项工作完成情况落实到日常绩效考核，将绩效考核结果与年度评优挂钩，层层压实干部管理责任，将“求实、扎实、朴实”的海关文化落实到队伍管理中。加强整改提升，推进选人用人离任检查问题整改，针对检查发现的问题，第一时间整改落实，组织相关人员对干部选拔任用相关制度规定进行系统学习，开展专题培训、明确填写要求、全面梳理排查个人情况，督促及时准确报备个人信息变化情况，两次组织开展海关工作人员违规投资企业及在企业兼（任）职问题自查整改。

加大科级干部队伍建设力度，开展2批次科级干部选拔工作，及时向上级组织沟通执法一线科长空缺情况，配齐配强，制订年轻干部培养计划，在党员发展、工作安排、评优评先等方面加强统筹。加强干部队伍素质提升，依托“业务小讲台”开展系列业务培训，参与海关系统岗位练兵，组织关员参与岗位资质考试，取得各类岗位资质20余个。

推进“家文化”建设，落实关心关爱。建设“温馨”小家，完善茶水吧、阳光亭、淋浴室、母婴间，打造“小寸纾压亭”、谈心谈话角，关注心理健康，加强防暑慰问、配备防暑物资及药品饮品。建设“廉洁”小家，开展家风传承主题沙龙、廉洁文化作品征集及线上展示、“文化传承、廉接你我”诗文PK，不断深化“清风两袖、廉驻寸心”廉洁文化品牌。建设“书香”小家，打造阅读区、购置“朗读亭”、增购500余册图书，开展“亲子共读”与“好书推荐”，开展“同学拍拍你”阅读分享接龙、“青年说”系列论坛，落实全民阅读、学以致用。建设“活力”小家，购置健身设备、改造瑜伽室，午间组织羽毛球、篮球、健身操小组活动，不断浓厚健康向上、昂扬奋进的文化氛围。

【群团工作】2022年，两路寸滩海关以党建带动群团，推动工会做好节假日日常慰问、会员个人慰问；在重要时间节点丰富文体活动，春节开展“书春倡廉送祝福”活动，植树节组织外出植树活动，“三八节”开展送花慰问，端午节开展廉政作品评选及线上直播、“六一节”开展亲子共读，“八一节”开展共忆峥嵘岁月座谈并送慰问礼物，暑期开展“清凉一夏、清风同行”主题画扇活动，中秋节开展“同心守廉幸福团圆”主题活动，国庆节开展“晒出你的星辰大海”照片征集活动，组织参与“七一”表演、健身操、篮球赛，均取得较好的成绩，同步依托“金钥匙”“渝关新语”做好活动宣传，持续营造积极向上、团结进取的良好氛围。

撰稿人

于大鹏　唐冠雄　李旭霞　杨　林　黄　卫　黄叶微
刘　颖　杨中敏　孟紫燕　李　萍　陈治江

两江海关

【概况】两江海关于2018年12月正式挂牌成立，内设9个科室，负责重庆经济技术开发区、南岸区、巴南区、綦江区（含万盛经济技术开发区）等地海关业务，承接重庆关区集中审核审批业务，承担重庆南彭公路保税物流中心（B型）现场监管工作。

2022年，两江海关贯彻落实海关总署、重庆海关两级党委工作部署要求，守国门、促发展，高效统筹口岸疫情防控和促进外贸稳增长，强化监管优化服务，助推外贸高质量发展。监管进出口货值100.87亿元，办理行政审批事项757件，审签原产地证书2932份，审核减免税款2.77亿元，税收入库4.98亿元。

2022年，两江海关获评各类集体荣誉7项次，其中1个党支部通过年度全国海关党建培育品牌复评；1个科室获评“重庆市青年文明号”称号；拍摄制作保密宣传微视频，获国家保密局新锐讲述人、海关总署精选保密作品荣誉；3项廉洁文化创意作品分别获评海关总署“清风国门”廉洁文化创意作品比赛一、二、三等奖以及重庆市直机关新时代廉洁文化微视频作品比赛一等奖。获评渝关好青年、“两优一先”先进个人、年度各项重点工作嘉奖等个人荣誉31项次。

【党的建设】2022年，两江海关以学习贯彻习近平新时代中国特色社会主义思想为主线，运用“三会一课”“五个课堂”等多种形式抓好常态化学习，党委理论学习中心组开展学习60余次，专题学习研讨6次，党委书记讲授专题党课2次，组织参加廉政警示教育3批次，报送“不敢腐、不能腐、不想腐”课题研究文章1篇。深入学习宣传贯彻党的二十大精神，制作“学习宣传贯彻党的二十大精神”宣传展板、“‘数’读二十大”系列海报35份，组织发布“学习贯彻党的二十大精神”线上专栏70余期，报送学习宣传党的二十大精神动态信息2条、支部学习情况图文信息4条，制作微信宣传稿1篇。发挥党员先锋模范作用，主动应对2022年11月重庆严峻复杂的疫情防控形势，党员干部带头连续在岗“保运转”48天，带头参加所在社区防疫志愿服务，以实际行动贯彻党的二十大精神。深化拓展基层党建“强基提质工程”，推动组织力凝聚力和党建工作能力双提升，两江海关十个支部参与申报“书记项目”，围绕发挥党建考核“指挥棒”作用、破解党建业务“两张皮”等主题申报课题11个。开展“学习研讨、查摆问题、改进提高”专项工作和捍卫“两个确立”、做到“两个维护”、强化政治机关建设专项教育活动（以下简称“两个专项”），梳理各岗位领域政治要求121条、个人风险排查重点194项、“两个专项”工作问题整改清单31项，制定整改措施105项，工作简报登上全国海关“两个专项”专刊。扎实推进“海关重点项目和财物管理以权谋私”专项整治，组织集中学习26次，交流研讨6次，开展档案自查48次，参与“钉钉”学习测试11人次，7名相关岗位人员配合重庆海关党委纪检组开展逐一谈话并撰写剖析材料。

【税收征管】2022年，两江海关税收入库4.98亿元。持续推广汇总征税、自报自缴、关税保证保险等税收征管新模式及税收担保制度改革，汇总征税率上升至20%。宣讲RCEP等自贸协定，推广出口原产地证书自助打印、智能审单、证书寄递等便企措施，为企业出口提速减负，自助打印率98%。

【监管业务】2022年，两江海关持续强化正面监管，提升监管环节为国把关水平。落实疫情防控工作要求，紧盯每日健康申报、前置仓监管、消杀、采样等重点环节，强化内外协调和横向呼应，建立与运营人、区内企业联动协作机制，织密口岸疫情防控网。优化整合通关、监管等前中后端全流程业务规定，统筹监管作业场所资源，就近实施查验，分步完成监管任务，助推跨境电商、出口复进口以及跨境公路班车等多种形态的保税物流健康发展，重庆南彭公路保税物流中心（B型）进出口值在重庆市保税监管场所中处于领先地位。保障跨境电商发展“基本盘”，参加海关总署跨境电商零售进口商品条码应用试点，条码申报率由30%提升到99%以上，清退10项高风险疑似非正面清单商品，试点通过海关总署自贸创新措施备案并向全国推广。优化电商申报模式和通关流程，健全货物申报进境、出区放行、账册管理等环节协调配合机制，持续提升清单人工审核、包裹查验、卡口放行等海关作业处置时效。

【检验检疫】2022年，两江海关全面统筹国门安全和外贸发展，提升属地监管效能。检验监管进出口动植物及其产品250批，货值472.82万美元；监管进出口特殊物品8批，货值3.61万美元。持续筑牢“国门绿盾”，推进国门生物安全工作，上报境外动植物疫情动态信息22条，开展进境动植物重大疫情应急演练，完成关区杂草监测、实蝇监测和外来入侵物种普查。保障进境粮食安全，两江海关新增进境粮

▲2022年10月28日，两江海关助力跨境电商企业开展“双十一”备货

食中转码头 1 家，增至 2 家，监管进境粮食中转 160 批，监管进境粮食 52.40 万吨。检验监管进出口食品及化妆品 340 批，货值 717.00 万美元。助推辖区特色农食产品扩大出口，开展 3 项针对性科研项目研究，指导企业应对国外技术性贸易措施、优化食品安全质量控制体系，设立进出口鲜活易腐农食产品属地查检绿色通道，监管出口金针菇、火锅底料等各类特色农食产品 421 批、货值 711.8 万美元，比上年分别增长 169.9%、158.8%。检验监管进出口工业品 692 批、货值 5709.07 万美元；检验监管危险化学品 172 批、1936.51 吨、货值 3368.51 万美元，未发生危险货物安全事故。推进进口危险化学品检验模式改革试点和真空包装等高新技术货物一体化布控查验模式试点，提升进口货物通关效率。查获出口危险化学品包装严重变形情事 1 起，被海关总署商检司进出口商品质量安全信息采编。查获 1 批不合格人工心肺机系统并予以退运，入选海关总署商检司“进口医疗器械检验不合格典型案例”。

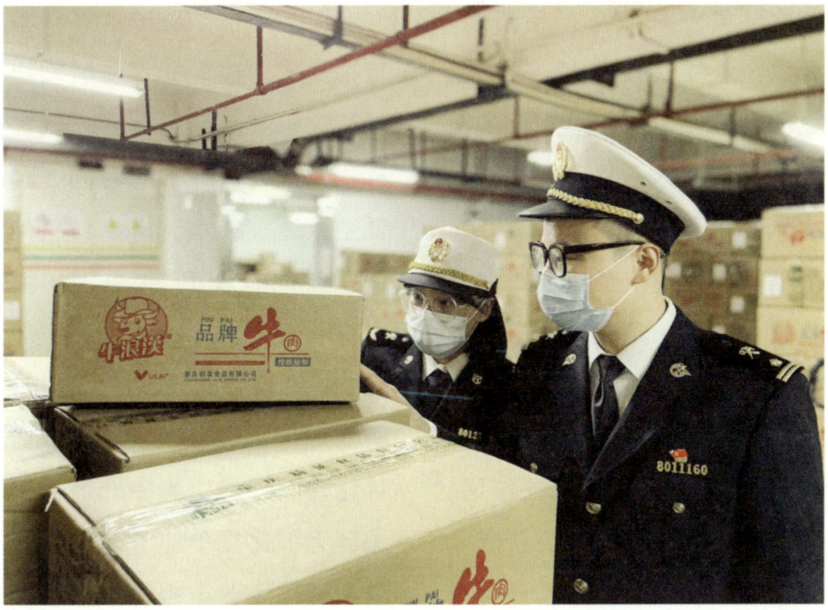

▲2022 年 11 月 4 日，两江海关开展牛肉干生产企业出口帮扶

【海关统计】2022 年，两江海关聚焦业务重点，运用“数据+研究”机制，制订强化数据质量管控和业务统计基础工作方案，持续深化开展统计监控分析。应用海关进出口日报系统、H2018 贸易统计系统（TSD 系统）、报关单数据质量监控分析系统（CSD 系统），每日开展重点敏感数据、重点进出口商品参数、报关单数据审核。接受申报报关单 6173 票，监管进出口货值 100.87 亿元。审签原产地证书 2932 份，签证总金额 2.06 亿美元，出口商品享受国外海关关税优惠 1651.68 万美元。跨境电商清单出区 214.95 万票，货值 7.28 亿元，税款 6780.32 万元，人工审核跨境电商清单 2794 票。

【企业管理和稽核查】2022 年，两江海关围绕便利企业合法进出口、促进企业守法自律，持续推动稽核查改革。办结稽查作业数 17 起，比上年增长 6.25%，查发率位居重庆关区第一。强化“多查合一”质效，做好企业风险类核查监管和定期管理类核查监管，办结核查作业数 45 起，比上年增长 36%，查发率提升 13%，作业数和有效率实现双增长。查发企业未经检验擅自使用销售法检商品，完成重庆关区首起稽查部门自主办理的涉检行政案件。完成 32 个海关业务运行监控平台监控处置，其中超期监控单处置 5 个、超期预警单处置 27 个。推动“多报合一”“多证合一”“注销便利化”等便利改革举措落地，办结企业注册备案171家，企业信息变更77家，企业注销61家，辖区现有企业1737家，比上年增长7.4%。推动资质管理工作，办结企业进口食品收货人备案4家、企业进境中药材指定存放企业备案2家、进口粮食加工存储企业备案延期1家。发挥AEO认证作用，重点着眼帮扶重庆市高新产业和“专精特新”企业，开展现场高级认证企业培育工作6家。

【查缉走私】2022年，两江海关保持打私高压态势，制订2022年打私工作方案，出台并实施全员打私绩效评估办法，协同推进“国门利剑2022”等系列打私专项行动。加强查缉执法队伍建设，优化案审会机制。召开案审会13次，办理行政处罚案件21起，其中申报不实影响海关统计准确性13起、申报不实影响国家税收征管案件6起、申报不实影响海关监管秩序案件1起、货物未经检验擅自使用检疫案件1起。

【口岸营商环境】2022年，两江海关紧扣促进跨境贸易便利化、优化口岸营商环境，持续推广“一体化”通关申报、“提前申报”、“两步申报”等申报模式，建立非工作时间协调监控机制，推进货物“快提离”，缩短货物滞港时间，降低企业通关成本，进出口整体通关时间较2017年分别压缩74.21%、99.96%。

【集中接单及验估】2022年，两江海关围绕防范通关风险、优化营商环境，集中开展重庆关区无纸化接单业务与验估业务，规范企业申报，核查审单指令，追补漏征税款，严防准入准出。创新“四步数据复核机制”，锁定风险商品，扩大核查范围；实施靶向核查，规范企业申报；防范税收风险，堵塞监管漏洞；深挖涉案线索，提升核查精度。复核重庆关区高风险报关单98785票，规范归类、价格等申报问题147项，数据复核补税比上年增长74.00%，上报风险信息及参数数量比上年下降20.80%，案件移交数量比上年增长6.52%。持续优化“到点清查”制度，保障双休日与节假日应急预约接单，落实海关总署精简单证要求，便利企业通关申报。开展事中验估作业6821票，比上年下降17.67%。

【减免税审核】2022年，两江海关持续推进国家“十四五”减免税政策落地实施，助力重庆市经济社会高质量发展。落实“事前帮扶+高效审核”工作机制，量身定制新增科创类单位享惠方案，指导52家科技创新单位完成资质备案和享惠。强化政策宣讲，推行“云端宣讲”“视频答疑”，提供“十四五”政策、H2018系统上线等宣讲和实操指导。坚持事中“动态指导”机制，持续指导企事业单位梳理政策要点、规范申请减免税手续，开展各类政策指导、宣讲30余次，参与280余人次。帮扶32家鼓励项目企业顺利取得免税项目确认资质。处理300余条系统异常问题，保障免税设备顺利通关，提升企业获得感。制定应急预案，坚持疫情期间“保运转”工作模式，快速办理减免税手续，保障辖区减免税企事业单位正常生产运营。发挥减免税审核集约特点，优化传统办理模式，持续推广减免税无纸化手续，无纸化申报率上升至90%，实现网上办理“零接触”。加强科技智慧应用，实现减免税快审系统保障疫情期间工作运行，拓展应用范围，将重点政策企业纳入快审运用，压缩办理时效95%，提升审核质效确保减免税快审达成“7×24 小时”工作成效。

【行政许可】2022 年，两江海关持续推进集约化、数字化、标准化、专业化、便民化集中审核审批中心建设，依托海关行政审批网上办理平台等信息化系统开展“行政审批一网通办”，实现海关与企业间无纸化互联互通，平均办理时间 4 日，比法定 20 日的办理时限压缩 80%。承接海关总署下放动植物检疫审批受理初审工作。助推巴南区打造国际生物城，协助 7 家重点企业新冠检测试剂盒、生物活性药物等 81 个项目落地成立，推动重庆高端生物医药产业集群发展。提升开放发展水平，审批通过小南垭物流中心、西永跨境电商监管中心、长寿冯家湾作业区等 8 处海关监管作业场所及荣昌、璧山、秀山等地区 3 个保税仓库，支持发展食品仓储、物流仓储等新兴保税产业。指导丰都县打造进口肉类分拨中心，充分发挥行政审批“利民惠企”效能。办理行政审批事项 757 件，比上年增长 63.4%，许可 747 件，不予许可 10 件。其中出入境特殊物品卫生检疫审批 524 票，进境动植物检疫审批 187 票，保税仓库设立审批 6 票，海关监管货物仓储审批 8 票，出境动植物及其产品、其他检疫物的生产、加工、存放单位注册登记 26 票，从事出入境检疫处理业务的单位认定 5 票，出口监管仓库 1 票。完善重大执法决定法制审核机制，组建专业法制审核队伍，行政许可决定保持复议诉讼零记录，政务服务好评率 100%。

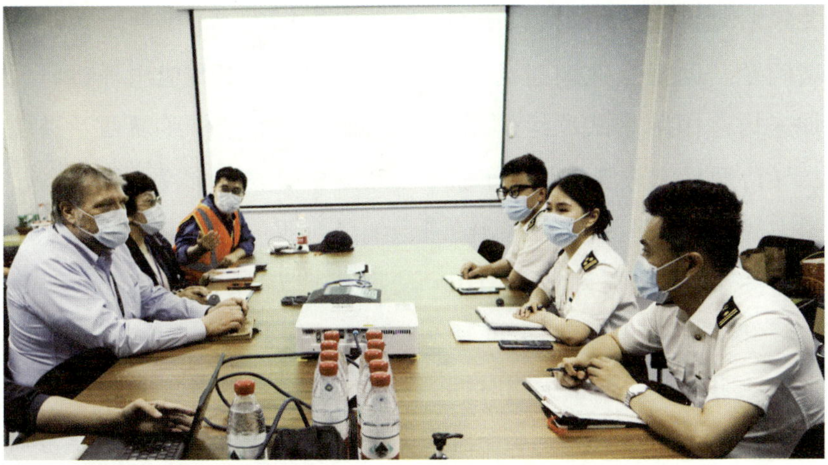

▲2022 年 11 月 4 日，两江海关到重点企业开展减免税政策宣讲

【区外加工贸易】2022 年，两江海关创新区外“工单核销”模式，支持地方政府招商引资，组建政策对接小组，建立会商机制，提供政策咨询及办事辅导。优化区外加工贸易监管方案，联合重庆海关自贸处、地方政府研发重庆首个区外加工贸易工单核销系统并完成数据测试，助推龙头企业落户重庆经开区。帮助企业成功建立加工贸易电子账册。推动海关总署轮胎加工贸易单耗行业定额参数管理改革，制订监管方案，完成重庆关区首票轮胎加工贸易单耗行业定额参数管理账册，预计每年企业节省费用数十万元。推进一厂多区加工贸易监管改革，探索研究保税加工监管模式，制订实施“一厂多区、一账通管”保税加工监管方案，加强政策宣讲，指导企业业务办理。持续优化保税核查运转机制，手（账）册设立 177 份、变更 1320 份、核销 199 份。

【跨境公路班车】2022 年，两江海关推动共建“一带一路”加快建设内陆开放高地工作，协同推进重庆对外开放步伐，全力保障跨境公路班车畅通高效。搭建口岸合作机制，加强与凭祥、龙邦、瑞丽等口岸海关联系沟通，着力解决口岸拥堵问题，助力企业快速通关。加速构建国际多式联运体系，指导协助重庆跨境公路班车获得 GMS（大湄公河次区域）行车许可证和国际公路 TIR（《国际公路运输公约》）车辆批准证明书，助推重庆同时拥有两大国际道路运输体系牌照，形成面向东盟、中亚和南亚 3 向 11 线 19 口岸，覆盖中南半岛 7 国的网络格局。促进重庆跨境公路班车开通“重庆—缅甸—印度洋”公海联运和“重庆—西藏—尼泊尔加德满都”南亚班车 2 条新线路，进一步辐射带动重庆与东南亚、南亚联动发展，协助解决班车面临的货物滞留、订单减少等问题。靠前服务推动“问题清零”，提前介入提供定制化物流方案，专人专岗建立快速修撤单绿色通道，“7×24 小时”提供“一站式”综合服务，班车发车量稳中有进，发车 3366 车次、发运国际标准箱 7574TEU、总货值约 22.01 亿元，比上年分别增长 2%、2%、9%。

【科技发展】2022 年，两江海关发挥建言资政、辅助决策作用，参与重庆海关政策研究和科技课题研究，开展新西兰进口卫生标准（IHS）体系研究与我国动物 HIS 应用等科研项目研究，总结借鉴新西兰进境动物检疫法治体系建设经验，编译新西兰进境卫生标准（动物篇）专著 1 部，起草动物 IHS（草案）4 个，发表学术论文 4 篇。开展工业化生产条件下金针菇出口风险特征与安全控制方法研究、重庆工业化生产出口金针菇 Cd、Pb、Hg、As、Cr 和 Al 残留特征与风险评估等科研项目研究，在《中国科技论文在线》《中国食用菌》《农药科学与管理》等期刊发表学术论文 5 篇，建立技术规范（草案）2 个。完成税政调研报告 3 篇，提出税政调整建议由关税税则委员会采纳 1 条。组织参与海关学会年度征文，报送 3 篇论文，其中，《不让模式拖后腿——从减免税审核模式看双循环》《论海关如何化解双循环大局下的政策叠加之危》在西南片区获得一等奖，《健全容错机制，激发新时代海关基层工作活力》获得二等奖。

【督查内审】2022 年，两江海关落实内控“一把手”工程，深化“部门联络员 + 科室专员”工作机制，推进完成考核指标。参与首批内控示范科室打造，深化“海关内部控制与监督子系统”运用，统筹运用“制度 + 科技 + 人工”手段推进系统性风险防控，将专项教育活动、专项整治、国家审计发现问题纳入内控节点，抓牢问题整改长效机制。配合审计工作，坚持日报制度，完成延伸审计任务。强化经验交流及优秀方法发布分享，海关总署采用内控信息 4 条、专项成果 18 篇。

【安全生产】2022 年，两江海关坚持大安全工作理念，更新完善领导小组成员及分工，细化监管场所、危化品监管、办公场所安全等重要领域 43 项工作责任分工。统筹口岸疫情防控，抓好监管场所安全，开展一线和非一线人员个人防护岗位练兵、查验岗位人员安全防护“清零”活动，组织消防安全、疫情防护、应急值班、防暴及核生化等应急演练 5 次，督促场所运营人做好安全及疫情防控工作。科学精准做好疫情内部防控，开展紧急排查 241 轮、排查 2 万余人次。强化办公场所安全规范管理，开展办公场所潜在风险和隐患每日排查，开展供电、供水、供气设施设备以及库房防火、防盗等隐患排查12次，检测维修5次。开展辖区企业、监管场所“送教上门”安全宣传培训，开展辖区进出口危险化学品及其包装生产经营企业、相关属地查检业务等安全风险隐患排查9家，压实企业安全生产主体责任。开展保密安全自评自查、互联网邮箱使用安全自查、保密月主题宣传等工作，未发生泄密情事。

【政务管理】2022年，两江海关深入贯彻习近平总书记“5.8”等系列重要讲话精神，紧扣“防疫情、促发展、保安全”工作主线，统筹推进政务工作开展。严格落实“第一议题”制度，建立学习台帐，制发重点事项督办清单，推进完成72项关区年度重点工作。切实转变会风，强化会议组织保障，筹办关务会暨统筹疫情防控和促进外贸稳增长指挥部例会、集中研究工作会等重要会议。发挥参谋辅政作用，起草关级材料40余篇，组织“关长接待日”12次。组织完成下沉一级抓落实、重庆海关专项督查等各类督办任务60余项。谋划信息宣传错位发展，开展跨科室、跨业务团队联动攻关，依托多平台展示工作成效，报送署内信息快报3篇、渝关简报3篇，在《中国国门时报》、“学习强国”、“今日海关”等海关总署外宣平台发表稿件38篇，通过“12360服务”“重庆海关发布”微信公众号发布政策解读类稿件27篇。结合重庆海关红色历史故事拍摄“为党保密矢志不忘”微视频，获评国家保密局“新锐讲述人”荣誉、海关总署办公厅精选保密作品。持续完善两江海关24小时应急值守体系，围绕“对点培训、随机抽查和强化保障”三个环节，提升应急值班工作质效，未发生重大突发事件。落实行政执法信息公开要求，依托重庆海关官网，公示行政处罚信息21条、行政许可信息757条。推广运用政务服务“好差评”，实现政务服务“一事一评”，政务服务好评率100%。参与海关总署基层单位政务公开试点工作，细化政务公开操作规程和工作办法，为重庆海关首批试点单位之一。

【财务及后勤保障】2022年，两江海关与辖区地方政府建立健全常态化联系沟通机制，推动重庆海关与巴南区政府签订合作备忘录，与万盛经开区商务局签署合作备忘录，地方经费比上年增长35.85%。做好办公设施设备运维保障，强化与重庆经开区管委会、第三方运维单位联系配合，开展维护近千次。加强保障用房管理，根据人员增减变化调配办公用房、备勤室12次，推进值班室硬件设施优化改造，确保办公用房使用规范安全。坚决落实“过紧日子”要求，持续开展节约型机关创建。

【队伍建设】2022年，两江海关以党的二十大精神为指导，深入践行“求实、扎实、朴实”的海关文化，加强干部队伍建设，在教育培训、干部选用、表彰奖励等方面树立鲜明导向，凝聚渝关事业奋进力量。完善专业学习、专题讲座、专项考试和跟班轮训的“3+1”教育培训模式，依托“知行两江大讲堂”落实年度培训计划30余项，组织党务工作、疫情防控、安全生产等各类培训230余人次。优化干部职工选用管理，聚焦干部成长，完成1名科级干部选拔、5名干部试用期满考核，4名干部职级晋升，1名关员获评渝关好青年，11名关员获评

“两优一先”先进个人。强化作风建设，落实准军建设“九个一”要求，开展准军检查30余次，内务规范集中学习2次。召开意识形态工作专题研讨会2次，发放关区思想动态调研问卷50余份，未出现意识形态工作领域的违法违纪情事。

▲2022年11月4日，两江海关开展“家文化 同心廉”迎国庆活动

【群团工作】2022年，两江海关以党建为引领，坚持党建带群团，弘扬“家”文化，构建“低碳之家、民主之家、温暖之家、文明之家、安全之家”。坚持以人为本、共享共建，充分调动群团力量，组织开展“两江暖·春意浓”“我的两江我来讲”“和正家风”以及“书香两江”积分换书等独具两江特色的群团活动。

撰稿人

冯翔宇　万　巧　闫家其　杨晰竹　辛丽霞　唐　颖
涂姜磊　吴凯歌　王　浩　陈玉龙　李　斌　卢　颖
丁思宇

西永海关

【概况】西永海关于2012年10月开关运行，内设11个科室，负责沙坪坝区（除西部物流园、铁路临时开放口岸外）、九龙坡区、大渡口区、璧山区、江津区等地海关业务，承担西永综合保税区、江津综合保税区管理工作。

2022年，西永海关深入学习贯彻党的二十大精神，践行“求实、扎实、朴实”的海关文化，落实“响应、呼应、反应”工作机制，发扬“深耕渝西、永争先锋”西永海关精神，抓政治建设、促忠诚履职，抓改革创新、助保稳提质，抓安全监管、保一方平安，抓平台建设、为发展赋能，抓关地协同、优发展环境。受理报关单申报30.14万份、征收税款28.52亿元，分别占重庆关区的37.76%、19.2%；监管跨境电商包裹出区1112.51万个、货值19.86亿元，分别占重庆关区当期的37.14%、33.32%；监管进出区重车进出区36.18万车次，签发原产地证书9166份，签证金额13.63亿美元；外贸进出口值4003.27亿元，比上年增长6%，占重庆市出口总值的49.07%。

2022年，西永海关获得重庆市市直机关创建模范机关先进集体，西永海关党总支被评为重庆海关2022年“先进基层党组织”。

【党的建设】2022年，西永海关学习宣传贯彻党的二十大精神，举办党委理论学习中心组学习12次，统筹推进“学查改”专项工作和捍卫“两个确立”、做到“两个维护”、强化政治机关建设专项教育活动（以下简称“两个专项”），把“两个确立”的政治共识转化为坚决做到“两个维护”的行动自觉。落实“第一议题”制度，利用党委会、统筹口岸疫情防控和促进外贸稳增长工作指挥部等会议，学习贯彻习近平总书记最新讲话120余篇次、督查督办工作任务82项。贯彻民主集中制，党委管方向、保大局、促落实，召开党委会研究部署疫情防控、全员打私等重要工作25次。

开展基层党建“双提升”行动，开设“书记讲堂”，组织各支部书记讲“走好第一方阵”专题党课，申报并完成“党建+业务”“党建+管理”“书记项目”等课题研究13项，制定党支部书记重点任务提示卡17项，定期督导支部党务工作整改问题24个；坚持“第二议题”制度，收集汇总党建案例13个。监控一科党支部创建重庆关区基层党务工作—支委会会议“样板间”，综合业务科党支部获评重庆海关“四强”党支部，西永海关党总支被评为重庆海关2022年“先进基层党组织”，并通过“市直机关创建模范机关先进集体”。

常态组织青年理论学习小组专题学习研讨，收集心得体会20余篇；组织关员对照岗位职责谈感想、说体悟，参加“我在国门说我心”交流会，开展“热议二十大”群接龙活动；制订细化学习方案和具体落实措施，抓好考核指标和全年重点工作；组织“政治要求大家讲，我为海关献一策”等活动，推动党史学习教育常态化、长效化；落实意识形态领域责任制，谈心谈话130余人次，各支部组织“政治生日”30余次。

压紧压实主体责任，细化全面从严治党重点任务53项，明确书记重点任务17项。推进“海关重点项目和财物管理以权谋私”专项整治，制定相关防范措施。与重庆海关党委第五派驻纪检组建立“三同”互动机制，严实全面从严治党会商制度，推动解决达丰设备解监等诉求，助力该企业逆势增长。加强纪法教育、警示教育，组织观看《国门卫士岂容违纪破法》警示教育片，学习研讨典型案例，以身边事教育身边人；主动运用“第一种形态”，引导干部知敬畏、存戒惧、守底线；扎紧防治腐败的制度笼子，落实“三重一大”等制度，健全优化外出执法、拒收礼品礼金定期通报机制，加强三级廉政回访，开展外出执法522次；推进廉洁文化建设和“家文化”建设，开展“如何提高一体推进‘三不腐’能力和水平”课题研究，打造“家文化 同心廉”廉政教育示范基地，组织基层书记组长谈责任、“青年谈清廉”等警示教育月活动，开展廉政作品征集评比，形成“学史思廉、家庭助廉、警示明廉”的良好环境。

▲2022年7月1日，西永海关组织“七一”重温入党誓词活动

【税收征管】2022年，西永海关推广汇总征税、选择性征税、关税保证保险等创新措施，融合实施“两步申报”改革，培育1家高遵从度纳税人，研究推出属地纳税人差别化合规服务，报关单平均放行时间缩减20%。加强涉税数据监控，定期清查重点税控指标，强化属地企业申报管理，规范申报率高于99%，开征税款28.5亿元。落实原产地智能审核、自助打印等便捷措施，实现原产地证书“7×24小时”全天候办理，加强出口企业培育工作，培育达丰公司成为重庆市首个RCEP经核准出口商。

签发原产地证书9166份，签证金额13.6亿美元（折合96.56亿元人民币），指导企业自助打印原产地证书6182份，为企业节约时间成本约1545个工作日，助力企业获享关税减免约4亿元人民币。开展辖区重点税源企业调研，报送的“将花椒新增为本国子目0910.9910”建议，首次由海关总署纳入全国海关“特色农产品”专项调研并采用。

【监管查缉】2022年，西永海关开展重点商品、企业、行业、区域以及减免税设备、特许权使用费等重点领域稽查作业23起，查处涉税违规16起，重大查发6起，行政案件5起，2起案值500万元以上的大要案。开展“国门利剑2022”“大地女神2022”等反走私工作，细化分解任务，定期组织考核，办理行政案件51起，其中“快简案件”44起，“一般行政案件”7起，含4起涉检案件。办结稽查作业数12.5起，查发重大案件5起，其中大要案2起，行政处罚案件3起。实施各类“多查合一”核查作业110余家，开展特许权使用费、保修费非贸付汇调查4起，不实贸易核查25起，加工贸易企业调研2起，企业减免税货物使用情况摸底调查17家。关地协作加强知识产权保护，与九龙坡区、江津区相关政府部门签订合作备忘录，参与地方开展的打击假冒伪劣北京冬奥会纪念品专项行动。

监管进出口载货车辆32.22万辆，高质量完成风险布控查验、加工贸易及保税监管子系统（金二系统）指令查验及核查作业4974票，实现高质查获28票。涉检检出成效显著，检出不合格进出口工业品36票；重大查获屡获成果，共查发重大查获3票，主要涉及电商含濒危成分、无3C认证证明等。

【企业管理和稽查】2022年，西永海关新增报关单位备案479家，办理企业信息变更266家，办理企业注销业务255家，进口食品收货人备案16家、信息变更4家，备案进境中药材指定存放加工企业1家，进口饲料和饲料添加剂企业1家；协调商检处发放出口危险资物运输包装生产企业代码2家；辖区高级认证企业共26家，其中西永综保区内企业14家，区外企业12家，纳入年度辖区高级认证企业培育库23家，其中重点培育库10家，开具辖区企业资信证明29家，受理企业报关差错复核申请11家，甄别辖区企业信用等级36次。依托企管部门可视化监控作业平台，制发预警联系单、监控联系单跟踪提醒稽核查实施过程中可能存在的执法风险。审核稽查作业数20起、核查作业数2起、主动披露作业数2起；通过“可视化监控平台”制发预警联系单5份，制发监控联系单7份，提示稽核查作业相关问题5个并完成整改。

【稽（核）查案件】2022年，西永海关办理行政案件51起，其中“快简案件”44起，“一般行政案件”7起。已办结稽查作业数12.5起，查发重大

▲2022年8月22日，西永海关监管中欧班列进境整车进口保时捷顺利入区

案件5起，其中大要案2起，行政处罚案件3起。实施各类“多查合一”核查作业110余家，开展特许权使用费、保修费非贸付汇调查4起，不实贸易核查25起，加工贸易企业调研2起，企业减免税货物使用情况摸底调查17家。

【统筹口岸疫情防控和促进外贸稳增长】2022年，西永海关每月召开指挥部会议，党委委员组织疫情防控复盘检查，党的二十大召开前后、11月重庆本地疫情形势严峻期间，关领导实行“7×24小时”在岗值守，确保海关总署党委“四零”要求落实到位。西永海关主要负责人牵头成立“快处快放”协调工作组，加班快速消杀放行10万件跨境电商急货，“6·18”期间西永综保区电商出区清单70.6万单，“双十一”期间清单出区超100万单。跨境电商出区清单1112.5万票，货值19.85亿元，征收税款1.81亿元。西永海关党委班子赴辖区政府及企业调研30余次，研究推出促进辖区外贸保稳提质的十八条举措，联合两路寸滩海关共同制定促进辖区综保区外贸保稳提质举措，探索形成“关小二”“科长热线”“24小时云服务”等基层海关服务品牌，收集解决各类诉求40余项。支持地方政府招商引资，线上集中对接西永、江津综合保税区拟引进项目33个，指导拟入区企业完成注册12家。

▲2022年5月12日，西永海关下厂验放大型设备全力保通保畅

【推动设备零配件便捷进出区创新举措落地】2022年，西永海关解决企业未独立申报的零部件出区维修迫切需求，开展业务流程优化创新与论证，依托川渝自贸区海关监管创新协同机制，联合成都海关，研究推出“综保区设备零配件便捷监管模式”自贸试验区海关监管创新举措获得海关总署备案通过，并在西永综保区先行先试。试点期间指导区内芯片、集成电路、笔电制造等10家企业利用新模式开展零部件出境（区）维修检测业务400余次，货值逾7000万元，助力企业降本增效，进一步促进川渝两地产业链、供应链协调联动、协同发展。

【属地查检作业远程监管模式】2022年，西永海关探索创新属地查检作业监管新模式，建立企业信用、具体指令、商品属性三维风险分析模型，成为重庆关区首个属地查检作业远程实施试点隶属海关。通过试点运行，新的属地查检作业监管模式实现了“两提高、两降低”：提高人力资源效能70%、提高企业通关时效近3天、有效降低执法廉政风险、减少疫情不利影响。

▲2022 年 8 月 12 日，西永海关开展远程视频目的地查验

【推进辖区特色农食产品扩大对外贸易】2022 年，成立西永海关技术贸易研究小组，广泛收集美国、日本、韩国、欧盟等企业拟出口的重点国家和地区准入要求，汇编技术贸易措施指南，帮助企业突破国际贸易技术壁垒。发挥专业实验室技术优势，开展复合调味料食品安全风险监测 264 项次，补充企业检测能力短板，实现企业自检和第三方检测有效结合、优势互补，节约企业检测费用；帮助企业建立 HACCP 和 SSOP 生产安全控制体系，助力通过 IFS 等多项国内外体系认证。联合辖区政府部门召开海关政策宣讲会，推出“货到即检、即时出证”帮扶措施，检验检疫证书审核签发时限压缩 40%，推出属地查验线上预约功能，提高农食产品出口通关效率。截至 12 月 5 日，共新增出口食品企业 14 家，新增出口国家和地区 23 个，申请中的出口农业示范基地 2 个。

【支持西部陆海新通道发展】2022 年，西永海关推动江津区小南垭铁路物流中心海关监管作业场所建成投用，完成珞璜港、偏岩子码头进境粮食中转码头建设，保障小南垭物流中心海关监管作业场所建成投用，并成功开展首票出口转关测试，实现西部陆海新通道国际联运班列货物“就近监管”。启动珞璜港海关监管作业场所申建工作，助力重庆水运口岸扩大开放到珞璜港作业区纳入国口办 2021—2022 年度口岸开放审理计划。

加强成渝两地海关协作配合，推动小南垭铁路物流中心成渝双城经济圈班列首发，促进成渝间运输方式“公转铁”减少企业物流成本。协助江津区打通进出口各环节堵点，完善对外通道建设，开通中老铁路（江津—万象）国际货运班列、中老泰（泰国玛达浦—老挝万象—重庆江津）班列，打通了国际货运新线路。开行西部陆海新通道江津班列 714 列，外贸货物运输量 7997 标箱，进出口值 9.04 亿元。

【跨境电商监管】2022 年，西永海关服务“重庆制造借跨境电商出海”，完成重庆首个在综保区内设立的跨境电商出口海关监管作业场所“西永综保区跨境电商监管中心”建设。运用“三维度以点带面”工作方法提升“跨境电商出口”正面监管水平，梳理风险点，制定监管指引，梳理汇总西永关区跨境电商出口企业情况表和跨境电商出口商品情况表，由企及物寻根溯源强化监管，推行西永海关关区内卡口联动放行，实施智慧监管和集约监管。监管跨境电商出区清单 1112.5 万票，监管货值 19.85 亿元，征缴税款 1.81 亿元。

综保区跨境电商监管中心 B2B 跨境电商出口 101.2 万美元。

【危险品综合治理和安全生产】2022 年，西永海关定期召开安全生产工作领导小组会议，深入开展“口岸危险品综合治理”百日专项行动，查发并妥善处置一起超量危险化学品入区风险情事，涉及 75% 酒精免洗洗手液 80 余吨、44 万余件。党委会专题研究安全工作 9 次，开展安全生产培训、应急演练 4 次，西永海关主要负责人常态化开展备勤室、食堂等安全检查工作。坚持安全提醒和检查，组织节前、日常安全警示教育 50 余次。开展重点领域专项检查、常态化日常排查 14 次，整改隐患 51 处。优化与高新区交巡警支队、综合执法局等部门安全执法合作机制，参与地方组织的联合督导安全检查 4 次，确保西永海关平稳运行。

【内控管理】2022 年，西永海关推行“部门联络员 + 科室专员”工作机制，加强科室间合作，协同推进指标完成，运用署级节点查发问题 75 个；完善“三查”（即科室周查、月度复查、专项检查）通报机制，开展“三查”43 次，定期复核“三查”查发问题。加强平台运用培训，开展新上线功能模块使用、减免税项目信息排查等作业指导 14 次；将政治要求纳入内控节点，监督“三重一大”决策制定过程，完善隶属海关内控前置审核机制，拓宽内控覆盖面；建立“三本台账”，将专项教育活动、专项整治、国家审计发现问题纳入内控节点，抓牢问题整改长效机制。提升内控线索移交能力，实现核查线索录入“零的突破”；开展内控领域理论课题研究，探索建立基层海关全链条内控体系，提升内控理论水平。

【政务管理】2022 年，西永海关制定重点工作目标任务分解表，定期评估、推动落地 53 项重点任务；细化会议议定事项，组织完成下沉一级抓落实、海关总署疫情防控会议专题督办等各类上级督办任务 80 项。加强信访工作，推动党委及时研究，组织好“关长接待日”，内外沟通顺畅有序。建立关领导指示批示随机抽查、文件联系单定期核查、地方政府和企业群众诉求逐一清查 3 项机制，及时通报提醒，做到“事事有回音、件件有着落”。加强调查研究，统筹协调关领导日程安排，协同综合业务科组织报送理论课题 17 篇次。

【队伍建设】2022 年，西永海关运用“四部曲”干部选用机制，新一届西永海关党委班子深入一线科室了解考察干部，完成 1 名正科级领导干部选拔、3 批次 5 名科级领导干部、3 名职级公务员岗位调整，配齐配强执法一线科长，推动干部多岗位历练基础，不断优化干部结构。搭建“青藤说”学习平台，关员分享学习体会 20 篇次。组织做好“海关 e 课堂”“钉钉”等在线培训课程的学习，建立学时学分动态通报机制，督促全关人员参加全员培训，开展“西望讲堂”自主培训 10 余次，全部通过重庆海关动植检岗位资质培训和考核，1 名同志参加全国海关稽核查条线岗位练兵，取得重庆关区最高分。发挥绩效激励做好规定动作、做亮自选动作，30 余人次获重庆海关个人或集体嘉奖，50 余人次获西永海关通报表扬。持续夯实人事基础工作，定期更新人员花名册、党员花名册，严肃考勤纪律，按程序按要求做好工资、社保调整、医疗补助报销等工作。落实领导干部个人重大事项报告制度，组织全体人员填写干部履历表，开展海关工作人员违规投资企业及在企业兼职情况自查整改工作，干部监督管理进一步加强。

【群团（工、青、团、妇）工作】2022 年，西永海关发挥“工、青、团、妇”组织作用，弘扬优良家风家教和文化传承，打造特色“家文化”。组织开展西永海关新春团拜会、元宵游园会、“植树护绿、共建家园”、“我的家、我的党”主题征文等活动，征集爱国主义教育亲子合照，录制“保稳提质”专题视频、“西望之家”歌曲，开展窗口作风提升行动，大力推动准军意识培树和精神文明建设；为 2 名干部办理荣誉退休仪式，首创“干部荣休纪念牌”被离退办复制推广到全关。在通勤车设置“孕妈专座”，推进功能用房改造，建好用好党建阅览室、职工之家、健身房，组建文体活动小组，成立篮球、乒乓球、瑜伽等小组，组织开展“迷你马拉松”、趣味运动会、“变废为宝”绿色兑换等活动，营造健康活泼和正能量满满的工作氛围。

撰稿人

周雨然

渝州海关

【概况】渝州海关于2018年12月开关运行，内设办公室（党委组织宣传部）、综合业务科、查检科、监控科、监管科、稽核科6个科室，主要负责重庆国际物流枢纽园区、合川区、铜梁区、重庆铁路保税物流中心（B型）（以下简称“铁路B保”）等属地业务，承担铁路临时开放口岸监管工作。

2022年，渝州海关深入贯彻海关总署、重庆海关两级海关工作会议和全面从严治党工作会议精神，坚持稳中求进总基调，围绕中心、服务大局，守正创新、统筹推进，不断加强自身建设，大力促进铁路口岸各项业务高速发展。年内，进出口货物总量208.08万吨，结关报关单总数15.97万票，分别比上年增长71.09%、27.63%，货值97.01亿美元、同比下降17.46%；签发各类原产地证1157份，货值8432万美元；监管进口整车3764辆、货值3.28亿美元；铁路B保一线进出境货值26.04亿元，其中出口货值12.70亿元，进口货值13.34亿元。实施进口货物目的地事中查验357批、3.08万吨，货值6.09亿元，抽检送实验室检测项目2037项，签发检验检疫证书270份，主要产品为通过中欧班列进口的婴幼儿配方乳粉、菜籽油、乳清粉、起酥油等。关区入库税收24.04亿元。

2022年，渝州海关获评“重庆海关2021年度创建模范机关先进单位”，1名关员获评个人三等功，12名关员获评个人嘉奖。

【党的建设】2022年，渝州海关严格落实“第一议题”制度，组织全关干部职工学习贯彻落实习近平总书记系列重要指示批示精神，开展专题学研15批次。把“没有离开政治的业务，也没有离开业务的政治”要求贯穿始终，严厉打击政治性有害出版物，深入开展“口岸危险品综合治理”百日专项行动。抓好学习宣传贯彻党的二十大精神，搭建学习教育宣传阵地，通过发放学习书籍、党委中心组学习会、科务会、“三会一课”、主题党日活动等形式，将学习覆盖全员；开设“二十大之我思我感”、“精学半小时”专栏，展评学习心得20余篇。

开展“学查改”专项工作和捍卫“两个确立”、做到“两个维护”、强化政治机关建设专项教育活动（以下简称“两个专项”）、“海关重点项目和财物管理以权谋私”专项整治工作，梳理排查重点领域重点项目，制定项目清单、问题清单和风险清单，把讲政治从外部要求转化为内生动力。健全“党委抓统筹把方向、党支部抓落实强建设、党员抓质效促提升”工作机制，推进党建联建、工作联动、科室联合，打造“火车头”党员突击队，突击队队员11人，设队长1人，着力解决制约企业进出口业务发展、影响外贸稳增长的困难和难题。按照渝州海关及时奖励工作办法，开展“党员之星”“工作之星”等先进典型评选，2022年共计评选21人次，以评促建、以评带优，推动党建与业务全面融合全面提升。

打造“丝路蜂鸟”“铁关通途”“查先锋”“监守初心”“四铁支部”“扬帆企航”6个支部品牌，广泛开展“我为群众办实事”系列活动，推动“支部建在科上”到“支部强在科上”转变。办公室党支部、监管科党支部获评重庆海关先进基层党组织，办公室党支部被命名为重庆海关“四强”党支部。

紧盯元旦、春节等重要时间节点，向关区干部职工推送廉政主题微信6条。挖掘关区“铁关清风”廉政文化品牌内涵，开展廉政“清风”小课堂、“廉洁”月饼制作、“齐绘廉洁扇 共扬廉洁风”等特色廉政文化活动。运用谈心谈话手段，做好思想政治工作。

【税收征管】2022年，渝州海关提升综合治税效能，强化属地纳税风险防控，把渝州海关年纳税额前20位企业纳入属地纳税人管理，完成企业底账建账工作，开展纳税遵从度评估。

开展2022年转关提前申报汇率适用错误报关单排查，对403票汇率适用错误报关单进行补税，退税11.53万元。落实重庆海关关于促进外贸保稳提质24条措施，加大重点企业走访调研，美国奶粉生产企业美赞臣西部集散地落户重庆，俄罗斯菜籽油、白俄罗斯乳清粉及脱脂乳粉等进口量大幅增长。推广税收担保制度改革，指导企业在新的申报模式下运用各类税收担保制度，办理担保申请292票，其中办理税款类保证金91票，完成担保销案500余票。推广实施优惠贸易协定应用，开通各类优惠贸易协定及RCEP咨询渠道，签发原产地证1157份，货值8432万美元。落实中欧班列回程运费减免政策，对1251批次、货值89亿元的班列回程进口货物实现境内运费扣减，运费税款下降比例为33%。

【监管业务】2022年，渝州海关开展口岸危险品综合治理百日专项行动，防范化解口岸危险品滞留风险，全年累计查获危险品6批次、2971件；加大对高查发高风险货物的查验力度，加快案件办理和货物处置进度，全年累计截获有害生物23批次，查发濒危物种制品案件1起、“问题地图”案件5起，查扣侵权货物20批次、10万余件。助力进口保时捷整车进口项目恢复运行，监管进口整车3823辆、货值3.46亿美元。加强分类管理，实行高风险企业“提前预审、专家研判、即决布控”，实行重要民生物资优先审单、查验、出证等通关便利化服务措施，2022年全年监管放行进口起酥油7756.6吨，进口乳清粉5250吨，进口菜籽油36836.7吨。开展口岸事中查验3297次，转关核销8149票，未发生因海关监管原因造成货物积压滞港的情况。坚持“人、物、环境”同防，科学规范开展核酸检测工作，持续优化音像录证、记录填制、证书制发等各环节流程，开展新冠采样179次，检测样本3267个，实施消毒117次，放行货物4919件。

监管重庆铁路保税物流中心（B型）一线进出境货物货值26.04亿元，其中出口货值

12.70 亿元，进口货值 13.34 亿元。涵盖的保税商品主要包括婴幼儿奶粉、食品原料、平行进口车、汽车零配件、化妆品、保健品、电子产品、工业原料等。进口商品主要为奶粉、食用油及平行进口车等；出口商品中，东风小康、赛力斯等重庆本地制造整车成为主要货源。

▲2022 年 9 月 1 日，渝州海关关员巡查重庆医药集团公用型保税仓库

监管跨境电商 B2B 出口（9710、9810 出口）货物报关单 8638 票、货值 7.68 亿美元，比上年分别增长 262.18%、99.38%。交易商品包括灯具及照明装置、节日用品、塑料制品等，主要出口地为波兰、俄罗斯等。推动 5 家跨境电商企业备案 7 个海外仓，布局在中欧班列沿线重要城市，分别为德国杜伊斯堡 2 个，匈牙利布达佩斯 2 个，波兰格丁尼亚 1 个，荷兰亨格罗 1 个，科特迪瓦阿比让 1 个。

【出口危险化学品及包装管理】 2022 年，渝州海关助力铜梁区巩固拓展危化品、货物及其包装产业集群。帮扶出口锂电池包装生产企业成都耐帆包装有限公司重庆分公司落地铜梁区，通畅企业委外送样流程，帮助企业顺利取得出口危险货物包装生产企业生产代码。辖区新增 3 家危化品、货物及其包装生产及使用企业，指导企业申请生产代码，完成首批产品出口。加强危险品监管队伍建设，落实进出口危险品检验、监管人员培训上岗制度和现场查验执法人员双人持证上岗制度，组织开展关区危化资质培训考试，11 名参训人员顺利通过考试。开展“口岸危险品综合治理”百日专项行动，查获锂离子电池等危险品 7 批次、2986 件；查获进出口不合格货物 17 批，其中检出并依法对不合格进出口工业品采取退运、销毁、不予出口措施等重大查获 7 批，均为出口危险化学品。

监管出口危险化学品及其包装 82 批，货值 3.44 亿元、货重 918.90 吨，签发检验检疫证书 82 份；出口危险货物包装性能检验 12 批、2.63 万只，签发检验检疫证书 12 份。检出不合格危险品 11 批、143.80 吨，货值 0.53 亿元。

【进境粮食监管】 2022 年，渝州海关联合铜梁区、合川区政府联合开展辖区进境粮食监管工作 5 次，对辖区进境粮食的接运、加工、下脚料处理等环节施行全链条风险排查。辖区新增进境粮食生产加工企业 2 家，监管进口粮食 3.38 万吨。

【安全和风险监测】 2022 年，渝州海关开展国门生物安全监测 20 余次、出口动物源性食品安全风险监测 2 次、开展进境粮食生产加工企业外来杂草监测 6 次，供港澳出口蔬菜风险监测 2 次，未发现重大动植物疫病疫情。

【数据质量管控】 2022 年，渝州海关加强数据质量管控，复核异常报关单500余票，更正错误数据100余条，及时完成改单等后续处置。利用H2018贸易统计系统（TSD系统）、报关单数据质量监控分析系统（CSD系统），开展关区报关单定期核查，监控报关单数据5万余条，发现更改报关单数据150余条。加大数据质量源头管控，立案处置申报不实影响统计案件7起。加强报关企业宣传指导，规范企业申报行为。强化数据安全治理，开展业务数据使用、账号及授权管理、口令设置、系统登录及应用记录、数据加工授权及审批等重点环节核查，开展数据安全自查2次，均未发现异常。

【企业管理和稽查】2022年，渝州海关开展辖区企业海关信用制度解读和培训，宣讲通关便利措施，对辖区6家重点企业开展AEO认证培育，2家企业通过认证。完成稽查作业数5起、主动披露作业数4起、贸易调查2家；办结核查作业数53起；办理重庆关区首家稽查自主查发快速办理案件。完善稽核查作业流程，审核并监督稽核查人员在开展稽查、核查作业过程中认定事实、收集证据材料、提出初步处理意见和执行执法程序等执法行为，保证稽核查工作程序合法合规，归档稽核查档案材料58件。

【查缉走私】2022年，渝州海关加强知识产权保护，开展“龙腾行动2022”“国门利剑2022”等专项行动。结合渝州海关业务特点，分析历年案件类型、报关单数据、辖区企业特点等，梳理发生频次高、办理难度大的违法违规和侵权行为，建立案件移交清单、案件办理全流程跟踪台账、案件办结总结回头看台账。办结知识产权案件数量13起，完成扣留程序20起；办理海关行政处罚快速办理案件42起，同比增长51.85%；办理海关检验检疫行政处罚案件15起，实现涉检案件办理“零的突破”。移交缉私局一般程序案件8起，查发濒危物种制品案件2起，查扣侵权货物20批次、10万余件。

【重点布控首次查发侵犯专利权案件】2022年渝州海关查发一批涉嫌侵犯苹果公司（美国）外观设计专利的“带耳机的包装盒”及“耳机”共计2000个，经向权利人确权，权利人确认“带耳机的包装盒”“耳机”侵犯其在海关总署备案的外观设计专利。在本案双方当事人对案件所涉外观设计专利产生争议时，及时启动与地方知识产权局的联系配合机制，通过专业分析进行认定。经立案调查，按

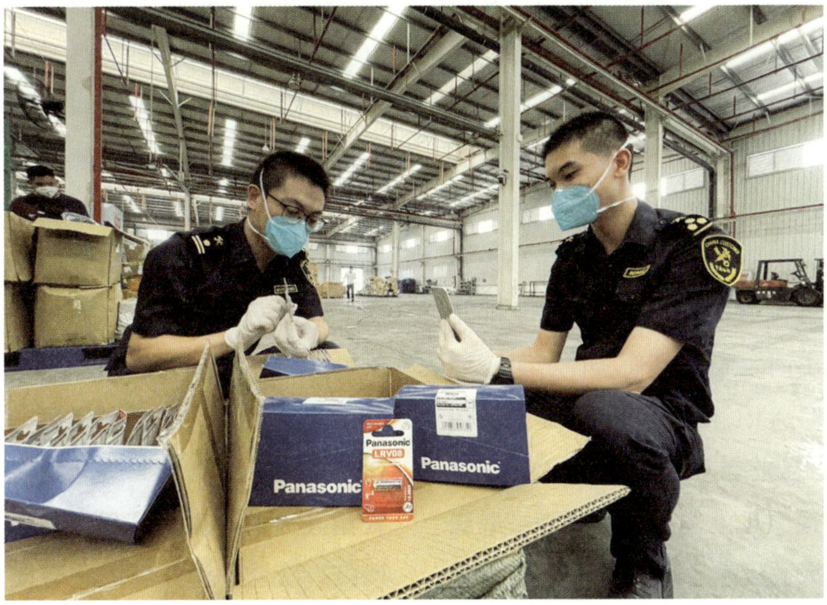

▲2022年9月6日，渝州海关在跨境电商B2B渠道查获侵犯“Panasonic”商标权电池9.2万节

照“整体观察、综合判断”原则，认定上述货物侵权，依照《中华人民共和国海关行政处罚实施条例》第二十五条第一款的规定，没收侵权货物并处罚款。该案是渝州海关通过重点布控首次查发的侵犯专利权案件，填补了关区知识产权执法领域空白，优化了关区现有知识产权海关保护执法流程。

【口岸营商环境】2022年，渝州海关结合关区实际，综合运用建章立制、深化改革、精准服务等多项措施，提升监管质量和服务水平，激发市场主体活力。实施全天候预约通关服务，固化报关单“日清”长效机制，了解企业在通关过程中因物流、布控指令、缴税情况、系统卡单等原因造成的放行异常情况，定点向查验部门和总关法综处沟通反馈，做到“日清日结”。2022年渝州海关进口整体通关时间56.92小时，出口整体通关时间0.26小时，相比2017年分别压缩83.85%和97.72%。推广应用“提前申报”“两步申报”模式，通过关企交流群、“重庆海关发布”微信公众号等渠道加强政策宣传，帮助企业减少货物场站滞留时间，降低通关成本。加强与阿拉山口等进出境口岸海关联系，理顺监管职责，联动处置异常情事，比如一体化报关单，在口岸查验发现异常，交申报地海关进行改单后续处置。畅通“主管地在途监管—启/指运地快速放行”全链条业务流程。实现中欧、中老、中越班列铁路进出境快速通关业务模式双向贯通、常态运作，单列节约口岸停留时间约24小时，每箱节约物流成本约200元。

【中欧班列、西部陆海新通道班列发展】2022年，渝州海关建立“一人多岗、一岗多能、灵活补位”工作机制，应对高温酷暑、属地疫情等不利因素，保障中欧班列（重庆）和西部陆海新通道班列稳定开行。首列“重庆—里海—黑海—欧洲”中欧班列开行，“重庆造”长安牌新能源汽车首次搭乘中欧班列出口。西部陆海新通道中缅印国际联运班列首发，中老泰国际联运班列汽车出口专列首发，中老铁路（重庆—万象）国际班列实现常态化运行。西部陆海新通道海铁联运班列开行量突破20000列。2022年，渝州海关监管放行中欧班列2230列，运输货物217490标箱，同比分别增长14.83%、17.17%；监管放行西部陆海新通道班列1450列，运输货物31478标箱。

助力“铁路快通”业务模式平稳运行，率先在全国实现中欧、中越、中老班列进出境快通模式双向贯通、常态运作，累计监管快通模式进境舱单2829票、出境舱单140票，受理舱单归并151次、分票107次。

【医药保税物流发展】2022年6月，渝州海关创新推出“一批一证、多次出区”政策正式落地重庆铁路保税物流中心（B型），进口药品企业可凭《进口药品通关单》核定的总数量多次出区，保障药品流通企业在疫情特殊时期便利通关。渝州海关组织业务骨干，开展企业进口药品通关调研，综合梳理现行进口药品监管体系管理制度，分析弱项与短板，主动对接重庆市药品监督管理局，出台帮扶制度，开展必要性和合理性分析，对进口药品通关实施“一对一”帮扶。首单“一批一证、多次出区”进口药品（西班牙生产的安琪坦黄体酮软胶囊，约10万盒，价值近600万元）顺利通关。

【辖区农产品出口】2022年，

渝州海关监管出口农食产品382批、4984.58吨，货值1.36亿元，累计签发检验检疫证书780份，主要出口产品为肉罐头、调味品、米线、辣椒酥、干制猪肠衣、青花椒及猪鬃，无退运、销毁、被外方通报等食品安全事件发生。

渝州海关辖区商品实现多个首次出口：米粉首次出口韩国、新加坡和马来西亚，肉罐头首次出口利比里亚、澳大利亚，青花椒首次出口韩国等。

【安全生产】2022年，渝州海关围绕“疫情要防住、经济要稳住、发展要安全”要求，抓好安全生产工作。梳理安全生产风险较大、容易形成隐患的重要工作区域、重要工作环节，制定排查清单，开展常态化风险隐患排查并及时整改，每周以科为单位开展本科室职责范围内的安全隐患排查，每季度开展全关区范围的安全隐患排查；督促场所经营人做好安全生产工作，常态化开展场所巡查。狠抓安全生产工作，做好办公大楼节假日前、重要时间节点安全生产检查工作，排查大楼存在的安全隐患，对存在的2个安全隐患及时督导整改，确保办公大楼安全运转。

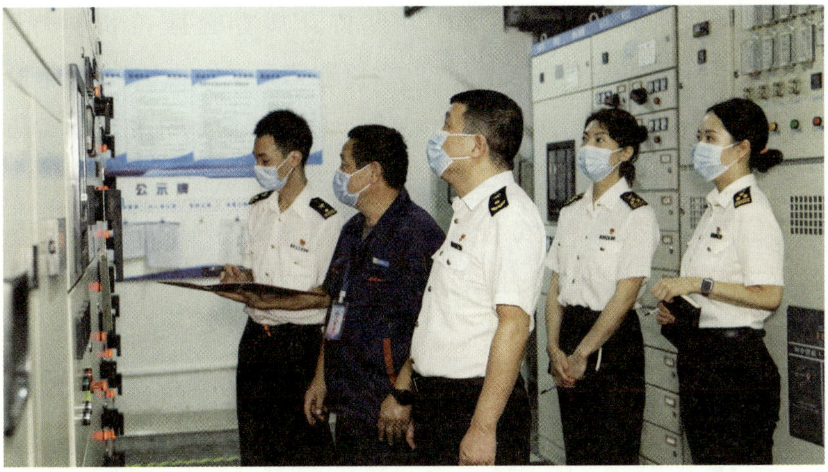

▲2022年8月16日，渝州海关开展办公大楼机房安全检查

【科技发展】2022年，渝州海关依托“云擎”大数据平台，构建以决策支持、业务监控、风险排查等为目标导向的多维度数据模型。按业务统计口径，以结关报关单、货运量、货值为维度，建立决策支持模型15个；针对出口防疫物资等易错税号，建立业务监控模型3个；建立重庆海关易制毒化学品制品监控、重庆海关禁止进出境商品监控等风险排查模型6个。合理运用模型，开展业务分析，全方位展现业务数据变化及原因，为决策提供有力支持和参考。通过报关单数据质量检控分析系统，运用隔离衣归类模型，发现出口隔离衣税号申报错误并立案处罚3起。深化科技运用，大力推进原产地证书网上申领、智能审核、自助打印等通关便利化改革，助力企业在“保市场、保订单、保效益”上取得竞争优势，2022年自助打印原产地证书887份，自助打印率91.5%。

【政务管理】2022年，渝州海关全面提升办文、办会、办事质效，规范收发文、印章、档案管理工作，做好文件资料的收集、整理、归档、立卷，共计归档文书档案84份、实物档案5份。规范政务值班管理，做好岗前培训、值班抽查工作。严格落实保密制度，严密做好重要节日及会议期间保密防范，按照保密要求开展关区电脑保密自查，加强保密宣传教育。完善信息公开、政务公开制度规范，明确责任领导、责任科室、具体负责人，细化工作流程。围绕重点工作，深入挖掘宣传热点，全面统筹宣传素材，做到“事先谋划，应报尽报”；将信息宣传纳入渝州海关目标绩效考核，发挥信息宣传骨干队伍作用，强化日常政务信息采编报送。政务信息被海关总署、重庆海关采用223篇，新闻宣传报道采用158篇，渝关新语采用12期。

【财务及后勤保障】2022年，渝州海关落实党中央、国务院“过紧日子”的要求，严控一般性支出。坚持用制度抓财经管理，严控“三公”经费使用管理，严格落实公车管理制度、公务接待制度、政府采购制度，防范资金使用风险。完成预算、部门决算、资产决算、公务用车管理、资产管理绩效评价、政府财务报告等年度报表报告的编制及上报。开展节能宣传周及全国低碳日宣传教育活动，发布绿色出行倡议书，张贴节约粮食海报等，坚持开展办公区“长明灯”“长流水”“长待机”检查工作，创建节约型机关。扎实开展“海关重点项目和财物管理以权谋私”专项整治工作，有序推进自查自纠，抓好各科室专项整治学习教育，组织重点人员撰写个人剖析材料，顺利通过总署专项整治检查。

【队伍建设】2022年，渝州海关贯彻落实新时代好干部标准，优化干部“育选管用”工作，开展干部选拔、职级晋升3批次9人次。强化人员培养，选派人员到海关总署跟班学习，参加重庆海关集中工作。强化正向激励，评选渝州海关岗位明星12人。强化干部监督，组织开展规范公职人员违规投资企业及在企业兼职自查工作。

【群团（工、青、团、妇）工作】2022年，渝州海关坚持以党建为引领，利用“工、青、团、妇”组织桥梁纽带作用，打造“党政支持、职工拥护、实效明显”的“温暖之家”。组织丰富多彩的文体活动，渝州海关党总支与群团组织共建开展观看红色影片、“廉洁过中秋”、“线上春节联欢会”等活动；关心关爱职工，完善“职工之家”硬件设施，做好“夏送清凉”“保运转在岗人员”慰问活动，组织慰问生育、住院、困难职工。

撰稿人

鲜平萍　李　忆　任净欣　李坤伦　周　柯
李　辅　肖宝林　彭　菲　刘剑锋　吕姜楠

永川海关

【概况】永川海关于2018年12月开关运行，内设办公室（党委组织宣传部）、综合业务科、查检科、稽核科4个科室，负责永川区、大足区、荣昌区、潼南区海关业务，承担永川港海关监管场所的监管工作。

2022年，永川海关把握统筹发展和安全、强化监管优化服务、统筹疫情防控和促外贸稳增长等工作要求，牢固树立“大安全”理念，抓好疫情防控和安全生产工作，守护国门安全，支持地方开放发展。实施“谋发展求突破”工程，优化服务助力地方发展，永川综保区通过重庆市级部门预验收，大足区龙水镇五金市场获批重庆首家国家市场采购贸易试点。建立进出口帮扶机制，建档跟踪6家首次进出口企业，新增出口产品28项次。推进荣昌保税仓库设立，助力“渝字号”特色农产品出口倍增。

2022年，永川海关辖区进出口大幅增长，接受报关单申报792票、货运量28.5万吨、货值1.9亿美元、税款入库1.49亿元，同比分别增长23.8%、17.4%、26.2%、36.5%。进出口总额150.11亿元，同比增长32.57%，增速高于重庆市整体水平。

属地监管重大查获取得成效，查获涉及危险包装使用鉴定不合格、危险包装性能检验不合格、出口化肥有毒有害物质超标等不合格案件14例。

【党的建设】2022年，永川海关坚定不移推进政治机关建设，扎实推进“学查改”专项工作和捍卫“两个确立”、做到“两个维护”、强化政治机关建设专项教育活动，坚持落实“第一议题”制度，召开党委会16次、党委理论学习中心组学习12次。学习宣传贯彻党的二十大精神，细化15

▲2022年10月21，永川海关党支部学习党的二十大精神

项重点工作并推动落实，永川海关党委深入科室和支部联系点宣讲党的二十大精神 3 次。推进基层党组织规范化标准化建设，开展支部书记补选工作，落实党的组织生活制度，建立推进党史学习教育长效机制。推动办公室和综合业务科联合党支部、查检科党支部、稽核科党支部开展品牌创建工作。申报“书记项目”4 个，办公室和综合业务科联合党支部获评重庆海关“四强”党支部和重庆海关先进基层党组织，肖禾同志和毛非同志获评重庆海关优秀共产党员。推进全面从严治党，加强作风建设和纪法教育，推进党风廉政建设和反腐败斗争，落实意识形态工作责任。召开特邀监督员会议 2 次，区政府代表和辖区重点企业代表 15 人参会，收集听取廉政建设的意见建议。开展廉政警示教育 10 次，集中学习典型案例，观看警示教育片。打造“茶竹关韵”廉政品牌和文化长廊，拍摄“书记谈责任”视频。

【税收征管】2022 年，永川海关强化税收征管工作，深入理文纸业、昌元化工等重点企业，开展税源税政调研。加强企业涉税要素规范申报，运用报关单日报系统、内部控制与监督子系统加强涉税要素数据核查，开展月度核查 12 次，专项核查 2 次；开展冻柠檬、鹿鞭酒、自热米饭等首次出口产品归类和申报指导。查发永川海关辖区企业异地不规范申报 57 票，建立不规范申报问题台账，“一对一”指导多次申报错误企业做好改单工作。加大稽核查作业涉税要素审核力度，督促企业更正申报数据 68 个，补税 23 票。征收税款 1.67 亿元，同比增长 48%。

【出口危险品检验监管】搭建“企业—危化品—查发风险”三维画像，实时掌握企业危险品质量安全控制动态，推进危化品分类精准监管。开展“口岸危险品综合治理”百日专项行动，聚焦属地检验监管，严格出入境危险货物运输包装使用鉴定流程，开展分类鉴定、包装选用、灌装封口、标签张贴、仓储堆码、物流运输全环节核查，发现企业封口堆码不规范、分类鉴定报告过期 2 类薄弱隐患问题。出具危险包装使用鉴定和性能检验证书 554 份。坚持“逐批查验、逐个抽样、逐项检验”，实施出口化肥属地检验监管 1323 批次，货重 13.9 万吨。

【属地查验】2022 年，永川海关完成进出口属地查验 2072 批次，货值 13493 万美元，其中出口 2020 批次，进口 52 批次。取样送检 1396 批次，出具检验检疫证书 796 份，完成出口食品监督抽检和风险监测 3 批次。出口商检查验 1634 批次，检出不合格 267 批次，不合格率 16.34%。其中返工整改 241 批次，不予出口 26 批次。

【海关统计】2022 年，永川海关提升统计分析能力，做好统计分析报告撰写工作。针对 7 月份重庆市对 RCEP 其他成员方进出口贸易全面增长的情况，撰写《7 月份我市对 RCEP 其他成员方进出口均实现增长》，被海关总署采用；开展月（季）度进出口贸易数据统计分析，聚焦新能源行业、玩具服装、手机摄像头模组等传统和新兴行业进出口情况开展统计分析，发挥统计服务决策作用。对其中 158 家“专精特新”小巨人企业外贸数据进行梳理分析，关注企业外贸异常情况，有效解决企业诉求 3 项。

【企业管理和稽查】2022 年，永川海关建立“心首关联”首次进出口帮扶机制，践行“人

▲2022 年 9 月 7 日，永川海关开展进口储备粮出库监管

民海关为人民”的“初心”，通过关地企三方“联动”，以“首问”负责帮扶“首次”进出口，助推一氧化二氮、决明子酵素、鹿茸鞭酒等 8 种产品首次自重庆出口；联合荣昌区、潼南区地方商务部门面向 100 多家企业开展 RCEP 政策解读、知识产权保护政策宣贯会，内容涵盖企业注册备案流程、进境粮食检疫监管等；推进 RCEP 等原产地政策落地，新增签证企业 18 家，签证量同比增长 21%。强化知识产权海关保护工作，与永川区、大足区、荣昌区、潼南区知识产权管理部门建立日常联络机制，关地联动开展培训宣讲 4 次，覆盖企业 260 余家。

备案进出口货物收发货人 98 家，通过“多证合一”平台获取资质 2 家，培育 AEO 高级认证企业 6 家；完成出口饲料及饲料添加剂企业注册登记 2 家；完成果园基地新备案 6 家，面积 1400 亩，辖区现有备案果园基地 13 家，总种植面积 1.77 万亩。完成包装厂备案 2 家。开展稽核查工作，办结核查作业数 70 起，其中与地方市场监管部门开展联合执法 4 起，完成重大查获 1 起。

【助力西部陆海新通道建设】 2022 年 5 月 30 日，永川海关验放重庆首票陆海新通道“海铁江多式联运”进口再生纸浆，该批货物货重 451.64 吨，货值约 23.26 万美元。永川港经西部陆海新通道运输货物 8779 标箱，运量在参与西部陆海新通道建设的重庆市各区县中位列第二。

【进口粮食监管】 2022 年，永川海关加快企业资质审核、加速初审和调运审批，与永川区、大足区、荣昌区、潼南区发展改革委联动开展后续监管，确保辖区 17 家进口粮食企业生产不断链。全年进口粮食 8.81 万吨，批准调运 11.96 万吨，后续监管 9.08 万吨。帮助进口粮食储备企业快速出库不符合长期储备要求的进口粮食 2.9 万吨；通过现场监督企业装车、跟车运输、监督焚烧全流程监管，督促企业无害化处置霉变储备玉米 40.1 吨。

【助推潼南柑橘类农产品出口】 2022 年，永川海关指导 11 家柠檬产业企业建立质量安全管理体系，出境柠檬种植基地总种植面积扩大至 1.51 万亩。向企业提供冻柠檬片等深加工产品预归类咨询，指导汇达柠檬果园用好原产地优惠政策，节约目的国税收成本 200 余万元；指导汇达柠檬果园设立海外仓 3 个，支持潼南柠檬在中

▲2022 年 5 月 26 日，永川海关核实船用锚生产企业原产地标准，指导企业用足 RCEP 政策享受输日零关税

俄柑橘贸易恢复后实现重庆首家对俄出口柠檬。指导重庆兆宏农业开发有限公司血橙果园，完成海关总署同意输俄水果的推荐，获得对俄贸易资质。2022 年出口血橙 27 吨，货值 13.5 万元，出口至新加坡。

【落实惠企政策成效显著】2022 年，永川海关建立进出口帮扶机制，发挥海关业务协调员作用，开展业务咨询，新增 6 家首次进出口企业，新增出口产品 28 项次。推进“自报自缴”、“两步申报”、税单和原产地证书自助打印等无纸化改革措施，提升通关便利化水平。建立专项联络员制度，多渠道宣介 RCEP 原产地规则和政策，受理、解决企业疑难问题 15 个。梳理永川海关辖区内重点企业及特色产品，指导企业用足税收优惠政策，新增船用锚、五金工具、苎麻布等签证产品。新增签证企业 18 家，签证量同比增长 21%，签发 RCEP 原产地证书 89 份，涉及化工产品、纺织品等 10 余种产品。落实增值税降税、优惠贸易协定关税减让等政策，减让税款 0.36 亿元。

【业务调研】2022 年，永川海关建立“枝叶关情”调研制度，形成“班子集中研判，月度重点调研、每周反馈和汇报”督查督办机制，开展太阳能电池、摄像头模组、汽车、生物医药等新兴进出口行业调研，走访企业 60 余家，解决企业问题 28 个。重点围绕扩大农食产品出口、加强危险化学品监管、通关物流等工作，走访企业 53 家，组织专题业务研讨 12 次，解决重难点问题 10 个。开展技贸调查走访

▲2022 年 6 月 30 日，永川海关对大足“龙水造”五金产品开展原产地原料调查

企业 43 家，开展出口粉条、柠檬汁、豆豉甜面酱等技贸研究工作，向上级部门报送《对巴基斯坦进口中国兽用生物制品问题的特别贸易关注》。

成立出口汽车技贸措施服务专项工作组，组织开展 6 期技贸培训，为企业应对国外技术性贸易措施提供数据支持和决策参考。参与税政调研，撰写《关于对高锰酸钾（气动流化塔法）新增13%出口退税的税政调整建议》，帮助企业反映合理诉求。

【关地合作加强知识产权海关保护】2022 年，永川海关与永川、大足、荣昌、潼南 4 个区知识产权管理部门建立日常联络机制，关地联动开展培训宣讲 4 次，覆盖企业 260 余家，选择关区重点企业开展培训宣讲 16 次。畅通关企联系渠道，引导企业重视自主品牌保护，维护自身合法权益。

【安全生产】2022 年，永川海关开展安全生产月活动，做好永川港场所巡查“双随机、一公开”。在党的二十大召开期间、重要节假日前后、高温连晴、旱涝急转等时间节点到永川港、永川综保区、危化品生产企业开展安全生产检查。强化永川海关办公楼安全工作，开展拉网式排查，完成燃气报警控制装置安装；加强与地方联防联控，会同永川综保区管委会开展永川海关办公场所地质灾害隐患巡排查，重点排查了边坡、排水、车库、配电房等区域。组织观看《生命重于泰山》等安全生产电视专题片，开展办公场所、监管场所安全生产工作自查，制定安全生产问题隐患清单和制度措施清单，涉及问题隐患 6 个，制定措施 7 条，均已完成整改。关区未发生安全生产问题。

【督察内审】2022 年，永川海关持续推进审计问题整改和内控体系化建设。形成永川海关防范化解海关系统腐败风险重点任务 3 项清单，完善 34 方面 86 条具体举措，建立、修改制度机制 21 项；运用好“海关内部控制与监督子系统”，移交稽核查 4 条，补证件数 140 个，补税 23 条。

【政务管理】2022 年，永川海关优化政务管理，保证政务运行高效。规范收发文，全年发文 19 件、发函 18 件。加强信息宣传工作，建立信息宣传和业务工作互促互进机制，实行信息工作闭环管理模式，建立信息工作会议制度、激励考评机制、教育培养机制。永川海关 5 篇信息被市级以上媒体报道。严格落实各项保密制度，开展保密教育培训，组织签订《保密承诺书》19 份，覆盖关员、协管员、驾驶员、物业人员，全方位做好保密安全管理。

【财务及后勤保障】2022 年，永川海关落实“过紧日子”要求，优化财务管理，完善预算保障机制，提升财务保障和管理质效。持续坚持党委管财主体责任，严控一般性支出，严格落实资金使用审批报销制度、公车管理制度和采购制度，严格防范资金使用风险。开展部门预算、部门决算工作，每月监控预算执行情况，聚焦重点项目建设、医疗保险、养老保险及公积金缴纳、费用报销等支出支付，确保预算执行进度达标。规范财务凭证录入、财务档案归档、数据统计等日常会计基础工作，确保人员经费和业务资金数据更新及时。按期计提资产折旧，按时上报资产月报、季报，完成年度行政事业单位国有资产报表编制和国有资产决算。严格公车管理，落实中央八项规定要求，开展自查整改，组织驾驶员安全和制度培训 2 次。公务用车次数约 240 次，行驶约18000千米。

【“海关重点项目和财物管理以权谋私”专项整治】2022年，永川海关成立“海关重点项目和财物管理以权谋私”专项整治工作组，组织7人开展违规事项申报、撰写心得体会及谈心谈话。发挥群众监督力量，广泛征求意见，组织干部职工、供应服务商开展问卷调查约12份，深入辖区4家企业调研，梳理形成问题清单39个。持续开展“三公”经费、工程项目、固定资产等自查，结合巡察、审计问题和整治重点梳理排查，形成6类19项问题清单。

【队伍建设】2022年，永川海关打造高素质专业化干部队伍，加强执法一线科长队伍建设，量化25项考核指标，完善实绩档案和廉政档案，做到“一人一档”。加强外聘人员管理，明确海关、劳务公司、编外人员三方职责，制定《永川海关协管员绩效管理办法（试行）》《永川海关聘用人员管理办法（试行）》2项制度，明确协管岗位职责，帮助梳理工作流程。

用好“三实”课堂、“班前学习会”等机制，发挥“笃行争先”青年小组、青年理论学习小组作用，组织业务骨干和青年关员参加岗位练兵，共计20人次，加强业务技能提升。

推进准军事化海关纪律部队建设。开展内务规范评比以及队列训练，抓好内务规范培育，将准军事化纪律部队的作风覆盖到关区内外，对内严格内务规范和作风纪律，对外抓好窗口建设和服务水平。

【群团工作】2022年，永川海关突出党建引领，加强青年“研学”，开展“学精神、谈体会、亮成绩、讲奉献”主题交流活动，参加活动人数15人。组织开展科普讲解大赛1次、演讲技巧培训1次，参加活动人数15人。组织青年团员观看庆祝中国共产主义青年团成立100周年大会，开展“学习二十大、永远跟党走、奋进新征程”主题学习活动。积极参加重庆海关“家”文化健身操比赛，举办弘扬清廉家风坚定理想信念青年小组活动，依托“茶竹讲堂”讲述党史小故事，“红色放映厅”播放红色影片等多种方式，增强理论学习的感染力和吸引力。

撰稿人

黄凡雨

涪陵海关

【概况】涪陵海关于2018年12月开关运行，内设办公室、综合业务科、查检科、监控科、企业管理科、稽核科6个科室，在编关员31人，管辖涪陵区、南川区、长寿区、垫江县、丰都县5个区县海关业务。辖区内现有海关监管作业场所2个（黄旗码头、长寿冯家湾作业区），综合保税区1个（涪陵综合保税区），另有在建海关监管作业场所1个（涪陵龙头港）。

2022年，涪陵海关加强疫情防控及安全工作，强化正面监管、提高查发质效、稳定外贸增长。受理报关单申请4619票，同比增长1.0%；税收征款4.7亿元，同比增长56.7%；监管跨境电商包裹出区18.2万个、货值1.03亿元，同比增长133.3%、199%；签发原产地证书3501份，同比增长20.35%，签证金额23.45亿元，同比增长37.03%；所辖关区外贸进出口值377.8亿元，同比增长22.5%。

【党的建设】2022年，涪陵海关坚持政治统领，统筹推进"学查改"专项工作和捍卫"两个确立"、做到"两个维护"、强化政治机关建设专项教育活动（以下简称"两个专项"），围绕"两个专项"开展党委理论中心组学习6次。学习宣传贯彻党的二十大精神，实施"四有"考核机制（即有考勤、有笔记、有体会、有测试），推动党建与业务相融合。深入开展基层党建"书记项目"重点课题研究，聚焦破解党建业务"两张皮"、发挥党建考核"指挥棒"作用、筑牢疫情防控"红色堡垒"、提升书记能力素质等方面内容，持续走好"我为群众办实事""最后一公里"。落实"第一议题"制度，以"书记领学、班子共学、研讨促学、支部联学"的方式，强化理论学习质量；开展"喜迎二十大，奋斗新征程"线上演讲比赛，20名干部职工参加了比赛；举办"献礼二十大"书画摄影作品展，收集作品10幅；打造"二十大金句"学习阵地，制作《二十大精神学习电子专刊》6期，利用"云端课堂""云阅会"推送二十大学习资料；获得重庆海关"二十大知识竞赛"优秀组织奖。

推进"1+6"党建品牌工程，强化"一支一品牌、一科一特色"文化建设，提炼"企跑线""稽本功""连心轴""全能中场""检担""廉尺"支部品牌6个。创建综合业务科和监控科联合党支部为"四强"党支部，扎实推进党建齐步走"一个都不少"、"夯实稽本功"，练就基层党建高质量发展新动力、外勤执法科室党支部党建工作模式探索、小支部实现"大融合"、"五笔铸星、四步画圆”执法一线党支部党建工作初探5个“书记项目”。

建设“鹤鸣生威、清风送福”廉政品牌，利用办公走廊、青年活动室、党员活动室等场所打造廉政文化长廊。开展“现场监管与外勤执法权力寻租”专项整治工作。压紧压实处科员三级意识形态主体责任，细化57项全面从严治党工作会议重点任务。组织到“816”爱国主义教育基地开展“红色走读”研学团主题党日活动，为党员集体过“政治生日”，重温入党誓词。深化准军建设，开展内务规范强化月活动、酒驾醉驾“整治月”活动。强化政治教育、纪法教育、警示教育，组织党员到涪陵区廉政警示教育基地开展廉政警示教育，集中观看廉政纪录片。

2022年，涪陵海关党总支获评重庆海关先进基层党组织，综合业务科和监控科联合党支部获得2022年重庆海关“四强”党支部称号，5名党员获2022年重庆海关“两优一先”表彰。

【落实减免税优惠政策】 2022年，涪陵海关落实减税降费政策，推动西部鼓励项目、外资投资项目、“专精特新”项目发展，引导企业合理利用“起运港退税”“一般纳税人”“一保多用”和“两步申报+汇总征税”等政策，充分享受税收优惠。采用“线上+线下”方式，举办“两步申报”“主动披露”“企业注册备案”等政策宣讲会20余次。联合涪陵区、长寿区、丰都县等区县商务部门为企业“送策上门”70余次，推进原产地智能审核签证模式改革、原产地证书自助打印等便利化服务措施落地。帮助企业开展RCEP等自贸协定申报工作40余次，组织政策宣讲30余次，签发原产地证书3501份。设立纳税人属地化管理专员，提供海关政策咨询，宣贯通关贸易便利化措施，提升企业纳税便捷度和通关效率。

【税政建议被采纳】 2022年，涪陵海关充分利用税政调研工作机制，向上级单位反馈企业诉求，建议将花椒新增为本国关税子目。12月28日，该建议被国务院关税税则委员会公布的《2023年关税调整方案》采纳。

【开展全国首个跨关区布控查验试点】 2022年，涪陵海关开展全国首个“长江经济带口岸属地跨关区布控查验试点”，结合“区港联动”创新监管模式，解决大宗散货入区难题，大幅提高涪陵综保区货物通关时效。1月份，攀华集团进口的5300吨钢铁完成通关，这是全国首票“长江经济带口岸属地跨关区布控查验”进口钢铁，货值2426.5万元。全年

▲2022年1月4日，涪陵海关开展“长江经济带口岸属地跨关区布控查验试点”工作

综保区钢材进口24.9万吨，货值11.4亿元。

【涪陵综保区管理】2022年，涪陵海关加大政策帮扶力度，助力涪陵综保区高质量差异化发展。联合涪陵综保区管委会、市场监督管理局研判形势、研究政策，制订《跨境电商业务突发事件应急预案》。优化跨境电商专项工作小组，支持网购保税模式扩量增质，做好审单、查验、卡口验放人力保障。跨境电商监管出区17.41万单，含税销售额1.08亿元，征收税款0.092亿元，同比分别增长128.98%、195.18%、191.27%。

开展政策宣讲9次，指导企业享受政策叠加优势，挖掘发展难点痛点，调研区内企业15次，解决实际问题8个。监管综保区进出口货值131.75亿元，同比增长7.2%；征税3.5亿元，同比增长40%。

【属地检验】2022年，涪陵海关推动形成以长寿经济开发区、涪陵白涛新材料产业园区、涪陵李渡工业园区为核心的主要属地查验模式，整合查验资源，派出执法人员1102人次、同比下降20%，完成属地查验3287批次（进口68批次，出口3219批次）、同比增长30.7%。取样送检1352批次、同比增长120.9%，出具检验检疫证书139份，包装性能检验和使用鉴定1726份。完成出口食品监督抽检和风险监测14批次，检出不合格276批次，其中进口7批次，退运销毁3批次，返工整改4批次；出口269批次，其中返工整改190批次，不予出口79批次。在进境木质包装、集装箱中截获外来有害生物黑曲霉、芽枝霉属、黑孢霉属、小杆属线虫等5种次。

【危险化学品管理】2022年，涪陵海关到长寿、涪陵化工园区开展园区产品集中查验，保障企业生产原料随到随检随用，实现己二胺、化工液氨等10余种化工产品首次出口。强化进出口危险化学品和出口化肥等重点商品的监管，执行“双随机”查验机制，建立关区出口危险品企业“一品一策”台账，明确危险特性及检验要求，检验危化品和化肥3174批次、16.14万吨，货值18.2亿元。

【辖区特色农业发展】2022年，涪陵海关融入地方特色农业发展战略，全面落实“助企纾困降成本”措施，推动涪陵榨菜、丰都活鱼、长寿柚子、垫江稻种、南川方竹笋等特色农产品扩大出口。

“一站式”服务支持重庆市全球泡（榨）菜出口基地建设。取消种植场“土地所有权证明材料”“植保员资质证明”“土壤和灌溉用水”等资质验核要求。组织开展“出口食品原料种植场”专题培训2次，采取“预审资料+线上办理”模式，解决企业备案难

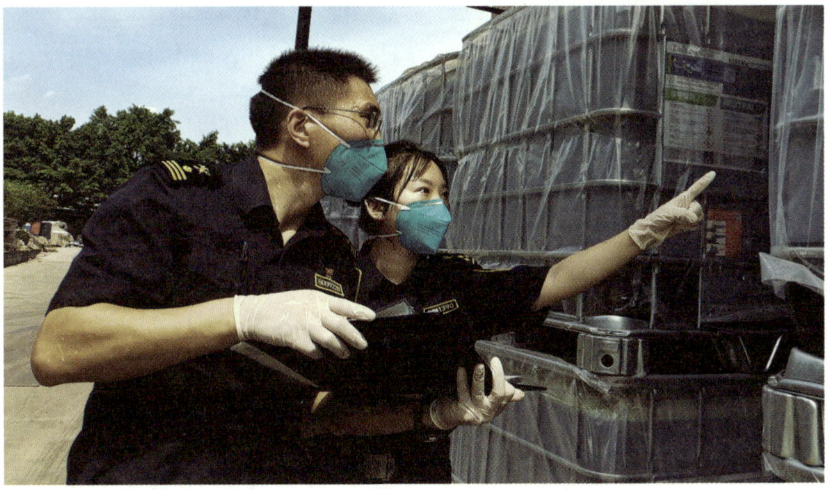

▲2022年8月4日，涪陵海关开展出口危化品包装使用鉴定

题。与涪陵区农业农村委、商务委、榨菜发展中心建立联系配合机制，联合榨菜产业发展中心制定《涪陵区建设榨菜出口基地工作指南》。备案泡（榨）菜出口企业26家（新增7家），新增八缸、国色、桂怡和浩阳4个榨菜出口种植基地，新增备案面积2.65万亩，辖区榨菜基地累计15个，面积7.27万亩。出口泡（榨）菜1.1万吨、货值0.82亿元，货值同比增长5.94%，泡菜出口量、货值分别占重庆市泡菜出口总量的66.97%、67.41%。

协调口岸海关开通鲜活水产品“绿色通道”，助力丰都活鱼出口。主动协调重庆海关职能部门，2次向世界贸易组织报送“特别贸易关注”议题，反映越南停发《CITES濒危物种产品允许进口证书》问题，2022年帮助企业恢复活鱼出口越南，出口数量110吨、货值316万元。

辖区首家出境柚子基地完成注册登记。调研沙田柚果园生产经营情况，宣传出境水果果园注册登记规范；指导企业开展病虫害防控监测，规范农药、化肥使用。12月，首批长寿沙田柚出口至新加坡，货重550千克，货值0.84万元。

▲2022年2月27日，涪陵海关对出口榨菜基地开展现场监管

【企业管理和稽查】2022年，涪陵海关夯实稽核查工作基础，强化作业标准、作业资质、现场取证和档案管理，实行“双人双控、共同管理、交叉检查”，确保档案安全有效。

创新“关企互动+问题清零”服务模式，系统梳理《海关高级认证企业标准》新旧版异同点，开展线上线下政策解读15场，覆盖重点企业70余家。深挖“专精特新”和高端制造等重点培育企业，建立“重点企业培育库”，制订“一企一策”培育方案；建立“企业协调员”机制，严格落实高级认证企业“12+6”便利措施，综合运用微信平台、助企服务专线、下厂调研等渠道，收集并协调解决问题21个。2022年完成认证培育1家，辖区已有高级认证企业5家，纳入重点培育清单企业23家。

帮扶进境粮食企业完善管理体系和硬件设施，解决企业问题12个。推进全程无纸网办，备案过程系统留痕，完成“双备案”（即进境粮食加工存放企业和进境粮食检验检疫系统双备案），压缩办理时长85%。严把国门生物安全关，加强进口粮食加工及下脚料处理监管，监管焚烧下脚料32吨；监管进口转基因大豆53.1万吨，货值27.43亿元，同比分别增长3.3%、27.4%。

【口岸营商环境】2022年，涪陵海关贯彻落实党中央、国务院关于贸易便利化工作要求，推动涪陵高新区、长寿经开区、垫江高新区高水平开放高

▲2022 年 10 月 13 日，涪陵海关指导长寿冯家湾监管作业区建设

质量发展。提供全程网办“直通车”服务，帮助企业解决特定资质备案、知识产权保护、技术性贸易措施应对等问题 34 个。成立精准帮扶工作专班，采取“资料预审 + 快速通过”模式，指导 15 家企业完成出口食品原料种植场和生产企业“双备案”；帮助中小微或新出口企业妥善处置疫情期间物流、通关突发情况，落实“RCEP + 自助打印”“提前申报 + 智能审核”等便利化措施。

助推地方开放平台建设，指导长寿冯家湾作业区海关监管作业场所通过验收，指导涪陵龙头港海关监管作业场所建设。密切关地合作，建立优质项目企业名单，联合长寿区商务委、经开区管委会开展减免税管理规定、进出口商品检验要求等政策培训，帮助企业用好用足优惠措施。打造快速查验通道，确保锂离子电池微孔隔膜生产线、企业关键项目进口设备即到即查。严格不合格处置，查发进口设备接地线颜色不符合国标要求、无安全警示标签等情况 3 起。保障企业进口设备 125 台套、建成生产线 10 条。

开拓跨境电商直购出口，持续压缩通关时效，监管出区 17.41 万单，含税销售额 1.08 亿元，征收税款 0.092 亿元，同比分别增长 128.98%、195.18%、191.27%。

【关地协作服务辖区出口贸易】2022 年，涪陵海关强化关地协作，“一区一策”服务辖区出口贸易发展，辖区进出口贸易总额 377.8 亿元人民币，同比增长 22.5%。针对涪陵区重点发展机器制造、化工等产业，支持工业废气“变废为宝”扩大出口，通过 AEO 认证培育，助力华峰集团己二酸、聚氨酯树脂、超纤材料、聚氨酯原液、氨纶长丝 5 项产品全球销量第一。支持涪陵“全球榨菜出口基地”建设，新培育榨菜出口基地 4 家；针对长寿区重点发展危化品、生物医药等产业，优化属地查验流程，便捷危化品快速通关，助推制药企业出口新冠特效药物 220 批次，货值 12.66 亿元；针对丰都县重点发展肉牛和农产品等产业，帮扶丰恒物流发展公用型保税仓库获批主城外首个公用型冷链保税仓库，打造辐射成渝地区双城经济圈进口肉类分拨中心；针对垫江县重点发展花卉和稻种等产业，助力垫江稻种出口至越南、孟加拉和尼泊尔等“一带一路”共建国家（地区）34 吨、货值 1198 万元，加快国家级杂交水稻制种基地建设。

【安全生产】2022 年，涪陵海

关聚焦教育宣传、危化品检验、口岸卫生检疫、动植物检疫监管、食品检验检疫管理、执法作业安全、办公场所安全防范、计算机机房安全、机制建设9个领域，抓实安全生产隐患排查，建立问题台账4项。开展应急演练，依托“日、周、月”巡查机制开展实地检查。督促涪陵综保区管理委员会、黄旗码头公司整改安全生产隐患5处。配合完成国务院安全生产检查、海关总署安全生产大检查以及“回头看”专项工作。多举措开展“线上+线下”宣传教育活动，组织报关员、企业代表观看安全生产专题学习视频50余人次，发放学习手册200余份，现场解读释疑。

全力以赴防控新冠疫情，更新8个相关制度方案，建立健全4类台账记录，落实安全防护监督员监督检查责任。通过“实地+线上”等方式，对关区内部疫情防控、查验作业人员个人防护、海关监管作业场所消杀措施进行检查，查发问题17个，制定20项整改措施。

【政务管理】2022年，涪陵海关强化信息管理工作，细化信息工作管理条例，完善信息台账管理和考核制度，强化“编辑部”运作机制，开展全员写作轮训。编报信息76篇，被重庆市政府《昨日简况》采用2篇，10篇信息被新华网、《重庆新闻联播》、《重庆日报》、《中国海关》、《中国国门时报》等媒体刊载。

完善值班管理办法及实施细则，开展专题培训5次，开展现场巡查和电话抽查；开展疫情防控、系统中断、抢险救灾等突发事件实战演练4次，提升值班应急处置能力。强化内部安全管理，开展办公区重点区域及重点岗位每日巡查，整改安全隐患3处。

【财务及后勤保障】2022年，涪陵海关坚决落实“过紧日子”要求，扎实开展“海关重点项目和财物管理以权谋私”专项整治，加强警示教育，提升财务治理能力，以项目绩效目标为导向，定期通报项目执行情况，保质保量完成项目绩效目标。

【督察内审】2022年，涪陵海关将内控工作作为形势分析及工作督查例会固定议题，以强化内控主体责任为导向，以科室为单位汇报周查、月查情况，建立内控工作任务通报制度，完善内控机制，防范执法、管理、廉政“三大风险”。强化“海关内部控制与监督子系统”应用，利用海关内部控制与监督子系统及相关业务子系统开展好常态化数据监测工作，压紧压实基层执法主体责任，着力防范监管风险。

【队伍建设】2022年，涪陵海关持续推进准军事化纪律部队建设，坚持内涵学军，强化干部培训，组织业务、党务类培训36次，参训人员700余人次；制订业务大练兵学习培训计划30余条，参训人员200余人次；挖掘培养人才储备，推选岗位能手评比13人次。关心关爱封闭管理人员生活和心理状态，开展心理健康辅导4次。对照审计反馈问题，组织开展每周互查，及时查漏补缺；强化方式创新，用好“腾讯会议”“钉钉”等在线平台，采用案例剖析、经验分享等方式，围绕行政处罚、稽核查等32项业务开展培训，累计参训209人次；构建练兵长效机制，定期通报练兵情况，强化督察考核，促进岗位学习常态化、素能考核制度化、执法行为规范化；建立处科两级问题整改清单，立行立改，运用绩效考核，实行奖惩斗硬，确保整改取得实效。

关员石芮伶获评第九届重庆科普讲解大赛二等奖、“重庆十佳科普使者”称号、2022 年度全国海关科普讲解比赛“全国海关十佳科普讲解员”称号。派员参加海关总署、重庆海关专项工作 20 余人次，参加进口冷链集中工作 1 人次。

▲2022 年 9 月 1 日，涪陵海关青年理论学习小组开展“喜迎二十大，永远跟党走”读书分享会

【群团工作】2022 年，涪陵海关以专题学习、主题团日活动为抓手，组织团员青年深入学习习近平总书记“七一”重要讲话精神、党的二十大精神等重要内容。开展“我与海关共成长”微视频制作、“二十大热词”投屏答题竞赛、“两个专项”云上互动分享心得等活动；围绕“更好按经济规律办事，青年怎么办”主题，开展读书分享会，12 位青年关员结合自身岗位职责，谈感想述体会；抓好青年廉政教育，制订“青廉计划”，开展“吹清风、廉入心”青廉故事会，互动分享廉政心语，营造“青廉”教育浓厚氛围；创新“青年讲堂”机制，围绕习近平总书记重要讲话内容，以学习感悟、政策解读、案例分析等为主题，组织青年关员开展授课 20 余人次；打造“涪关青苑”文化活动室，设置成长树、学习园地、活动计划、乘风破浪墙、夸夸板五个模块，营造充满活力、舒适清新的文化氛围。

撰稿人

高平宇　李杭洋　何　丽　梁　平　李　正　李学思
何佳秋　肖清馨　赵汝鸢　苏　行

万州海关

【概况】万州海关于1998年6月开关运行，内设办公室（党委组织宣传部）、综合业务科、查检科、监管科、企业管理科、稽核科6个科室，核定编制人数31人，2022年年底在编干部26人。负责万州区、开州区、梁平区、忠县、云阳县、奉节县、巫山县、巫溪县、城口县的海关业务以及万州综合保税区、江南沱口集装箱码头和万州机场旅检现场管理工作。

2022年，万州海关扎实推进渝东北地区外向型经济发展，助力重庆第二个国际航空机场万州机场获得国务院批复，帮助万州综保区顺利通过正式验收，推动重庆港扩大开放新田港项目建设，帮助巫山脆李首次出口新加坡。监管货运量85.62万吨，同比增长514.39%；监管进出口货值2.47亿美元，同比增长130.17%；累计征收关税1.91亿元，同比增长189.74%，办理减免税审核确认6份，审核减免关税及进口环节增值税90.05万元。采取提前对接，预约查验的方式监管进口医疗器械、棉花8批次，货值875.57万美元。

2022年，万州海关继续保持重庆市文明单位荣誉称号，7名关员获得重庆海关集体三等功、嘉奖等奖励。1名执法一线科长被评为重庆海关“优秀执法一线科长”。

【党的建设】2022年，万州海关深入贯彻党的十九大和十九届历次全会精神，扎实学习宣传贯彻党的二十大精神。严格落实“第一议题”制度，开展理论学习中心组学习，集中学习习近平总书记重要讲话64篇。开展“每日学练、每周测研、每月评议”，深化基层党建“双提升”。利用三峡移民纪念馆、开州刘伯承同志纪念馆等三峡库区特色红色资源开展实践教育3次，同奉节县商务委办公室党支部、涪陵海关党总支等系统内外8个党支部开展联学联建。深耕“万众一心”等党建品牌和支部党建工作法内涵，全关5个党支部均被评为重庆海关“合格党支部”，监管科党支部获重庆海关“四强”党支部称号，3名同志获重庆海关优秀共产党员、1名同志获重庆海关优秀党务工作者，企业管理科党支部获重庆海关先进基层党组织表彰。

【税政调研】2022年，万州海关深入开展辖区纳税企业、税源商品税政调研。聚焦重要进口原材料，深入重庆九龙万博新材料科技有限公司和郎国金属材料有限公司等大宗产品进口企业开展税源情况调研，针对企业生产经营和通关过程中存在的问题，提出发展优势产业税政建议，帮助企业应对疫情带来的生产经营困难。到威科赛乐电子股份有限公司开展税政调研，就企业进口产品税率问题上报有关新增高纯度红磷进口暂定税率的调研报告，获海关总署肯定并报国务院关税税则委员会备案。

【宣贯全国海关通关一体化新政策】2022 年，万州海关联合辖区地方商务、口岸物流等部门，采取“线上+线下”方式，为关区进出口企业宣贯解读全国海关通关一体化改革新政策，推荐汇总征税、新一代电子支付、自报自缴、关税保证保险、自助打印等多元化税收征管方式，帮助企业运用关税优惠政策降低进出口成本，全年辖区企业享受税政减免约 100 万元。实地走访 20 余家重点企业，提供海关资质办理、通关申报、减免税业务办理等方面的咨询，帮助企业用好用足优惠政策，解决通关过程中的疑难问题。

【万州机场航空口岸开放】万州海关支持万州机场临时开放，临时开放期间，万州机场开通至中国香港、中国澳门、泰国、柬埔寨 4 条国际航线，共计监管进出境航班 712 架次，人员 6.96 万人次，截获旅客禁止携带物 205 批次、重 119.59 千克，查获濒危动植物及其制品 24 件、重 34.24 千克。（此数据为临时开放期间）

全程指导口岸设施建设，协助地方开展口岸监管设施建设及国际航站楼改造，预设置国际航站楼扩建海关作业区域、免税商店等 7700 平方米、国际货站 1200 平方米，新建联检办公楼预留缉私办公、生活配套用房等 2000 平方米。优化海关监管查验流程，科学设置航空口岸前置拦截作业区、旅检现场作业区等区域，为万州机场调配 CT 机、负压隔离单元、血常规分析仪等 20 余台套监管设备，运用信息化技术和高新智能设备为口岸通关赋能，推动万州机场监管能力步入国内中、小型机场先进水平。7 月 12 日，国务院批复同意万州机场航空口岸正式开放，该口岸成为重庆市继江北国际机场后第二个对外开放航空口岸。

【万州新田港对外开放】加强与万州海事处、重庆新田港口物流有限公司等部门的沟通协调，建立协作机制，实现信息共享。统筹规划新田港（一期）海关监管作业场所和指定监管场地建设，科学规划铁路进港路线，预留 H986 大型集装箱检测设备安装地点，密切关注国务院年度口岸开放审理计划执行情况，做好万州新田港区对外开放前期准备工作。

【危化品检验】2022 年，万州海关聚焦万州综保区入区项目，开展可能涉及危险品及其包装检验监管业务专题研究，梳理危险品监管全流程各环节；动态更新国际规章及规范性文件、检验标准清单，细化完善操作指引和应急预案。对辖区 4 家进出口危险品相关企业、危险货物包装生产及使用企业开展拉网式排查，对申报资料档案留存不完整等问题督促企业采取纠正措施。了解企业出口贸易和海关业务办理情况，比对生产数据和历史申报数据，防范伪报瞒报行为发生。

对华歌生物化学有限公司、凯美塑料有限公司等重点企业开展安全生产宣讲，敦促企业落实安全生产主体责任，加强对危险品生产、存储、运输等方面的安全管理，防范极端高温天气事故隐患。严格按照布控指令、作业表单实施查检作业，规范开展取样送检和实验室检测工作，监管进出境危险品及包装 65 批，取样送检 6 批，不合格 5 批。

【动植物检疫】2022 年，万州

海关加强进境粮食加工、储备企业调运审核，监管辖区4家进境粮食加工、储备企业调运路线、出入库记录，核查下脚料处理方法和数量，督促企业履行安全生产主体责任。开展监管场所、粮食加工企业外来有害杂草、小火蚁等监测，跟踪监测菟丝子、紫茎泽兰、红火蚁防除情况，完成“长江上游水运口岸外来入侵物种踏查及情况分析——以江南沱口集装箱码头为例”关级政研课题研究工作。监管进境中转粮食116批、29.49万吨。设立出口鲜活易腐农食产品属地查检绿色通道，监管出境水果37批、货值813.7万元，同比增长2倍。加强与企业沟通联系，宣传海关总署促进外贸保稳提质10条工作措施、重庆海关促进外贸保稳提质24条措施，为企业纾困解难，监管出口酶制品141.98吨、货值1092.8万美元，出口猪鬃49.25吨、货值126.3万美元。

【渝东北首次出境伴侣动物】2022年9月27日，万州海关完成渝东北首次出境伴侣动物检疫监管。旅客以个人名义申报1只宠物犬出境，目的国家为新加坡，根据新加坡检疫要求，万州海关对该宠物犬实施现场检疫、核对狂犬疫苗接种证书、狂犬病抗体效价检测报告、植入电子芯片信息、体内外驱虫记录等，资料审查和现场检疫合格后出具《动物卫生证书》。

【食品安全监管】2022年，万州海关收集、整理进出口食品安全风险，上报食品安全风险信息1492条，对36家进出口食品备案企业、9家出口食品原料种植基地进口食品（红酒），出口量前五位的食品（榨菜、豆干、粉丝、肉罐头、菊花茶）开展风险研判，撰写风险分析报告5篇。参与对印度尼西亚、尼加拉瓜、印度、缅甸的进口水产品境外生产企业视频检查6次。与万州区市场监管局、万州区公安局等部门对进口冷链食品首站生产经营企业开展联合执法检查8次，涉及进口冷链食品冻库、食品生产和餐饮首站企业25家，未发现异常情况。联合万州区市场监管局对出口肉罐头和榨菜企业，开展“双随机、一公开”联合抽查2次，发现问题4项并要求企业整改。

【外贸统计分析】2022年，万州海关结合辖区进出口产品特点，重点就电解铜、液晶显示屏、化肥等商品申报、归类等方面开展分析，向重庆海关上报关注“电解铜”归类风险等7篇统计预警监测风险报告。开展外贸统计数据质量专项调研，分析进出口情况及增降原因，研判辖区各区县外贸进出口形势。协助重庆海关完成上半年重庆进口消费品、1—10月重庆劳动密集型产业以及重

▲2022年6月6日，万州海关开展重庆关区首次亚洲梨火疫病监测

庆出口化肥的数据分析，完成上海疫情对重庆货代企业进出口的影响分析以及2021年跨境电商统计试点调查数据质量报告起草工作。

【企业信用培育】2022年，万州海关采用“线上+线下”、“集中宣贯+一对一指导”方式，加强海关信用培育工作，落实新版信用管理办法，帮助辖区企业顺利取得出口资质。受理报关单位备案、变更及注销160家，同比增长24.6%。对万州关区20家与RCEP成员方有贸易往来的企业和40家“专精特新”企业开展摸底调研，收集企业问题和认证意愿，开展针对性信用培育。深入新能源锂电池和船舶零配件等3家重点制造企业，开展海关高级认证政策业务培训；组织辖区11家企业参与中西部外贸形势问卷调研，收集企业存在的问题和困难，开展信用培育和帮扶指导。联合区县商务委、农业农村委等部门开展集中信用培育3次，惠及企业60余家，对8家“专精特新”企业开展重点培育。加强企业资质动态管理，落实打击跨境电商走私“断链刨根”专项整治行动要求，每季度验核上报备案跨境电商企业资质，对发现问题的5家异常企业实施通关锁定及移入“双失联企业名录”等处理措施。

【AEO高级认证】2022年，万州海关成立AEO认证培育工作专班，对企业“认证标准吃不透、认证程序搞不明、质量及信用管理制度拿不准”等问题定制可行性解决方案，着力开展政策宣讲、认证培训，促进企业完善质量管理体系。同时结合企业开拓海外市场、畅通物流渠道等环节提供“一条龙”帮扶工作，助力企业通过AEO高级认证企业考核，使企业在通关速度上“快人一步”，贸易成本上“胜人一筹”，进一步提升企业国际竞争力。重庆紫建电子股份有限公司于2022年12月28日顺利通过海关AEO高级认证，实现万州海关AEO高级认证“零的突破”。

【稽查核查】2022年，万州海关办结核查作业指令70条，涉及统计对象核查、出口备案食品生产企业核查、出口备案食品生产企业及其种植场、出口果园、进境粮食企业以及出境非食用动物产品企业的日常监管等事项；关注辖区进口再生金属企业，做好摸底排查和政策宣贯，坚决杜绝“洋垃圾”入境，开展专项稽查作业数4起，办结2起；对辖区出口化肥和进境粮食企业核查全覆盖，督促企业整改10余条，夯实粮食安全根基。

【技贸措施】2022年，万州海关根据关区优势农产品出口需求，收集研究国外对出口水果、辣椒等产品的技术贸易要求，编发技贸措施类宣传稿，指导出口企业合理规避国外技

▲2022年6月24日，万州海关调研中国船舶重工集团衡远科技有限公司

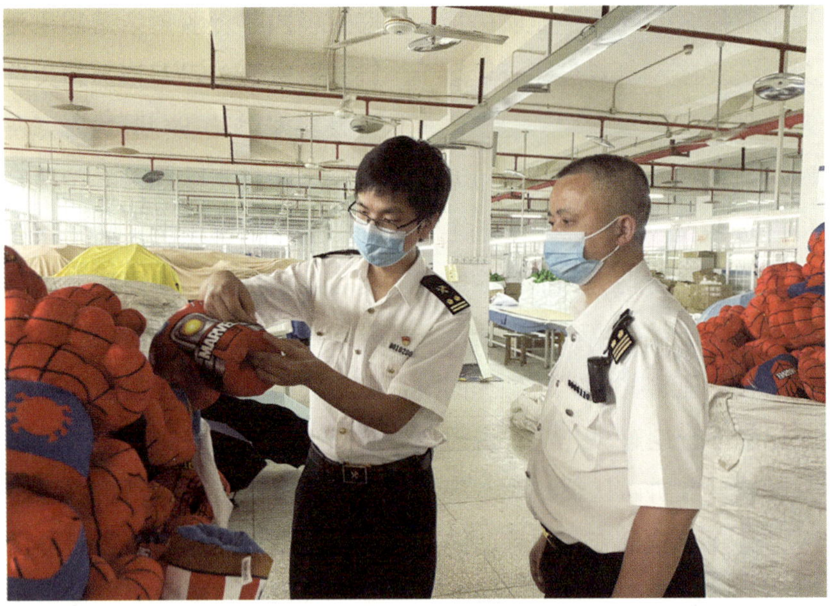

▲2022 年 9 月 2 日，万州海关开展法检目录外商品抽查

术性贸易壁垒，被总署“12360服务”“重庆海关发布”等平台采用10篇。参与重庆海关进出口食品监管体系比较研究和特别贸易关注评议工作，充分发挥海关技术执法、技贸措施助力农产品扩大出口促“双稳”作用。

【辖区企业便利通关】协调口岸海关助力辖区企业享受通关便利，支持关区某企业通过全国通关一体化自营进口铝土矿81.38万吨，货值3.14亿元，成为万州区外贸进口新增长点。进一步落实精简进出口监管证件政策，建立报关单“日清”机制，指定专人紧盯通关时效，及时协调处理异常通关数据，关区水运进口整体通关时间较2017年压缩60%，出口通关时间较2017年压缩95%。优化营商环境工作被《中国国门时报》、“学习强国”等媒体平台报道17篇次。

【万州综保区建设】2022年，万州海关成立综保区工作专班，全程督导正式验收模拟演示5次。万州综保区（一期）于5月27日顺利通过正式验收，建成重庆首个封闭式查验平台；参与综保区招商引资，与进出口企业和外贸服务平台调研座谈，了解企业进出口计划和物流模式，及时为企业答疑解惑；加强与万州综保区管委会及地方部门的联系沟通，在政策解读、区内企业备案、项目入区审核、实地考察等各方面全流程跟踪指导，认真审核把关，严格程序报备，及时进行信息资源共享。建立新入驻企业服务监管机制、拟入区项目咨询操作指引等工作规范，强化入区项目审核把关；牵头对申请入区项目进行政策风险分析，审核报备入区项目5个，指导完成区内企业备案12家，企业账册备案4个。构建“企业吹哨，海关报到”机制，协助综保区管委会制订手套加工项目监管方案，推进进口海鲜冷链分拨中心、进口红酒分拨生物包装材料加工项目，解决万州综保区首笔国内设备入区业务申报问题。参与地方招商引资调研工作，专人专班“一对一”服务指导半导体芯片测试项目顺利完成企业备案、账册设立事宜，推动项目落地开工。万州综保区全年实现进出口值11.92亿元。

【巫山脆李首次出口新加坡】2022年，万州海关联合重庆市中新示范项目管理局、巫山县果业发展中心成立帮扶脆李出口工作专班，跟踪辅导企业办理出口资质、通关手续，脆李出口果园和包装加工厂行政审批时限从20个工作日压缩到7个工作日办结。指导脆李储存保鲜技术、物流运输保障等，开通鲜活易腐农产品属地预约查验绿色通道。2022 年 7 月 27 日，300 千克巫山脆李首次出口新加坡。

【乡村振兴】2022 年，万州海关推动“三峡阳菊”品牌获中国、欧盟、美国和日本有机食品认证，出口金额1000 万元，实现出口“零预警、零退货、零索赔”。专题研究忠县柑橘出口存在龙头企业缺乏、出口通关流程不熟悉等问题，帮扶忠县柑橘出口 2111 万元，远销泰国、菲律宾等 6 国。协调中新示范项目管理局帮扶供港肉罐头企业（重庆市农产品集团食品科技有限公司）出口新加坡卫生注册，企业订单同比增长 150%。三峡库区云阳鲜橙、花椒油、三峡阳菊、腐竹、忠县鲜橙 5 类特色农产品实现首次出口，新拓展缅甸、美国、俄罗斯、泰国、印尼 5 个国家市场。对接贫困地区农副产品网络销售平台（简称 832 平台）和长岭镇采购苹果梨、桃等，扶贫采购农副产品 3.8 万元。

【政务管理】2022 年，万州海关做好上下对接、内外协调工作，完成海关总署“百名科长百日督查”、海关总署“国庆前后新冠疫情防控派驻实地督查”等实地调研工作。完成 2020、2021 年 116 份文件材料立卷归档工作，归档 583 份财务凭证。向万州区委区政府报送《万州海关全力以赴促进外贸保稳提质和口岸开放》《中共万州海关委员会关于促进万州区外贸保稳提质和开放型经济发展有关工作情况的报告》专报。被国管局等部门评为第二批节约型机关建成单位。完成万州海关后山改造项目。

组织万州海关“繁星青年志愿者服务队”志愿者活动，到周家坝社区开展慰问孤寡老人、社区老党员，志愿清扫街道、为老旧楼房搭建防水布、艾滋病防控宣传、疟疾防控宣传、预防电信网络诈骗宣传、植树造林、学雷锋主题活动等志愿活动 10 余次，60 余人次参加活动。

撰稿人

陈兴欣　匡鸿皓　陈习珍　任晓晨　林　轩　鲁　语　张欢语

黔江海关

【概况】黔江海关于2017年12月28日开关运行，干部编制12人，现有干部职工10人，内设办公室（党委组织宣传部）、综合业务科、稽核科3个科室，负责黔江区、武隆区、石柱土家族自治县、秀山土家族苗族自治县、酉阳土家族苗族自治县、彭水苗族土家族自治县6个区县的海关业务。

2022年，黔江海关扎实开展“稳外贸、保安全、防风险，下沉一级抓落实”专项工作，结合巡视巡察整改及“回头看”解决问题5项。严格落实“第一议题”制度，完善黔江海关督查工作实施细则，推动落实督办事项400余项。紧盯绩效考核抓管理，实现绩效考核结果从序列末尾向中游突破。根据防疫政策实时调整内部防控措施，建立包括14项制度的疫情防控体系，加强防疫物资储备，强化来访人员排查、办公区域消毒及工作人员管理。落实“过紧日子”的要求，压缩非必要支出。推进“节约型机关”建设，获评重庆海关“节约型机关”。

2022年，黔江海关实现关区属地化报关单、保税监管、减免税异地监管、税收入库、稽查查发5项业务“零的突破”。监管外贸进出口总值58.14亿元，其中出口24.64亿元，进口33.5亿元。接受报关单申报1074票，税款入库5403.1万元。打造渝东南地区农产品出口“精品样板间”，助推石柱县黄精面条首次出口。

【党的二十大精神学习】2022年，海关总署在黔江海关召开党的二十大精神宣讲暨学习交流会，黔江海关协助会务工作，全员参加宣讲会议。认真落实学习党的二十大精神要求，细化17项学习任务，运用黔江海关“人人课堂”“武陵学堂”等平台，开展党的二十大知识宣讲、竞答，开展专题学习5次，集中讨论4次，撰写学习心得12篇。组织全体关员参加重庆海关“党的二十大精神知识竞赛”，获一等奖和优秀组织奖。研究制定贯彻落实党的二十大精神13项措施。

【党支部建设】2022年，黔江海关建立党史学习教育常态化机制2项，为企业群众办实事9项；开展“三会一课”集体学习25次，组织青年理论学习小组集中研讨6次。利用渝东南特色红色资源，同重庆港海关党总支、涪陵海关党总支、企管处党支部、动植处党支部、口岸监管处党支部开展联学联建。办公室和综合业务科联合党支部、稽核科党支部分别依托“三四五工作法”“四点工作法”探索“互联网+党建”工作新模式。办公室和综合业务科联合党支部获评重庆海关“四强”党支部。

▲2022 年 10 月 16 日，黔江海关组织收听收看党的二十大开幕会盛况

【全面从严治党】2022 年，黔江海关开展全面从严治党年度重点任务分解，明确 43 项具体任务，逐级签订党风廉政建设责任承诺书。开展特约监督员换届、增聘、扩容工作，扩大外部监督覆盖面。扎实开展“海关重点项目和财物管理以权谋私”专项整治工作，4 次集中学习“海关重点项目和财物管理以权谋私”专项整治工作领导小组通报的 10 起违纪违法典型案例以及驻署纪检监察组通报的 5 起违反中央八项规定精神典型案例，开展高风险重点人员谈话并撰写个人剖析材料。

【政治机关建设】2022 年，黔江海关围绕强化政治机关建设，统筹推进“学查改”专项工作和捍卫“两个确立”、做到“两个维护”、强化政治机关建设专项教育活动。突出政治导向，制定 25 项具体措施，明确时间表、路线图、责任人。突出全员导向，制订 5 个方面 29 项学习计划，通过党委理论学习中心组、青年理论学习小组等方式开展集中学习 25 次，全员撰写学习心得体会，与涪陵海关联合开展“落实专项教育、推进专项整治”主题党日活动。突出风险导向，梳理政治要求 44 条、排查风险 62 项，建立三级政治要求清单。突出目标导向，针对 25 项风险点制定 47 项整改措施，全部完成整改。

【属地纳税人管理】2022 年，黔江海关深化属地纳税人管理，建立关区纳税额前 30 企业底账模型 1 个，调研水果、红酒等重点税源行业 10 家，研判行业发展趋势，收集企业进出口、纳税、补税等情况；推行“关税技术联动”属地纳税人服务模式，完善关企“直通车”工作机制，搭建关企沟通平台，通过“线上 + 线下”的方式为企业解决归类、原产地等方面疑难；加强协同配合，依托“云擎”大数据平台开展数据监控，会同地方商务部门联合开展税收征管专题政策宣讲 2 次，惠及企业 20 余家。

【监管业务】2022 年，黔江海关围绕渝东南外向型经济发展特点，加大减免税政策宣传，实现辖区首票医疗设备减免税货物异地监管；定制进口拉丝机设备减免税监管方案，帮助企业享受税款减免 110 万元，确保 50 万吨高性能玻纤生产基地 S2 线如期点火投产。结合辖区区县发展情况，在保税监管场所、进境粮食后续监管等方面给予政策指导和工作支持，推动秀山华渝物流公用型保税仓库首批货物顺利入库。

【检验检疫】2022 年，黔江海关推出鲜活易腐产品出口绿色通道等便利举措，探索“随产随检、随验随走”模式，大力开展辖区农产品技贸措施研究，为辖区特色农产品定制帮扶方案，助力黄精、辣椒、莼菜、黄连等特色农产品出口实现突破，190 批次货物通过属

▲2022 年 9 月 23 日，黔江海关关员监管出口黄精面条

地检验检疫，货值 1580.7 万美元。加强实蝇、杂草、水生动物的监测力度，开展实蝇监测 12 次，杂草监测 2 次，水生动物监测 2 次；收集上报境外动植物疫情信息、境外食品化妆品风险信息，其中 9 条被被海关总署采用。强化属地查检监管，开展属地查检 45 批次，放行货值 215.55 万美元。

【海关统计】 2022 年，黔江海关强化数据安全管理。加强报关单统计数据审核，接受报关单申报 1074 票。加强业务统计数据审核，常态化开展业务统计系统逻辑规则检查和综合辅助逻辑检控；加强数据关联审核，依托业务统计系统自动提取 H 2018、金关二期加工贸易管理系统和企业管理数据，并与企业管理系统数据实时比对；强化宏观数据质量管控，调阅“云擎”系统数据，辖区企业有实际进出口业务的企业 40 余家，未见异常。

【企业管理和稽查】 2022 年，黔江海关围绕渝东南外向型经济发展特点，发挥海关专业优势，支持“专精特新”企业发展，开展 2 家重点企业海关高级认证企业培育；指导企业健全质量管理体系，优化疫病防控措施，完善产品质量控制，提升出口产品国际竞争力。办结税则号列申报不实情事 1 起，行政处罚 5000 元；办结核查作业数 28 起，查发问题 25 家。

【外贸保稳提质】 2022 年，黔江海关推动海关总署促进外贸保稳提质的 10 条措施落地。对关区 10 余家重点企业开展通关流程培训，解读重点商品进出口流程、减免税政策运用方法。开辟绿色通道和专用窗口，提供“7×24 小时”预约通关服务，加快办理各类通关业务，确保通关“零延时”；支持辖区外贸企业正常经营，综合运用关企微信群等网络手段了解关区企业受疫情影响情

▲2022 年 9 月 15 日，黔江海关对出口食品生产企业开展核查

况，组织辖区2区4县商务部门以及20余家重点企业召开网上座谈会，累计解答问题23个，为出口茶叶种植场备案、供澳生猪基地注册提供有针对性的帮扶。通过视频连线开展企业认证培育、资质备案等工作的前期帮扶，利用网络、邮递等方式接收企业递交的证明材料，通过“线上办”“邮递办”方式办理企业资质备案6起；运用在线询问等方式，了解辖区企业受疫情影响情况，密切关注其贸易对象国（地区）因疫情采取的技术性贸易措施，为10余家企业提供有针对性的咨询服务。

【助力乡村振兴】2022年，黔江海关建立“外贸平台对外洽谈、政府指导企业生产、海关定制出口方案”工作模式，促进渝东南农产品出口。组建工作专班，赴中益乡华溪村开展调研20余次。助推石柱黄精面条首次出口。协调组织辣椒、黄连、黄精、莼菜4大类石柱特色农产品赴新加坡参加“2022年亚洲食品展”。拓宽外销渠道，推动企业同11个国家（地区）的客户签订2800万元外销合同。对农户进行境外技术贸易措施知识“手把手”指导，培训受益180人次。投入海关经费20余万元，帮助出口果园建立实蝇监测体系，开展实蝇监测10余次，均未见异常。培育重庆市茗臻农业有限公司、重庆市黔港生态农业发展有限公司2个出口食品农产品种养殖基地，辖区出口食品农产品种养殖基地总量达13个。仰头山三磊果园等4个基地被评为重庆市农产品出口示范基地。选派1名关员赴黔江区甘溪村担任驻村工作队员，采购定点帮扶地区农特产品2万余元。

【特色农产品出口】2022年，黔江海关开展“渝东南特色农产品扩大出口路径探析”课题研究。以“我为群众办实事”为抓手，助力解决农产品出口的堵点、痛点、难点30余项。先后6次到重庆海关对口帮扶点秀山县川河村调研，参与“高山生态种养殖技术”课题研究。助推石柱黄连时隔4年再次出口韩国。关区特色农产品出口8176万美元，比上年增长27.4%。

【建立合作机制】2022年，黔江海关与辖区政府建立合作机制，落实重庆海关与秀山县人民政府合作备忘录，组织联合开展外贸政策宣讲会3次，加大AEO信用培育力度，参与地方招商引资工作；推动重庆海关与酉阳县人民政府签署共同促进酉阳县开放型经济发展合作备忘录。围绕黔江区外向型经济发展、黔江区农产品出口等事项，向区委区政府呈送文件，积极建言献策。

【督察内审】2022年，黔江海关运用海关内部控制与监督子系统（HLS2017）强化进出口异常数据分析，加强辖区企业后续管理，运用“组合查询”功能，及时调取关区企业进出口数据开展分析研判，不断加强进出口异常数据风险监控。开展实地稽核查，结合风险分析要点对异常企业开展专项稽核查，加强进出口单证实质性审核，重点查发辖区某企业因归类申报错误影响海关统计的违规行为，实现稽查查发业务“零的突破”。

【队伍建设】2022年，黔江海关成立人才工作领导小组，开展人才队伍建设调研。注重执法一线科长队伍教育管理和培养，1人获评重庆海关“优秀执法一线科长”。选派3人参加5轮次口岸疫情防控集中封闭管理，7人在重庆海关各专项工作中获得集体或个人嘉奖，2人获评重庆海关优秀共产党员和优秀党务工作者。深化“学习型”海关建设，持续擦亮“武陵学堂”学习品牌，打破条线、科室界限，全员参与稽查岗位练兵。落实准军事化纪律部队要求，扎实开展“内务规范强化月”活动，深化考核标准、考评机制、流动红旗和标兵制度。厚植“求实、扎实、朴实”的海关文化，营造“团结、和谐、你中有我、我中有你”的家文化氛围，组织开展“我为黔江海关献一策”活动，收集干部职工意见建议14条，改善关员之家、健身房、食堂等文化生活设施，增强队伍归属感和认同感。

【安全生产】2022年，黔江海关抓好安全生产工作，主要负责人讲授安全生产专题党课，开展《中华人民共和国安全生产法》、安全生产事故典型案例专题学习5次，建立安全生产“吹哨人”预警机制，组织安全生产风险隐患排查和“回头看”检查13次，建立安全生产问题隐患清单及整改台账。

【群团（工、青、团、妇）工作】2022年，黔江海关推进团支部标准化建设，制订党建带团建工作计划，依托“智慧团建”系统，明确“凝聚青年、服务大局”的基调。依托青年理论学习小组，组织团员学习党的二十大精神2次，开展“大讨论大落实”活动，强化青年团员理论武装。创新宣传方式，依托公告栏、LED屏幕、“渝关新语”微信公众号等载体，宣传、展示青年工作风采。组织开展“趣味运动会”、爬山、插花、植树等工会活动，为在职女职工购买“特殊疾病保险”，提升队伍凝聚力。

撰稿人

李　盟　王　川

第八篇

直属事业单位

中国电子口岸数据中心重庆分中心

【概况】2022 年，中国电子口岸数据中心重庆分中心（以下简称“数据分中心”）秉持“让数据多跑路、让企业少跑腿”理念，以科技跟班作业为抓手，跟踪解决企业通关申报中遇到的问题 150 余个；用好“关银一 KEY 通”平台，优化制卡业务流程，完善线上办理模式，搭建代理点 16 家，为 1552 家企业办理电子口岸制卡业务；为重庆海关“保运转”提供信息化服务，参加总关集中工作，开通远程办公账号，全时段提供技术支持，实现远程办公最大 180 人同时在线；研发“每日健康及涉疫风险排查模块”，为重庆海关干部职工及共同居住人员提供涉疫信息及身体状况动态上报提供技术支持。

【党的建设】2022 年 5 月，成立数据分中心党支部，现有正式党员 3 名。围绕“学查改”专项工作和捍卫“两个确立”、做到“两个维护”、强化政治机关建设专项教育活动（简称“两个专项”）开展专题研究，注重思想认识同步、学习查摆同向、改进提高同标。通过“三会一课”、主题党日等形式开展学习交流研讨，采取“线上 + 线下”“集中 + 个人”“整体 + 分组”等学习方式，做到领导干部带头学、干部职工全员学，形成逐级抓学习、层层抓落实的良好氛围。围绕“四个是否”和“六对照六看六查”，找准问题、形成清单、剖析根源、明确方向，清醒认识“没有脱离业务的政治，也没有脱离政治的业务”，以问题整改推动重点任务高标准完成，梳理 10 类重大风险领域，归纳汇总形成问题清单，排查经济关联度高的问题并完成整改。

数据分中心以海关总署数据中心开展“1 +6”联学共建活动为契机，参与海关总署数据中心“新时代海关事业单位党建工作探索”理论课题研究和青年理论学习小组“关键小事”关于垃圾分类调研课题活动，成立数据分中心负责人为组长的调研小组，先后前往龙华社区、春风城市心筑小区等实地调研“垃圾分类小切口推进基层社区精准治理”，问卷调查垃圾分类，针对调研情况认真分析，撰写调研报告。通过“云端”与海关总署数据中心网络与信息安全部联学共建，交流党建、业务工作经验。参加“党建引领、科技赋能、助企纾困”“永远跟党走，建功新时代”等主题学习交流会，并做交流发言。通过联建学习，数据分中心党支部的战斗堡垒作用和党员先锋模范作用进一步凸显。

夯实管党治党政治责任，落实全面从严治党要求，压紧压实主体责任。深化党风廉政建设，开展“海关重点项目和财物管理以权谋私”专项整治，集中学习《中国共产党章程》《中国共产党廉洁自律准则》《中国共产党纪律处分条例》等党规党纪和规章制度，组织重点岗位人员深入查摆、自我剖析，及时整改。常态化开展廉政警示教育和禁止酒驾醉驾提醒，弘扬廉洁从政价值观。开展准军事化纪律部队建设，完善制度机制，锤炼过硬纪律作风，推动内务规范各项要求深入人心、形成自觉。

【便企服务】2022年，数据分中心持续推动“关银一KEY通”川渝一体化创新举措，响应企业诉求，与建设银行重庆市分行沟通协调，分步骤在涪陵、万州、江津、璧山等地开设代办点，提升办事效率。推动“单一窗口”应用项目推广，做好企业相关业务咨询和服务，帮助企业解决问题和困难。全力克服疫情影响，急企所急，助企纾困，采取“线下+线上”业务办理模式，设立应急办理点，强化联系沟通机制，确保制卡业务畅通。2022年新入网企业1066家，业务办理2088次，受理企业咨询电话7700余次，解答企业技术疑问6000余条。

【口岸保障】2022年，数据分中心持续优化电子口岸专网数据交换平台处理能力，为电子口岸专网用户企业提供更加优质的数据交换服务，保障重庆海关辖区企业通关顺畅。专网新增接入企业13家，专网用户接入企业达130余家。及时处理“单一窗口运行服务平台”工单，及时受理企业咨询，排查和解决技术问题。“双十一”期间，数据分中心主动对接地方电子口岸、跨境电商企业等，完善上下游节点人员联系清单和应急处置机制，加强人员值守和系统运行监控，处理分拣线异常数据4500余单。

【技术支撑】2022年，数据分中心聚焦信息服务持续做好技术保障工作。协助职能部门做好重庆海关关级信息系统立项资料完善、需求分析、代码开发工作。开发“渝关好青年”投票系统；持续更新统计数据应用子系统数据服务功能；完成安全生产系统应用开发；完成重庆海关各隶属海关财务管理系统的开发、适配及推广；完成门户网站的开发建设、合规性申报工作；对关级应用开展功能优化、漏洞整改工作，为关级应用的推广应用提供技术保障。参与重庆海关2022年度网络攻防实战演习，开展网络攻防24小时值班值守，实施动态监测防护，发现并抵御互联网网络攻击2万次。

做好党的二十大召开期间网络安全保障，参与重庆海关机房网络全轮班值守，增加巡检频次，确保网络安全稳定。做好内网门户网站运维工作，优化完善网站文件和数据的快速恢复机制，压缩故障恢复时间。参与“三智”国际研讨会议、中荷海关30周年会、全国海关科普讲解比赛决赛等重要会议技术保障。开展科技跟班作业，解决基层工作人员信息化建议及诉求。利用国际航班的空窗期，做好重庆海关所属江北机场海关旅检现场的技术保障工作。完成国产计算机系统的安装、运维和使用情况摸底工作，部署紫光云桌面100个。开展机房动环系统、HB、业务系统巡检，处置运管平台告警246次，及时解决服务器、存储及网络设备故障，完成系统高位漏洞修复，保障各应用系统稳定运行。

【安全生产】2022年，数据分中心完善安全生产工作领导小组机制，持续开展安全排查，查找涉及办公区域安全隐患，

▲2022 年 4 月 26 日，数据分中心开展机房用电安全检查

制定整改措施，防范安全隐患。严密防范信息网络安全，确保数据安全，制定网络信息化系统运维安全应急处置预案，组织签订安全承诺协议书，每季度组织开展安全培训和网络安全事件应急演练，定期开展网络信息化安全检查，更新换代网络安全设备，做到防范于未然。加强互联网出口管理，优化互联网资源申请、接入、接口变更等内控规范，新增接入专线，及时有效处理各类网络预警，防御高危攻击事件。

【队伍建设】2022 年，数据分中心聚焦平台搭建，提升干部职工精气神。结合数据分中心在编人员占比低，合同制聘用人员占比高且年轻化的特点，重视干部职工的全面发展。强化党建引领，以“两个专项”为契机，组织开展政治理论学习，强化干部队伍思想理论武装。组织参加重庆海关“青春国门·渝关我家”文化系列活动，提高干部职工的思想觉悟和政治站位。定期开展相关业务政策法规和技术培训，对工作中出现的技术性问题及时复盘，提升分析能力和实操能力。结合岗位实际，适时轮岗交流锻炼，培养一专多能型人才。激励担当作为，面对疫情期间线上视频会议倍数增长，以及“保运转”集中工作任务激增等挑战，适时开展思想引导和心理疏导，帮助解决实际困难，提升干部职工艰苦奋斗的责任心和连续奋战的斗争精神，为工作正常运转提供重要人力保障。

【财务及后勤保障】2022 年，数据分中心牢固树立“过紧日子”意识，加强“三公”经费、差旅费管理，聚焦人员经费、公用经费等重点领域，优化完善财务管理制度，深化内控节点，强化资金管理，推进节约型单位创建，加强财务人员培训和队伍建设。规范办公用品领用，强化公车管理，建立加油、保险、修车管理台账，严格用车审批，做好车辆行驶情况登记，落实到人，确保公车使用规范。规范财务核算，加强对支出政策和支出标准的审核把关。持续推进固定资产清理和资产报废，实现资产精细化管理。

撰稿人

李海洲　李　亮　吴萌萌

重庆海关后勤管理中心

【概况】2022年，重庆海关后勤管理中心（以下简称“后管中心”）严格落实“疫情要防住、经济要稳住、发展要安全”重要要求，坚决履行后管中心守住“底库”职责，做好疫情防控期间的各项“保运转”工作及重庆海关后勤保障工作，保障关区正常运转。

【党的建设】2022年，后管中心把学习宣传贯彻党的二十大精神作为首要政治任务，扎实推进党建工作，加强党建引领作用。结合实际，研究制订后管中心学习计划、贯彻落实学习措施。抓好后管中心党委领导班子教育，坚持班子成员学在先、走在前，形成上下联动抓理论武装的良好局面。通过组织党委中心组集体学习、班子成员个人自学、各支部集中学习、开展专题研讨等方式，带领全体党员干部读原著、学原文、悟原理，组织集体学习6次，各支部开展专题研讨6次。严格执行“第一议题”制度，坚决落实习近平总书记重要指示批示精神，立足后勤部门职能职责，做好疫情防控期间的各项“保运转”工作及后勤保障工作。推动党史学习教育常态化、长效化，与“学查改”专项工作和捍卫“两个确立”、做到“两个维护”、强化政治机关建设专项教育活动（简称“两个专项”）有机融合、协同推进。组织实施基层党建“双提升”行动。根据“两个专项”制订专题学习计划，将党委领学、党支部研讨、党员自学有机结合。成立后管中心党委，下设支部3个，新配青年支部书记、副书记，培养1名入党积极分子。认真学习中央八项规定及其实施细则精神，组织观看警示教育片，抓好党风廉政建设责任制落实。组织签订服务企业廉政责任承诺书，加强重点岗位监督，持续巩固全面从严治党和党风廉政建设。

【日常保障】2022年，后管中心完成后勤服务，做好关区疫情防控期间人员进出管控、消杀灭、防疫物资采购、本中心职工核酸检测和疫苗接种数据报送、人员出行台账记录等工作。加强防疫物资验收入库和出库管理；部署防疫物资库房6处，面积300多平方米，发放口罩、酒精等防疫物资14.96万件。后勤物资库发放卫生用品等12.1万余件；装备库发放制服、配饰等3.3万余件；单证库发放单证12.6万余份。清洗制服、床单被套等9.6万余件；完成制服采购预算。提供两个办公区用餐服务约74.3万人次（含“保运转”期间盒饭服务）；提供理发服务5900余人次；提供招待所住宿2425人次；提供干部职工单身宿舍80间；提供执勤执法、疫情防控、闭环管理、工作检查、会议等工作用车3854余车次；完成公务车辆消毒7081车次。完成“双百”督查组、国家审计、总署疫情防控督查组等工作组在渝期间的办公用房、用餐用车、洗衣、理发等方面的服务和保障工作。

【厉行节约】2022年，后管中心完成144户电力“一户一表”改造工作，消除电路老化、长期超负荷运转等安全隐患，解决老旧小区频繁停电问题，保障住户用电安全。协调推动项目改造费用由重庆市江北区供电局自筹，为重庆海关节约资金约120万元，每年节约差额电费补贴约15万元。

【安全管理】2022年，后管中心坚持安全第一、预防为主、防消结合的原则，成立安全生产领导小组，严格落实消防安全职责，健全消防安全制度，完善消防安全具体措施。严格落实“吹哨人”制度，鼓励人人都是安全管理员。建立“日、周、月、季、年”五级安全检查制度，开展强弱电井、配电室、化粪池、招待所、食堂、电梯等重点区域的安全隐患排查，针对发现的安全隐患，建立安全隐患清单和整改措施清单，明确整改期限和责任人，监督隐患清单动态清零，措施清单持续生效。检查消防设施设备89次560项，及时完成问题隐患整改。定期维修保养消防系统、门禁系统、视频监控系统、报警系统，开展两个办公区消防维护保养、安防系统维护保；及时做好门禁系统开通授权或变更录入350余人次。规范车库使用管理，摸底排查办公区域车辆停放的情况，严格把关录入系统的车辆权限，及时做好变更、新增、取消授权等工作。规范配置重庆海关大楼灭火器。组织全关消防知识培训、组织后管中心消防知识培训灭火演练、食堂人员消防知识培训和现场灶台灭火培训。

▲2022年8月26日，后管中心组织人员做好分餐送餐工作，确保疫情防控期间全体干部职工用餐安全

【基建维修】2022年，后管中心完成重庆海关篮球场、羽毛球场、重庆海关一楼浴室改造，完成重庆海关化粪池加装排气扇项目，完成重庆海关、红黄路办公区食堂线路老化整改、食堂风机及油烟净化器改造、会议室功能改造、缉私局办案场所UPS电源改造、车库闸道整改、副楼加装新风系统、招待所走廊加装空调、缉私局倒班房改造等多个项目，克服疫情影响及时复工、保证项目质量和预算执行。推进临江门宿舍老旧电梯改造，及时完成二部电梯安装。

【资产管理】2022年，后管中心做好公有住房管理，严格审批重庆海关及主城区隶属关符

▲2022年5月31日，后管中心组织开展2022年度关区“遵守安全生产法 当好第一责任人”专题培训

合公有住房入住条件的申请人并合理调配房产，依托建立宿舍分配流程、申请报批流程等多种管理方式，进一步推动宿舍管理工作精细化、流程化、专业化。推进闲置房产出租工作，分别于7月、8月、9月在重庆联合产权交易所公开挂网招租。

【企业管理】2022年，后管中心理清盘活、分类推进企业脱钩及企业政革。推动参股企业产权转让工作。按总署流程安排有序推进落实后管中心转让所持中检重庆公司股权。继续跟进清算企业注销工作，完成重庆正浩兴检实业有限公司清算工作。收回该公司人事财务档案。推动国有企业改革工作。

【内部管理】2022年，后管中心以“规范化建设年”为抓手，进一步提高管理水平和工作质量。修订完善绩效考核管理办法，在分配方式上更加注重工作实绩，促使收入分配更加科学合理。将每月工作完成情况纳入奖励性绩效范围，充分发挥激励机制作用，调动干部职工工作积极性、主动性，提高工作质效。实行防疫物资库房双人管理制度，增设库房监控等设备，增加日常检查频次，严格监控库房的温湿度并做好记录，每月进行物资盘存，上报临期物资专表，防止因物资过期导致浪费。规范食堂食材管理，控制食材成本，严格执行每月询价、食材订单审核、食材双人验收、月底盘存等机制。建立每日零库存鲜货台账，执行双人出入库制度，各个环节相互制约，库存货物账实相符，管理人员心中有数。

【帮扶采购】2022年，后管中心在2021年基础追加地方帮扶采购份额。按时足额完成采购份额，确保采购农副产品质优价廉。深入脱贫地区实地调研，结合食堂消费需求制订购买计划、分批订购产品并及时支付货款；完成海关总署帮扶采购份额，严把验收环节产品品质关，严格出入库登记和货款支付。完成组织采购脱贫地区农副产品，超额完成年度预算指标。

【防范风险】2022年，后管中心通过签订重要岗位廉政承诺书、廉政谈话、组织观看党的十九大以来海关系统部分违纪违法典型案例警示教育片等形式，加强职工廉政教育，增强防腐拒变能力，切实防范廉政风险。认真落实中心“三重一大”事项集体决策制度，确保重大项目决策、大额资金使用在中心主任会通过集体研究决策。规范资金审批、审核、使用手续及程序，加强制度监督，控制支出标准，确保资金安全完整，防范财务管理风险。严格按照重庆海关及中心相关采购制度执行重点采购项目及日常采购。通过招标采购、协议供货和网络采购等方式实行全覆盖，采购符合重庆海关的规章制度，规范采购流程，防范采购环节风险。严格按重庆海关要求传达各项疫情防控要求，做好防疫物资常备常查；做好办公区域消杀；做好进出人员管控和重点工作人员的核酸检测、疫苗接种；严格人员外出管理；配合做好集中封闭管理的监督工作，有效防范疫情防控风险。

撰稿人

江爱华　陈　珊

重庆海关技术中心

【概况】2022年，重庆海关技术中心（以下简称“技术中心”）秉承“求实、扎实、朴实”的海关文化，坚持稳中求进做好工作。完成法定检验6651批次，其中货贸法检5565批次，旅邮检截获物、口岸卫生监督、专项检测等法检任务1086批次；开展社会公共服务，为国家市场监督管理总局、重庆市市场监督管理局、重庆市农业农村委员会、重庆市生态环境局、重庆市林业局等政府机构及企事业单位开展委托检测25457批次。成功参与申报国家重点研发计划项目1项，申报海关总署及重庆市科研项目获立项7项；申报海关技术规范获立项主持3项，发布4项，送审7项；发表论文11篇；获得专利授权3项。完成CNAS、CMA新扩项532项，首次获得司法鉴定机构资质，15人获得司法鉴定人执业证。缩短法定检验检测周期率54.6%，法检自检率达98.5%，提升技术支撑能力。

【党的建设】2022年，技术中心加强政治机关建设，认真开展“学查改”专项工作和捍卫“两个确立”、做到“两个维护”、强化政治机关建设专项教育活动（简称“两个专项”），常态化、长效化党史学习教育，参加理论学习300余人次。深化落实全面从严治党，开展重点任务分解，从五大方面推进落实中心全面从严治党工作。结合专题组织生活会“六对照六看六查”，形成技术中心问题8项，强化问题动态清零。严实“海关重点项目和财物管理以权谋私”专项整治工作，成立工作领导小组，梳理2012年以来工程建设、信息化建设、实验室建设、装备构建、疫情防控保障等领域的重点项目，形成清单，逐项排查风险隐患。严肃党风党纪，观看警示教育片、讲授专题党课，通过“线上+线下”方式参加学习。做好节前廉政提醒，创作廉政作品入选中国海关博物馆及网上同步展览。提升党建工作质量，开展党委委员补选、设置专职党委副书记，成立所属企业党支部。2022年，技术中心党委有党员46名，下设党支部3个，12人被评为关区优秀共产党员和优秀党委工作者，1个党支部被评为“四强”党支部和“先进基层党组织”。

【检验检疫】2022年，技术中心持续筑牢国门安全，全年完成法定检验6651批次、43573项次；其中完成进出口货贸法定检验5565批次、40994项次；完成旅邮检截获物检测350批次、441项次；完成口岸卫生监督检测422批次、1353项次；国门生物安全监测314批次、785项次。严把食品质量安全关，完成进出口食品货贸法检893批次；完成进出口食品、饲料风险监测任务99批次，口岸卫生监督82批次；检出有害生物130余种，600余种次，首次鉴定出“异宠”1批次。保护濒危物种资源，完成濒危物种鉴定42批次，检出红珊瑚、缅甸蟒等22批次，鉴定出黄檀属1批次。强化危化品检验，完成危险品及包装鉴定800批次；开展进出口危险品货物检测157批次。严把进出口商品国门关，完成涉税化验鉴定159批次；固体废物鉴定32批次，大宗资源产品鉴定184批次；进出口消费品检验451批次。

【风险评估与监测】2022年，技术中心发挥国家级进出口商品质量安全风险评估中心和风险监测点作用，采集进出口商品质量安全风险预警信息4249条，完成进口重点敏感商品的风险监测226批，完成我国进口纺织服装质量安全风险分析工作，完成我国进口服装检验采信试点的风险评估报告，完成成渝地区双城经济圈进口牙刷质量安全风险监测工作，向海关总署提交关于加强进口非道路柴油移动机械一氧化碳排放检测有关建议，上报9份风险监测评估报告和2篇信息获海关总署商检司采纳。

▲2022年4月13日，技术中心研究人员开展池塘水五日生化需氧量测定，进行接种液移取操作

【能力提升】2022年，技术中心持续提升能力建设，开发扩展新的检测项目，申请CNAS、CMA扩项3次，新扩项532项。获得CNAS认可检测能力36大类，4529个参数，获得CNAS校准能力3大类，56个校准项目；通过CMA检测能力51大类，8059个参数。组织法检报告抽查2次，参加能力验证及测量审核活动91项次，通过外部评审提升检测能力。首次获得司法鉴定机构资质，在法医物证鉴定、法医毒物鉴定、微量物证鉴定三个领域获得许可，15人获得司法鉴定人执业证。

【科研制标】2022年，技术中心把科技创新摆在工作全局位置，服务法检任务，提升竞争能力。开展前沿性基础研究及应用研究，申报海关总署及重庆市科研项目11项，获立项7项；申报海关技术规范19项，获立项主持3项，起草海关技术规范发布4项；发表论文11篇；申请专利2项，获得专利授权3项，其中发明专利2项，实用新型专利1项；参与《中国药典》（2025年版）中密封性通用检测方法研究工作。海关总署科研项目“冷冻畜肉冻龄标志性指示物筛查技术研究”（项目编号：2020HK228）通过验收，在畜肉冻龄标志性指示物筛查方面取得突破。

【“1+X”合作】2022年，技术中心持续深耕“1+X”合作（中国海关科学技术研究中心1+X合作实验室建设，“1”指海科中心，“X”指各专业领域优势实验室），自2021年12月15日与中国海关科学技术研究中心（以下简称“海科中心”）签订战略合作协议以来，合力开展“牛结节性皮肤病核酸检测能力验证”、“人参鉴定能力验证计划”工作；协同推进牛结节性皮肤病WOAH参考实验室建设；共同申报科技部“十四五”国家重点研发计划项目1项，联合完成重庆海关关级科研项目1项；建立多点位宏基因条形码技术平台1套、发表论文1篇；合作制定行业标准3项、申报行业标准2项；2人加入海科中心濒危物种鉴定联盟专家组；依托海科中心国产仪器验证与综合评价服务平台，合作开展国产优秀设备验证评价工作。

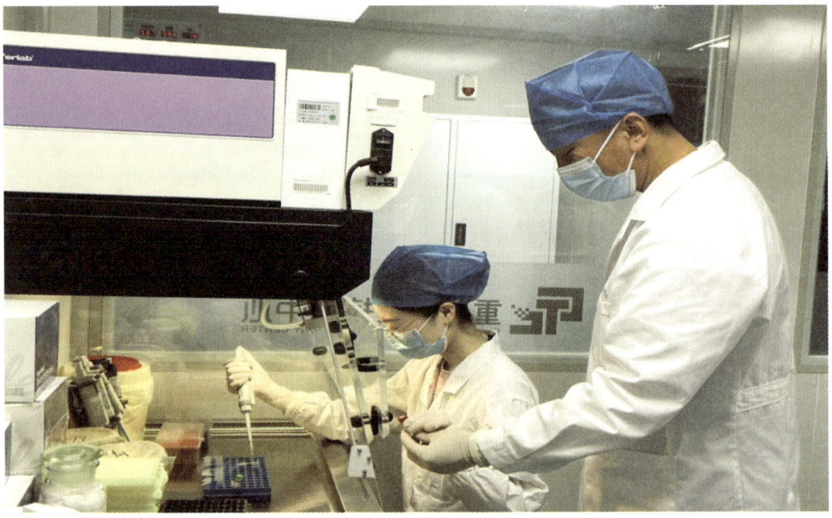

▲2022年6月23日，技术中心研究人员在进行诊断试剂盒研制研究

【科普基地】2022年，技术中心发挥“重庆市进出境动植物检疫及物种资源保护体验中心”科普基地作用，申报并获批立项重庆市科普基地能力提升项目，参加全国科技活动周、全国科普日、全民国家安全教育日等活动，连续九年参加重庆市科技活动周主会场活动，做好《中华人民共和国生物安全法》、外来入侵物种防控、国门生物安全等科普宣传工作，将科普基地打造成宣传海关工作的一张名牌，展现海关“国门卫士”形象。

【公共服务】2022年，技术中心成功入选“第三次全国土壤普查第一批检测实验室名录”，顺利承接重庆市农业农村委第三次全国污染普查调查采样、样品制备、实验室检测全链条工作；在外来入侵物种普查、有害生物调查、野生动植物疫源疫病检测等方面与重庆市林业局进行深度合作；承接重庆市及多个区县农业系统外来物种调查、生物多样调查项目。实现企业委托版块及政府采购版块均衡发展、“企业委托+政府采购”齐头并进的局面；形成以药品包装材料检测、食品类样品检测、环境类样品检测、外来物种入侵及生物多样性调查四个核心业务版块为主，其他多领域检测业务为辅的格局。

【政务管理】2022年，技术中心持续推进建章立制，根据环境变化和工作需求及时制修订中心行政规范性文件及内部管理制度，制修订管理制度11项，进一步规范行政管理、财务管理、后勤保障、安全生产等工作，确保各项事务流程有规可依，有章可循。推进国企改革，完善技术中心对所属企业管理制度的修订，完成重庆玉成产品质量检测有限公司章程修订，成立党支部。强化质量管理，修订管理手册1次、程序文件6个，新编管理制度2项，确保体系文件合理高效运行，提升整体质量管理水平，促进队伍素质提高和发挥职能作用。实施覆盖全要素的内部审计，召开管理评审会，促进管理持续改进。做好信息宣传工作，在海关总署刊载专报1篇，重庆海关刊载信息44篇，发布各类新媒体稿件14篇。

【财务及后勤保障】2022年，技术中心提升财务保障及风险防控能力，严控“三公”经费、压减支出、盘活存量资产、统筹资金使用，按季度评估落实“过紧日子”政策结果和效益；推进预算管理一体化和预算执行工作，年度预算执行率100%；配合接受2022年国家审计，落实问题整改。完成行政资产划转前期准备工作，查阅近30年会计凭证、合同档案等资料，核实1000余台设备信息，推动行政资产向事业单位划转。合理执行预算，稳步推进基建，完成技术中心实验室改造项目并通过阶段性验收。与重庆市两江新区管委会签署协议投资建设水土实验大楼，完成首期购房款拨付，承建方重庆大地生命科学园完成立项及招标代理、造价咨询和方案设计中介服务的采购，方案设计工作基本完成。

【队伍建设】2022年，技术中心在编人员51人，聘用人员87人。组织公开招聘（含考核招聘）在编人员4人，录用1人；聘用人员招聘29人，录用25人。开展职称评审工作，申报22人，其中正高级2人、副高级2人、中级9人、初级9人。新获评高级工程师1人，工程师4人，初级工程师4人。选拔聘用管理七级岗位2人。开展内务规范月活动推进准军事化纪律部队建设。开展体系文件修订后集中宣贯及变更后认可规范文件及内审员持续培训，组织技安全生产、保密教育、警示教育等内部培训。

【疫情防控及安全生产】2022年，技术中心抓实抓细疫情防控，制修订疫情防控制度25项、方案预案18项，严格各类人员、工作场所、防疫物资的防控管理，分场所建立应急物资库，安全开展进口冷链食品检测工作，持续保持新冠病毒核酸检测能力。“保运转”工作期间，50人次在主城区四个办公区24小时值守，有力保障法定检验任务和委托检验业务的有序开展。深入学习习近平总书记关于安全生产的重要论述、《中华人民共和国安全生产法》、“吹哨人”制度及典型案例，完善安全生产工作领导小组机制，多形式开展安全教育活动。组织及接受安全检查26次，动态调整“两个清单”，查出风险隐患并整改，“回头看”检查无反弹。组织全员进行密码安全宣传教育知识问答，学习通报微信办公泄密案例，增强保密意识，筑牢思想防线。

▲2022年7月28日，技术中心涪陵危化品实验室开展危险化学品泄露应急演练

【群团工作】2022 年，技术中心加强文化阵地建设，组织开展红色电影集中观影活动 2 次，开展“三八”国际劳动妇女节交流活动、“六一”儿童创意作品及亲子合照征集活动，组织开展技术中心 2021 年度线上表彰会和新春年会，组队参加关区组织的“青春国门、渝关我家”健美操比赛和篮球比赛。做好关心关怀，组织工会会员购买职工互助保障险，购买女职工特殊疾病保险。开展会员节日慰问、生日慰问、日常慰问。强化青年政治引领，技术中心团支部严格落实“三会两制一课”制度，带动青年理论学习小组读书学习。参加重庆海关团委活动，探望慰问老同志，与重庆市林业局共同开展“国门安全进校园”科普活动。

撰稿人

刘　磊　赵延轲　刘生峰　彭　源　陈菁梅　陈丽华

重庆国际旅行卫生保健中心（重庆海关口岸门诊部）

【概况】2022年，重庆国际旅行卫生保健中心（重庆海关口岸门诊部）（以下简称“保健中心”）着力提升技术支撑、科技创新、核心竞争和品牌影响能力，加强疫情防控不松懈、不怠慢、零感染。统筹发展与安全，强化全员安全意识，开展安全生产大排查，安全事故零发生。做好口岸新冠疫情常态化防控工作，为守卫国门安全提供技术支撑，高效完成新冠病毒核酸检测和人传染病监测检测工作。坚持科技是核心战斗力的思想，申报总署课题2项、重庆市科技局项目1项，申请并立项关级课题6项，获批实用新型专利4个，发表论文3篇。1人获评“全国消除疟疾工作先进个人”称号。

【党的建设】2022年7月，成立中共重庆海关保健中心委员会和三个所属党支部，设立党委书记1名，党委专职副书记1名。深化“强基提质工程”，充分发挥基层党组织战斗堡垒作用、党员先锋模范作用，推动保健中心党建工作走深走实。保健中心党委深入学习贯彻习近平新时代中国特色社会主义思想，坚持全面从严治党，落实党风廉政建设主体责任。围绕“学查改”专项工作，捍卫“两个确立”、做到“两个维护”、强化政治机关建设专项教育活动（简称“两个专项”），对照“学查改”专项工作清单，逐项查摆，形成5个方面整改线条。深入推进“海关重点项目和财物管理以权谋私”专项整治工作及国家审计，针对问题逐一梳理，制定整改措施并长期执行。结合落实“三会一课”、“主题党日”等组织生活制度，将廉政案例学习、廉政警示教育片的观看融入日常学习中，组织集中学习。确定党员发展对象1名。

【口岸技术支撑】2022年，保健中心持续做好口岸新冠疫情常态化防控工作，为守卫国门安全提供技术支撑，高效完成新冠病毒核酸检测27.65万余份，比上年增长184.7%。全力保障国门生物安全，首次检出猴痘病毒核酸阳性1例，系国内（不含港澳台）首例输入性病例。完成4个口岸病媒生物监测工作，完成各类病媒生物87余批次鉴定工作。

【传染病监测及疫苗接种服务】2022年，完成9557人传染病监测体检工作，检出阳性322例，其中HIV阳性4例，梅毒抗体阳性10例，乙肝表面抗原阳性308例，检出非传染性疾病6437例。诊断并网络上报传染病60例，其中4例HIV，46例乙型肝炎，10例梅毒。疫苗接种16904人次，完成新冠疫苗接种记录翻译1322份，英文表格填写1275份。

【支援地方疫情防控】2022年，参与重庆市新冠疫情防控工作，设立保健中心新冠病毒核酸便民采样点，参与重庆市2个便民采样点新冠病毒核酸采样及检测工作，完成重庆市便民核酸采样检测5万余人份。更新采用“重庆市病原体检测系统”及“重庆市核酸采样App”，开展样本采样及检测流程溯源、追踪，提高检测的准确性和及时性。

【科研能力建设】2022年，保健中心组织科研人员参与各级课题研究，申报总署课题2项、重庆市科技局项目1项，申请并立项关级课题6项，获批实用新型专利4个，发表论文3篇。

【实验室能力建设】2022年，完成机场PCR实验室改造，获得生物安全二级实验室备案，并正常投入使用。移动实验室获得国家生物安全二级实验室备案及重庆市临检中心新冠病毒核酸检测实验室备案。中心医学检疫实验室顺利通过CNAS复评审，保持所有认可项目。

【政务管理】2022年，保健中心对照“政治坚定、业务精通、令行禁止、担当奉献”的标准，制定保健中心准军建设实施意见，每月不定期开展抽查，严查前台窗口人员投诉、上班时间着装不统一等问题，狠抓日常，强化号令意识、增强纪律观念、做到令行禁止。严格落实安全生产风险隐患“吹哨人”预警办法，查找安全隐患，责任到人，立行立改。推进“百名科长百日督查”工作，设立专人专班，开展自查迎检。完成档案安全管理专项自查，中心门户网站迁移工作。

【财务及后勤保障】2022年，保健中心充分发挥“制度+技术”手段，大幅提升中心预算管理水平。建立健全中心大库房管理机制，实行“保业务、控成本”的工作方案，运用“T+”智慧库存管理软件，实时动态监控库存情况，加强成本管理，实现智慧化库房。

【队伍建设】2022年，保健中心选拔并聘用领导班子副职（六级职员）1名，初聘3人，岗位晋升2人，解聘1人。开展职称申报工作，晋升副高职称2人。开展内务规范月活动，中心及各分地点组织准军集训2次。加大青年队伍的培养力度，青年文明号获评“一星级全国青年文明号”，巾帼文明岗获评“重庆市三八红旗集体”。加强青年文明号和巾帼文明岗、团支部团队管理建设，持续开展青年理论学习和特色活动，让青年队伍尽快成长起来。预防接种人员全员通过渝北区疾病预防控制中心组织的预防接种上岗培训，取得接种专业技术资格。参加重庆

▲2022年4月26日，保健中心开展队列训练

市临检中心组织的新冠病毒核酸检测技术人员上岗培训，实验室技术人员14人获得新冠病毒核酸检测上岗资质，4人获得压力容器使用资质。职业健康体检医护人员参加职业病诊断再次培训并通过考核。

【疫情防控及安全生产】2022年，保健中心抓好疫情防控工作，落实每周疫情防控安全防护监督员监督制度。落实“日报告、零报告”制度，提升实验室新冠病毒核酸检测能力。强化安全生产管理，组织消防安全培训1次、消防演练1次。落实中心三级安全检查机制，实行部门自查、部门周查、中心月查。制定疫情封控期间后勤物资保障储备应急预案、保健中心办公室场所封闭式管理制度，以及常态化疫情防控监督检查方案和保健中心内部工作人员感染新冠应急处置工作方案、出现封控管控时人力资源调配预案等12方面的制度方案。

【群团工作】2022年，保健中心工会会员59人，组织开展丰富文体活动，做好党群桥梁纽带，联合龙溪街道红石支路社区开展以“防止输入再传播，巩固消除疟疾成果”为主题的“4·26”全国疟疾日宣传活动；参加重庆海关“学雷锋暨青年志愿者服务”活动；创新开展线上廉政基地参观教育活动；参加“家文化”系列活动，参加第一届“跃动的青春”健身操比赛、参加关区第二届“国门杯”篮球比赛，参加“青春渝关志愿行”、慰问离退休老干部、“青年话廉政”等活动，通过用功学、用心讲、用力做，在学思用贯通、知信行统一中践行“两个维护”。开展春节慰问困难职工、“三八”国际劳动妇女节、护士节、医师节慰问、口岸实验室值班慰问、观看红色电影、线上“闹元宵”迎春活动、第二届“阅读启心智·思辨见真知”读书活动和读书分享会等系列活动。

撰稿人

郝玉通　刘启军　陈正明　黄丽莉　倪丹妮

第九篇

荣誉榜

2022 年度重庆海关获评省部级及以上荣誉名单

荣誉集体

序号	集体名称	荣誉名称	颁授单位
1	两寸海关	一星级全国青年文明号	共青团中央
2	西永海关	一星级全国青年文明号	共青团中央
3	保健中心	一星级全国青年文明号	共青团中央

荣誉个人

序号	姓名	荣誉名称	颁授单位
1	彭彦卿	全国消除疟疾工作先进个人	国家卫生健康委 海关总署 国家中医药管理局
2	张　瑛	全国五好家庭	全国妇联
3	谭会琼	优秀执法一线科长	海关总署

第十篇

海关统计资料

2022 年重庆关区货运监管税收业务统计表

指标名称	单位	累计	同比 ± %
进出口货运量:	吨	8470901	9.5
进口	吨	4668885	9.5
出口	吨	3802016	9.6
监管运输工具:			
火车	节	119672	25.9
飞机	架	5528	0.6
实际入库税收	亿元	175.82	1.12

2022 年重庆市进出口商品总值表（月度表）

年月	进出口		出口		进口	
	金额（亿元人民币）	同比（%）	金额（亿元人民币）	同比（%）	金额（亿元人民币）	同比（%）
合计	7996.1899	1.2203	5094.5619	0.4328	2901.6280	2.6333
202201	689.1591	10.9324	452.6217	16.2463	236.5374	2.0094
202202	557.7824	4.5881	365.5000	13.3917	192.2824	-8.8620
202203	711.9824	15.4094	440.9827	16.9593	270.9997	12.9734
202204	703.6911	9.9344	481.2003	21.8935	222.4908	-9.3095
202205	666.5281	14.1772	411.8282	14.1477	254.6999	14.2249
202206	779.7053	8.6630	493.6981	16.8214	286.0072	-3.0270
202207	721.7183	9.9848	472.5967	7.0649	249.1216	15.9854
202208	624.8362	-3.6258	397.7290	-8.4656	227.1072	6.2088
202209	639.1628	-7.4418	405.9082	-10.5538	233.2546	-1.4768
202210	650.2569	-1.9331	432.2570	-5.9049	217.9998	7.0244
202211	589.6409	-21.6861	371.3328	-25.4912	218.3081	-14.2361
202212	661.7263	-14.7053	368.9071	-28.8127	292.8192	13.6758

2022 年重庆市进出口商品贸易方式总值表

贸易方式	进口		进出口		出口	
	金额（亿元人民币）	同比（%）	金额（亿元人民币）	同比（%）	金额（亿元人民币）	同比（%）
合计	7996.1899	1.2203	5094.5619	0.4328	2901.6280	2.6333
一般贸易	2781.4505	7.2401	1774.4217	19.3193	1007.0288	-8.9935
国家间、国际组织间无偿援助和赠送的物资	0.0000	-100.0000	0.0000	-100.0000	0.0000	—
其他捐赠物资	0.0421	263.4352	0.0413	440.4172	0.0007	-81.6417
加工贸易	3539.9325	-2.4807	2860.4624	-7.2554	679.4701	24.5028
来料加工贸易	418.1343	96.7363	108.2507	63.4864	309.8836	111.7827
进料加工贸易	3121.7982	-8.6511	2752.2117	-8.8074	369.5865	-7.4705
寄售代销贸易	0.0223	-85.6015	0.0148	-90.4302	0.0075	—
对外承包工程出口货物	0.4903	66.6842	0.4903	66.6842	0.0000	—
租赁贸易	0.0740	303.2381	0.0740	303.2381	0.0000	—
外商投资企业作为投资进口的设备、物品	3.6093	-8.8741	0.0000	—	3.6093	-8.8741
出料加工贸易	0.0270	—	0.0116	—	0.0154	—
保税物流	1643.6193	-0.0843	456.0332	-8.2553	1187.5861	3.4538

2022 年重庆市进出口商品主要国别（地区）总值表

产终国（地区）	进出口		出口		进口	
	金额（亿元人民币）	同比（%）	金额（亿元人民币）	同比（%）	金额（亿元人民币）	同比（%）
合计	7996. 1899	1. 2203	5094. 5619	0. 4328	2901. 6280	2. 6333
亚洲	4275. 1410	1. 6472	2175. 8902	8. 6705	2099. 2509	-4. 7346
阿富汗	0. 2043	0. 3677	0. 2043	0. 4277	0. 0000	-100. 0000
巴林	2. 0433	66. 9401	2. 0341	68. 7785	0. 0091	-51. 2904
孟加拉国	15. 2419	7. 2180	15. 2146	7. 4990	0. 0273	-56. 3595
不丹	0. 0219	545. 2407	0. 0219	545. 2407	0. 0000	—
文莱	0. 2515	-11. 7889	0. 2515	180. 1640	0. 0000	-100. 0000
缅甸	9. 5076	-4. 4161	8. 9632	-1. 3302	0. 5444	-36. 9036
柬埔寨	11. 4364	51. 6080	11. 2428	50. 1327	0. 1936	253. 0669
塞浦路斯	0. 3585	91. 3878	0. 3585	92. 3701	0. 0000	-100. 0000
朝鲜	0. 0420	1191. 9640	0. 0420	1191. 9640	0. 0000	—
中国香港	553. 2980	-24. 3229	552. 4947	-24. 2770	0. 8033	-46. 6125
印度	228. 5716	8. 4695	223. 4624	11. 1684	5. 1092	-47. 3914
印度尼西亚	148. 7076	13. 9158	102. 3169	28. 4043	46. 3907	-8. 7842
伊朗	5. 7635	30. 2429	5. 7607	30. 4228	0. 0027	-66. 5382
伊拉克	8. 4048	25. 8333	8. 3686	26. 7472	0. 0362	-52. 8000
以色列	12. 2892	48. 2218	9. 7123	45. 4133	2. 5769	59. 8585
日本	298. 5155	-11. 8271	154. 3357	5. 2959	144. 1798	-24. 8999
约旦	3. 1929	19. 4791	3. 1928	19. 4883	0. 0001	-70. 9218
科威特	7. 1983	114. 4297	7. 1983	114. 4298	0. 0000	-100. 0000
老挝	4. 6451	23. 2469	2. 4848	-33. 7660	2. 1603	12337. 7249
黎巴嫩	1. 8365	180. 2174	1. 8365	180. 2174	0. 0000	—
中国澳门	0. 6466	15. 1199	0. 6317	12. 4723	0. 0149	—

续表1

产终国（地区）	进出口		出口		进口	
	金额（亿元人民币）	同比（%）	金额（亿元人民币）	同比（%）	金额（亿元人民币）	同比（%）
马来西亚	236.6093	-3.0905	72.5885	30.4539	164.0208	-12.9918
马尔代夫	0.3785	123.0126	0.3785	123.0126	0.0000	—
蒙古	16.6784	9.5348	1.2484	52.2708	15.4300	7.1028
尼泊尔	2.5702	10.1240	2.5702	10.1240	0.0000	—
阿曼	2.3161	-32.7672	2.3083	25.6059	0.0078	-99.5158
巴基斯坦	39.3569	-9.6635	39.1963	-9.3668	0.1607	-49.7818
巴勒斯坦	0.1669	73.8146	0.1669	73.8146	0.0000	—
菲律宾	84.4021	-0.4143	68.4233	29.6966	15.9788	-50.0613
卡塔尔	2.7905	-1.6255	2.7792	25.1044	0.0113	-98.1638
沙特阿拉伯	72.2109	91.0200	69.4778	90.9066	2.7330	93.9498
新加坡	77.2842	4.7586	50.2012	3.9950	27.0829	6.2039
韩国	774.3230	50.9228	263.6375	94.6043	510.6855	35.2503
斯里兰卡	1.4486	-51.6320	1.4468	-51.4428	0.0018	-88.0970
叙利亚	0.1864	-45.7024	0.1864	-45.7022	0.0000	-100.0000
泰国	181.0932	-12.9901	67.3106	3.5847	113.7826	-20.5141
土耳其	46.4411	15.0103	44.0607	13.3214	2.3804	58.8229
阿联酋	83.2740	34.7263	82.4739	43.6194	0.8001	-81.7515
也门	0.7426	17.1468	0.7426	17.1468	0.0000	—
越南	475.8996	-5.9669	132.4143	3.4821	343.4853	-9.1644
中国	205.4297	-4.9100	0.0000	—	205.4297	-4.9100
中国台湾	623.7379	-3.3216	145.3811	43.1023	478.3568	-11.9981
东帝汶	0.1634	28.1314	0.1634	28.1314	0.0000	—
哈萨克斯坦	25.5253	12.2628	8.6968	77.8922	16.8285	-5.7135
吉尔吉斯斯坦	0.2172	37.4287	0.2172	37.4287	0.0000	—
塔吉克斯坦	0.0632	59.9636	0.0632	59.9636	0.0000	—
土库曼斯坦	0.3272	364.9699	0.3272	364.9699	0.0000	—
乌兹别克斯坦	3.7804	156.8048	3.7803	156.8135	0.0000	-76.7467
格鲁吉亚	3.0437	77.1750	3.0242	77.4704	0.0195	40.7897
亚美尼亚	0.3300	115.8352	0.3231	111.3273	0.0069	—
阿塞拜疆	2.1739	35.9278	2.1739	35.9278	0.0000	—
非洲	236.8938	40.7662	168.4241	21.7541	68.4698	128.5561
阿尔及利亚	2.1590	1.3245	2.1005	-1.4225	0.0586	228820.2893

续表 2

产终国（地区）	进出口		出口		进口	
	金额（亿元人民币）	同比（%）	金额（亿元人民币）	同比（%）	金额（亿元人民币）	同比（%）
安哥拉	7.1742	162.4690	7.1742	162.4690	0.0000	—
贝宁	0.9540	-12.9549	0.9540	-12.9524	0.0000	-100.0000
博茨瓦纳	0.0800	43.3128	0.0800	43.3128	0.0000	—
布隆迪	0.4367	170.8503	0.4367	170.8503	0.0000	—
喀麦隆	2.5287	101.4275	2.5287	101.4685	0.0000	-87.4509
加那利群岛	0.0000	-98.9180	0.0000	-98.9180	0.0000	—
佛得角	0.0076	124.2506	0.0076	124.2506	0.0000	—
中非	0.1091	-24.3563	0.1091	-24.3563	0.0000	—
乍得	0.9668	184.1863	0.9668	184.1863	0.0000	—
科摩罗	0.0263	27.3253	0.0263	27.3253	0.0000	—
刚果共和国	2.7446	1767.3421	0.6781	361.3916	2.0665	—
吉布提	2.0011	367.2080	2.0011	367.2080	0.0000	—
埃及	6.5513	-41.3377	6.2588	-42.1471	0.2925	-16.2668
赤道几内亚	0.0251	79.2735	0.0251	79.2735	0.0000	—
埃塞俄比亚	3.3574	-28.4211	1.1198	-38.6609	2.2376	-21.8964
加蓬	2.1338	-19.8308	0.2546	10.5893	1.8792	-22.7117
冈比亚	0.4885	-20.1579	0.4885	-20.1579	0.0000	—
加纳	5.8702	13.3990	5.8702	19.1610	0.0000	-99.9973
几内亚	19.3308	348.0452	2.0123	-0.3340	17.3185	654.4683
几内亚比绍	0.2155	37.2912	0.2155	37.2912	0.0000	—
科特迪瓦	6.6162	14.6868	4.5799	15.9724	2.0363	11.8970
肯尼亚	7.7307	58.6455	7.7043	58.1266	0.0264	3661.7470
利比里亚	0.7956	25.0064	0.7956	25.0064	0.0000	—
利比亚	2.3803	-0.0328	2.3803	-0.0328	0.0000	—
马达加斯加	2.1487	23.6626	2.1452	23.6569	0.0035	27.2575
马拉维	0.6286	-2.2205	0.6286	-2.2205	0.0000	—
马里	2.5615	17.8163	2.5615	17.8184	0.0000	-100.0000
毛里塔尼亚	0.4185	-16.4421	0.4185	-16.4447	0.0000	—
毛里求斯	0.7365	2.1732	0.7360	2.1121	0.0005	1349.4953
摩洛哥	6.8203	-7.4486	6.4234	-11.5205	0.3969	262.7406
莫桑比克	14.6605	20.5290	4.9562	-16.0360	9.7043	55.0038
纳米比亚	0.3581	-80.7507	0.3581	-79.3412	0.0000	-100.0000

续表3

产终国（地区）	进出口		出口		进口	
	金额（亿元人民币）	同比（%）	金额（亿元人民币）	同比（%）	金额（亿元人民币）	同比（%）
尼日尔	0. 6922	61. 7154	0. 6884	60. 8174	0. 0038	—
尼日利亚	37. 3916	43. 9322	37. 3594	43. 9471	0. 0322	28. 5220
留尼汪	0. 3495	30. 3387	0. 3495	30. 3387	0. 0000	—
卢旺达	0. 8752	9. 2780	0. 8752	9. 2772	0. 0000	—
圣多美和普林西比	0. 0054	-67. 8811	0. 0054	-67. 8811	0. 0000	—
塞内加尔	4. 6986	-5. 2750	4. 6985	-5. 2756	0. 0000	—
塞舌尔	0. 0417	191. 0436	0. 0417	191. 0436	0. 0000	—
塞拉利昂	3. 0090	323. 1481	0. 2626	-9. 2638	2. 7464	551. 3060
索马里	0. 5369	-30. 0681	0. 5369	-30. 0681	0. 0000	—
南非	40. 2593	38. 1278	30. 5544	38. 5691	9. 7050	36. 7567
苏丹	0. 6628	-18. 4028	0. 6628	-18. 4028	0. 0000	—
坦桑尼亚	8. 7230	121. 9420	6. 5480	104. 1309	2. 1750	201. 0119
多哥	3. 5958	-23. 2927	3. 5958	-23. 0889	0. 0000	-99. 6828
突尼斯	4. 1605	45. 5659	4. 0860	48. 7277	0. 0744	-32. 8222
乌干达	0. 7740	12. 4172	0. 7740	21. 9637	0. 0000	-99. 9977
布基纳法索	2. 4933	-27. 4195	2. 4933	-27. 4196	0. 0000	—
刚果民主共和国	20. 3585	174. 6573	4. 1445	25. 7110	16. 2140	293. 9743
赞比亚	2. 3988	63. 9265	1. 5300	165. 4389	0. 8688	-2. 0470
津巴布韦	2. 1453	25. 5610	2. 1453	25. 5595	0. 0000	—
莱索托	0. 0014	-87. 8755	0. 0014	-87. 8755	0. 0000	—
斯威士兰	0. 0001	276. 3713	0. 0001	276. 3713	0. 0000	—
厄立特里亚	0. 6459	—	0. 0166	—	0. 6293	—
马约特	0. 0083	-46. 6413	0. 0083	-46. 6413	0. 0000	—
南苏丹	0. 0503	52. 0439	0. 0503	52. 0439	0. 0000	—
欧洲	1525. 0650	-1. 3143	1209. 3551	-4. 0490	315. 7098	10. 7805
比利时	19. 2780	14. 7319	17. 5729	16. 4409	1. 7051	-0. 3426
丹麦	6. 9541	54. 9968	3. 9068	43. 3811	3. 0474	72. 9604
英国	112. 9420	-12. 2411	103. 0393	-12. 6749	9. 9027	-7. 4567
德国	508. 3378	-11. 8288	448. 6721	-10. 2168	59. 6657	-22. 3171
法国	75. 1574	-25. 3528	60. 3206	-7. 1230	14. 8369	-58. 4829
爱尔兰	112. 1121	1506. 3858	12. 3193	114. 0980	99. 7929	8045. 5590

续表4

产终国（地区）	进出口		出口		进口	
	金额（亿元人民币）	同比（%）	金额（亿元人民币）	同比（%）	金额（亿元人民币）	同比（%）
意大利	51.7256	-13.6883	38.9452	-18.0991	12.7804	3.2574
卢森堡	0.0429	-93.7570	0.0271	-24.1251	0.0158	-97.5723
荷兰	139.0801	-0.3707	132.3837	-0.3379	6.6964	-1.0138
希腊	40.6758	94.1410	40.6210	93.9620	0.0548	513.7175
葡萄牙	5.5508	-39.1442	4.9807	-41.4474	0.5701	-7.2801
西班牙	41.7442	38.5458	38.4965	65.5921	3.2477	-52.8118
阿尔巴尼亚	0.5586	25.9082	0.5204	29.3937	0.0382	-7.8573
奥地利	21.3303	128.2608	13.0568	294.0683	8.2735	37.1745
保加利亚	1.6143	-61.7234	1.4854	22.9898	0.1289	-95.7169
芬兰	5.7392	-9.0001	2.5858	-13.1809	3.1535	-5.2592
直布罗陀	0.0000	-100.0000	0.0000	-100.0000	0.0000	-100.0000
匈牙利	18.1287	-34.6535	17.0620	-36.4973	1.0667	22.0054
冰岛	0.3014	284.0735	0.2724	278.9962	0.0290	339.4254
列支敦士登	0.0339	57.7432	0.0000	-100.0000	0.0339	88.3201
马耳他	0.5632	-24.7479	0.1471	-33.8323	0.4161	-20.9092
摩纳哥	0.0002	-89.8999	0.0000	-100.0000	0.0002	-89.8315
挪威	1.8611	-23.4605	1.2399	-18.8083	0.6212	-31.3157
波兰	79.4042	-8.3382	77.5847	-7.0287	1.8194	-42.7341
罗马尼亚	12.6997	-6.9394	10.8695	-5.2139	1.8302	-16.0191
圣马力诺	0.0001	288.6905	0.0000	99.3750	0.0001	308.6184
瑞典	14.9597	8.1582	9.8528	5.4829	5.1069	13.7231
瑞士	43.8049	118.8098	38.0020	208.5069	5.8029	-24.6530
爱沙尼亚	1.5421	46.9681	1.4383	48.3533	0.1038	30.1305
拉脱维亚	1.3754	3.2626	1.3719	4.1754	0.0034	-77.2088
立陶宛	2.2565	-2.5827	2.2563	-2.4495	0.0002	-94.8922
白俄罗斯	5.0533	57.4058	3.1487	48.1778	1.9047	75.4709
摩尔多瓦	0.4048	135.3283	0.3982	140.3327	0.0067	4.7617
俄罗斯	124.8751	-14.1362	65.1992	-19.0166	59.6758	-8.0842
乌克兰	4.7370	-72.8555	4.3205	-58.8875	0.4165	-94.0002
斯洛文尼亚	3.1005	28.8412	2.8048	62.8229	0.2957	-56.7626
克罗地亚	1.9643	-14.1572	1.9461	-14.3711	0.0182	17.0434
捷克	49.2889	-19.9020	46.8639	-18.9078	2.4249	-35.2457

续表 5

产终国（地区）	进出口		出口		进口	
	金额（亿元人民币）	同比（%）	金额（亿元人民币）	同比（%）	金额（亿元人民币）	同比（%）
斯洛伐克	13.9116	-44.7407	4.1547	-22.4462	9.7569	-50.7674
北马其顿	0.3696	-18.9190	0.3695	6.4285	0.0000	-99.9785
波斯尼亚和黑塞哥维那	0.2125	-12.9751	0.1826	-20.8993	0.0299	123.8116
法罗群岛	0.4210	8074.4027	0.0000	-82.4850	0.4210	8084.9951
塞尔维亚	0.8609	-60.9622	0.8457	-61.5275	0.0152	111.1363
黑山	0.0883	172.9545	0.0881	173.0312	0.0001	126.9874
欧洲其他国家（地区）	0.0026	—	0.0026	—	0.0000	—
拉丁美洲和加勒比	542.2989	11.0370	409.1528	6.0045	133.1461	30.0027
安提瓜和巴布达	0.0200	534.5281	0.0200	534.5281	0.0000	—
阿根廷	23.4305	44.4944	15.2811	20.5308	8.1495	130.3807
阿鲁巴	0.1894	90.2499	0.1894	90.2499	0.0000	—
巴哈马	0.0368	68.2314	0.0366	67.3930	0.0002	—
巴巴多斯	0.0118	-11.8887	0.0118	-11.8887	0.0000	—
伯利兹	0.3292	12.2836	0.3292	12.2836	0.0000	—
玻利维亚	3.2610	7.4554	3.0614	2.9468	0.1995	227.5478
巴西	114.7095	10.0849	50.1691	3.6645	64.5404	15.6529
开曼群岛	0.1494	-10.2699	0.1494	-10.2699	0.0000	—
智利	66.5366	-10.5451	49.4214	-15.1800	17.1152	6.2143
哥伦比亚	48.5340	18.1021	47.6390	16.2414	0.8950	698.1283
多米尼克	0.0072	-3.9386	0.0072	-3.9386	0.0000	—
哥斯达黎加	6.1817	46.8603	5.8827	42.7780	0.2990	235.7418
古巴	0.7411	67.7103	0.2876	-34.9081	0.4535	302321786.6667
库拉索	0.0387	92.6582	0.0387	92.6582	0.0000	—
多米尼加	7.6347	59.5242	7.6345	59.5219	0.0002	234.5215
厄瓜多尔	26.1351	93.6033	17.6599	39.3407	8.4752	926.7554
法属圭亚那	0.0012	1857.2908	0.0012	7896.1165	0.0000	-100.0000
格林纳达	0.0161	550.1289	0.0161	550.1289	0.0000	—
瓜德罗普	0.0060	26.1558	0.0060	26.1558	0.0000	—
危地马拉	11.0762	33.8954	11.0742	33.8740	0.0020	921.3330

续表 6

产终国（地区）	进出口		出口		进口	
	金额（亿元人民币）	同比（%）	金额（亿元人民币）	同比（%）	金额（亿元人民币）	同比（%）
圭亚那	1. 3649	122. 8530	0. 4953	24. 3517	0. 8696	306. 0360
海地	0. 4130	-62. 4716	0. 4126	-62. 4958	0. 0004	1. 8661
洪都拉斯	4. 9008	2. 0911	4. 9007	2. 2894	0. 0001	-99. 1335
牙买加	0. 5476	69. 6519	0. 5476	127. 0788	0. 0000	-100. 0000
马提尼克	0. 0278	3. 1029	0. 0278	3. 1029	0. 0000	—
墨西哥	134. 7627	6. 2445	124. 1778	6. 0084	10. 5850	9. 0942
尼加拉瓜	1. 3075	-24. 0006	1. 3075	-24. 0006	0. 0000	—
巴拿马	13. 5665	-2. 0564	13. 4365	-2. 0562	0. 1299	-2. 0698
巴拉圭	3. 5161	-28. 4079	3. 4359	-30. 0119	0. 0802	3934. 6864
秘鲁	43. 7147	-4. 6969	38. 9666	-0. 5009	4. 7481	-29. 2000
波多黎各	0. 4615	-55. 0604	0. 4615	-54. 8757	0. 0000	-99. 0659
圣卢西亚	0. 0045	1. 4665	0. 0045	1. 4665	0. 0000	—
法属圣马丁	0. 0001	-98. 5041	0. 0001	-98. 5041	0. 0000	—
圣文森特和格林纳丁斯	0. 0074	-63. 0750	0. 0074	-63. 0750	0. 0000	—
萨尔瓦多	3. 4517	44. 8449	3. 4516	44. 9338	0. 0002	-89. 2679
苏里南	0. 1024	-27. 2192	0. 1024	-27. 2192	0. 0000	—
特立尼达和多巴哥	0. 1745	44. 9380	0. 1745	45. 0137	0. 0000	-100. 0000
特克斯和凯科斯群岛	0. 0029	24. 8120	0. 0029	24. 8120	0. 0000	—
乌拉圭	15. 3356	26. 3545	4. 7957	53. 0731	10. 5399	17. 0578
委内瑞拉	9. 4966	450. 7150	3. 4337	100. 8015	6. 0630	41901. 1304
英属维尔京群岛	0. 0203	1047. 5401	0. 0203	1047. 5401	0. 0000	—
圣基茨和尼维斯	0. 0134	1012. 1404	0. 0134	1012. 1404	0. 0000	—
荷属安的列斯	0. 0599	61112. 4144	0. 0599	61112. 4144	0. 0000	—
博纳尔、圣俄斯塔休斯和萨巴	0. 0599	61112. 4144	0. 0599	61112. 4144	0. 0000	—
拉丁美洲其他国家（地区）	0. 0003	-92. 8340	0. 0003	-92. 8340	0. 0000	—
北美洲	1187. 1133	-7. 0304	1033. 0359	-13. 9482	154. 0774	101. 6659
加拿大	79. 2163	-17. 2685	72. 2199	-5. 1902	6. 9964	-64. 2631

续表7

产终国（地区）	进出口		出口		进口	
	金额（亿元人民币）	同比（%）	金额（亿元人民币）	同比（%）	金额（亿元人民币）	同比（%）
美国	1106.7561	-6.2970	960.8160	-14.5415	145.9401	156.8252
格陵兰	1.1409	14296550.3759	0.0000	-64.0351	1.1409	—
百慕大	0.0000	-100.0000	0.0000	-100.0000	0.0000	—
大洋洲	229.3186	6.9301	98.7038	15.9212	130.6148	1.0096
澳大利亚	200.1730	13.5225	83.7745	17.6233	116.3985	10.7436
库克群岛	0.0000	-100.0000	0.0000	-100.0000	0.0000	—
斐济	0.1404	4.2492	0.1391	3.3479	0.0012	—
瑙鲁	0.0152	101.5275	0.0152	101.5275	0.0000	—
新喀里多尼亚	0.2067	25.7050	0.2051	26.9553	0.0016	-45.0046
瓦努阿图	0.0492	99.1432	0.0492	99.1432	0.0000	—
新西兰	27.3695	-25.3921	13.2269	5.6563	14.1426	-41.4765
巴布亚新几内亚	0.6369	18.2786	0.6210	15.3249	0.0159	—
所罗门群岛	0.2142	78.9966	0.2142	78.9966	0.0000	—
汤加	0.0041	-76.4832	0.0041	-76.4832	0.0000	—
萨摩亚	0.0345	1633.6794	0.0345	1633.6794	0.0000	—
基里巴斯	0.1186	-42.7315	0.1186	-42.7315	0.0000	—
图瓦卢	0.0170	7.2744	0.0170	7.2744	0.0000	—
密克罗尼西亚联邦	0.0145	46.3862	0.0145	46.3862	0.0000	—
马绍尔群岛	0.0669	32.2499	0.0669	32.2499	0.0000	—
帕劳	0.0051	182.4733	0.0051	182.4733	0.0000	—
法属波利尼西亚	0.2097	91.8396	0.1546	106.9154	0.0551	59.2521
瓦利斯和富图纳	0.0000	-100.0000	0.0000	-100.0000	0.0000	—
大洋洲其他国家（地区）	0.0432	10.8293	0.0432	10.8293	0.0000	—
其他	0.3592	-31.4094	0.0000	2007.6923	0.3592	-31.4124
APEC 其他经济体	5238.1628	-2.2477	3017.7787	-3.3534	2220.3841	-0.7038
东盟（10国）	1229.8367	-3.0858	516.1971	14.7846	713.6395	-12.8949
欧盟（27国）	1228.8960	0.3459	992.0844	-3.8808	236.8115	23.0058

2022 年重庆市进出口商品企业性质总值表

企业性质	进出口		出口		进口	
	金额（亿元人民币）	同比（%）	金额（亿元人民币）	同比（%）	金额（亿元人民币）	同比（%）
合计	7996.1899	1.2203	5094.5619	0.4328	2901.628	2.6333
国有企业	588.0309	-13.0001	188.8477	4.6645	399.1832	-19.4329
外商投资企业	3822.5452	-0.0432	2547.4094	-3.8538	1275.1358	8.5516
民营企业	3579.6383	5.4803	2357.2093	5.2031	1222.429	6.019
其他企业类型	5.9754	-0.9967	1.0955	-46.093	4.8799	21.8965

2022 年重庆市进出口商品运输方式总值表

运输方式	进出口		出口		进口	
	金额（亿元人民币）	同比（%）	金额（亿元人民币）	同比（%）	金额（亿元人民币）	同比（%）
合计	7996.1899	1.2203	5094.5619	0.4328	2901.6280	2.6333
水路运输	3298.3691	29.6673	2495.8054	38.8843	802.5637	7.4845
铁路运输	341.7763	-42.5499	206.6470	-51.3057	135.1294	-20.7611
公路运输	698.4228	-37.5310	452.4378	-37.2304	245.9851	-38.0764
航空运输	3649.8581	0.2784	1932.3429	-9.2058	1717.5153	13.6329
邮件运输	1.5025	-40.2713	1.0895	-45.9576	0.4131	-17.3279
其他运输	6.2609	607.0218	6.2394	5222.4791	0.0215	-97.1993

附录

2022 年重庆海关公告目录

发文字号	公告名称	发文机关
渝关公告〔2022〕1 号	中华人民共和国重庆海关公告（重庆港海关出口集装箱现场监管业务地点变更）	法规和综合业务处
渝关公告〔2022〕2 号	中华人民共和国重庆海关重庆两江新区管理委员会关于重庆港寸滩港区进境肉类指定监管场地业务转移至果园港区的公告	口岸监管处
渝关公告〔2022〕3 号	重庆海关 重庆市药品监督管理局公告（关于完善《进口药品通关单》验核工作）	法规和综合业务处
渝关公告〔2022〕4 号	重庆海关关于废止《中华人民共和国重庆海关公告（2014 年第 13 号）》的公告	口岸监管处
渝关公告〔2022〕5 号	中华人民共和国重庆海关公告	缉私局
渝关公告〔2022〕6 号	重庆海关关于送达《关于办理风险担保金退还手续的通知》的公告	自贸区和特殊区域发展处
渝关公告〔2022〕7 号	重庆海关关于调整出口原产地业务办理机构的公告	关税处
渝关公告〔2022〕8 号	重庆海关关于逾期未办理风险担保金退还手续的公告	自贸区和特殊区域发展处

重庆海关高级认证企业名单

序号	企业中文名称	注册海关	等级认定时间
1	重庆市紫建电子股份有限公司	万州海关	2022-12-29
2	重庆市富泰通物流有限公司	西永海关	2022-12-28
3	重庆和宇国际物流有限公司	两寸海关	2022-12-28
4	重庆大江动力设备制造有限公司	西永海关	2022-12-22
5	重庆兴欧报关服务有限公司	渝州海关	2022-12-22
6	华峰重庆氨纶有限公司	涪陵海关	2022-12-22
7	重庆针尖进出口贸易有限公司	渝州海关	2022-11-07
8	重庆京东方显示技术有限公司	两寸海关	2022-09-01
9	联邦快递（中国）有限公司重庆分公司	两寸海关	2022-04-29
10	重庆小传实业有限公司	两寸海关	2022-01-21
11	华通电脑（重庆）有限公司	涪陵海关	2021-12-28
12	重庆天狗国际物流有限公司	涪陵海关	2021-10-29
13	重庆圣悉贸易有限公司	两寸海关	2021-10-18
14	仁宝电脑（重庆）有限公司两江新区分公司	两寸海关	2021-10-14
15	重庆西胜电子科技有限公司	永川海关	2021-03-26
16	重庆京东方电子科技有限公司	两寸海关	2021-02-19
17	重庆惠科金渝光电科技有限公司	两江海关	2021-02-10
18	重庆欣海报关服务有限公司	两寸海关	2021-01-25
19	达功（重庆）电脑有限公司	西永海关	2021-01-22
20	重庆耐世特转向系统有限公司	西永海关	2021-01-22
21	纬腾（重庆）信息技术服务有限公司	两寸海关	2021-01-13
22	重庆万国半导体科技有限公司	两寸海关	2021-01-08
23	菲特尔莫古（重庆）摩擦材料有限公司	两寸海关	2020-12-31
24	重庆鑫达报关服务有限公司	西永海关	2020-12-11
25	重庆市中基进出口有限公司	两寸海关	2020-12-09
26	重庆莱宝科技有限公司	两寸海关	2020-11-05
27	重庆飞力现代物流有限公司	西永海关	2020-11-05

续表 1

序号	企业中文名称	注册海关	等级认定时间
28	华润微电子（重庆）有限公司	西永海关	2020－11－05
29	重庆京东方显示照明有限公司	两寸海关	2020－09－30
30	全球物流（重庆）有限公司	西永海关	2020－09－29
31	台晶（重庆）电子有限公司	西永海关	2020－09－29
32	重庆润通科技有限公司	西永海关	2020－09－23
33	重庆小康进出口有限公司	渝州海关	2020－09－22
34	重庆隆鑫进出口有限公司	西永海关	2020－09－21
35	重庆智飞生物制品股份有限公司	两寸海关	2020－09－18
36	重庆安捷国际运输代理有限公司	两寸海关	2020－09－16
37	重庆京东方智慧电子系统有限公司	两寸海关	2020－09－14
38	康宁显示科技（重庆）有限公司	两寸海关	2020－09－04
39	重庆富桂电子有限公司	西永海关	2020－09－03
40	重庆唯品会电子商务有限公司	两寸海关	2020－08－20
41	联合微电子中心有限责任公司	西永海关	2019－09－04
42	上海东泽国际物流有限公司重庆分公司	渝州海关	2019－02－18
43	北京现代汽车有限公司重庆分公司	两寸海关	2019－02－15
44	重庆理文卫生用纸制造有限公司	永川海关	2017－12－25
45	伍尔特电子（重庆）有限公司	涪陵海关	2017－01－12
46	凯高玩具（重庆）有限公司	涪陵海关	2017－01－12
47	重庆新宁物流有限公司	西永海关	2016－11－04
48	重庆美利信科技股份有限公司	两江海关	2016－10－24
49	重庆直通物流有限公司	西永海关	2016－10－18
50	新普科技（重庆）有限公司	西永海关	2016－10－18
51	重庆市鸿腾科技有限公司	西永海关	2016－10－18
52	重庆新宁捷通物流有限公司	两寸海关	2016－09－26
53	仁宝电脑（重庆）有限公司	两寸海关	2016－09－26
54	巩诚电装（重庆）有限公司	两江海关	2016－09－26
55	重庆宗申通用动力机械有限公司	两江海关	2016－09－19
56	重庆力宏精细化工有限公司	两江海关	2016－08－02
57	纬创资通（重庆）有限公司	两寸海关	2016－08－02
58	重庆对外经贸（集团）有限公司	两寸海关	2016－06－30
59	凯全电子（重庆）有限公司	两寸海关	2016－05－16
60	重庆理文造纸有限公司	永川海关	2015－12－17
61	爱思开海力士半导体（重庆）有限公司	西永海关	2015－08－13
62	奥特斯科技（重庆）有限公司	两寸海关	2015－08－13

续表 2

序号	企业中文名称	注册海关	等级认定时间
63	重庆京东方光电科技有限公司	两寸海关	2015－04－07
64	海程邦达国际物流有限公司重庆分公司	两寸海关	2014－12－23
65	重庆飞力达供应链管理有限公司	两寸海关	2014－12－10
66	玖龙纸业（重庆）有限公司	西永海关	2014－12－03
67	重庆鑫源摩托车股份有限公司	西永海关	2014－12－03
68	达伟（重庆）物流有限公司	西永海关	2014－10－30
69	重庆宗申发动机制造有限公司	两江海关	2014－10－30
70	达丰（重庆）电脑有限公司	西永海关	2014－10－13
71	重庆及时达国际物流有限公司	两寸海关	2014－09－04
72	鸿富锦精密电子（重庆）有限公司	西永海关	2014－01－24
73	英业达（重庆）有限公司	西永海关	2013－11－26
74	重庆航天巴山摩托车制造有限公司	两江海关	2013－10－24
75	重庆新途进出口贸易有限公司	两寸海关	2013－09－13
76	重庆长安汽车股份有限公司	两寸海关	2013－09－05
77	旭硕科技（重庆）有限公司	两寸海关	2013－09－04
78	重庆长安汽车国际销售服务有限公司	两寸海关	2013－04－27
79	惠普（重庆）有限公司	西永海关	2013－03－11
80	国家电投集团远达环保工程有限公司	两寸海关	2013－02－22
81	长安福特汽车有限公司	两寸海关	2011－11－17
82	隆鑫通用动力股份有限公司	西永海关	2011－01－06
83	重庆力帆实业（集团）进出口有限公司	渝州海关	2008－11－23
84	重庆铃耀汽车有限公司	两江海关	2008－10－15
85	重庆对外贸易进口有限公司	两寸海关	2008－10－15
86	重庆环松工业（集团）有限公司	涪陵海关	2004－11－19

重庆海关各部门单位行政排序及简称

序号	机构名称	简称
1	办公室	办公室
2	法规和综合业务处	法综处
3	自贸区和特殊区域发展处	自贸处
4	关税处	关税处
5	卫生检疫处	卫检处
6	动植物检疫处	动植检处
7	进出口食品安全处	食安处
8	商品检验处	商检处
9	口岸监管处	监管处
10	统计分析处	统计处
11	企业管理和稽查处	稽查处
12	缉私局	缉私局
13	财务处	财务处
14	科技处	科技处
15	督察内审处	督审处
16	人事教育处	人教处
17	机关党委（思想政治工作办公室）	机关党委（政工办）
18	监察室	监察室
19	离退休干部办公室	离退办
20	党委第一派驻纪检组	第一派驻纪检组
21	党委第二派驻纪检组	第二派驻纪检组
22	党委第三派驻纪检组	第三派驻纪检组
23	党委第四派驻纪检组	第四派驻纪检组
24	党委第五派驻纪检组	第五派驻纪检组
25	党委第六派驻纪检组	第六派驻纪检组
26	重庆江北机场海关	机场海关
27	重庆港海关	重庆港海关

续表

序号	机构名称	简称
28	重庆邮局海关	邮局海关
29	两路寸滩海关	两寸海关
30	两江海关	两江海关
31	西永海关	西永海关
32	渝州海关	渝州海关
33	永川海关	永川海关
34	涪陵海关	涪陵海关
35	万州海关	万州海关
36	黔江海关	黔江海关
37	重庆海关风险防控分局	风控分局
38	中国电子口岸数据中心重庆分中心	数据分中心
39	重庆海关后勤管理中心	后管中心
40	重庆海关技术中心	技术中心
41	重庆国际旅行卫生保健中心（重庆海关口岸门诊部）	保健中心

“中国海关史料丛书”
编委会